KB059740

미리 가본
내일의 도시

미리 가본
내일의 도시

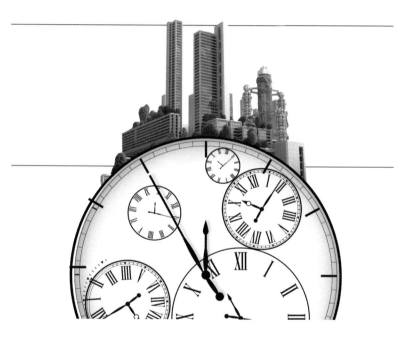

리차드 반 호에이동크 지음 · 최진영 옮김

이 책은 환상적인 팀워크 덕에 세상의 빛을 보았다.

프랑크, 자크, 낸시, 로빈과 출판사의 마레이와 헨드릭에게 감사를 전한다.

들어가며
도시에서 찾은 미래의 징후들

세상은 빠른 속도로 변하고 있다. 로봇은 이미 생활의 일부가 되어 인간과 소통이 가능해졌다. 앞으로는 대다수가 스마트홈과 스마트시티에 거주하며, 태양열 패널을 이용한 자율주행 전기자동차를 사용할 것이다. 그러면 자동차 사고도 거의 사라진다. 적절한 시기에 질병을 예견하는 새로운 센서 덕분에 우리는 건강에 대한 걱정을 덜어낼 수 있다. 이 센서는 심장마비도 예측할 수 있다고 한다.

1750년까지만 해도 평균 35세였던 인간의 수명은 이제 평균 80세로 늘어났다. 계속해서 기술이 발전한다면 내 아이들 팀, 젠, 제이든, 그리고 스테러의 수명은 200세 이상으로 늘어날지도 모른다. 그렇게 되면 영원히 사는 삶도 가능하지 않을까? 매장에서 나가면 자동으로 계산이 완료되는 세상이 오면 더 이상 신용카드도 필요 없다. 사실 그때가 되면 굳이 상점에 갈 일도 없어진다. 필요한 물건들이 알아서 집으로 배달 올테니까.

우리가 사는 세계는 언제 폭발할지 모르는 화산의 마그마처럼 꿈틀대고 있다. 더 많은 번영을 누리고 모든 사람이 건강해지며 칩의 도움으로 무한한 지능을 갖게 된다면 세상의 모든 문제가 손쉽게 해결될지도 모른다.

내일의 도시는 우리가 함께 만들어가는 세상이다. 앞으로 다가올 커다란 변화에 대비하고 받아들일 준비를 함께 해야 한다. 미래에는 많은 업무와 직업이 지금과 달라지거나 사라진다. 앞으로는 인생에서 정말로 가치 있는 것들에 시간을 투자하게 될 것이다. 가족과 보내는 시간이 그중 하나다. 내일의 세계에서는 우리 모두 더 행복해질 수 있다.

이 책은 세상의 모든 아버지, 어머니, 선생님, 어린이, 경영자, 장관, 운동선수, 법관, 공무원, 학생, 교수, 트렌드 전문가를 떠올리며 집필했다. 책을 쓰는 동안 다가올 미래를 상상하며 얼마나 즐거웠는지 모른다. 책에 나오는 수많은 예측, 예시, 그리고 사례들은 우리 생활에 밀접한 도시의 변화를 보여준다. 생각보다 어둡지 않다고 느낄 것이다.

이 책을 통해 즐거움을 느끼고 영감을 받을 수 있기를 희망한다.

리차드 반 호에이동크

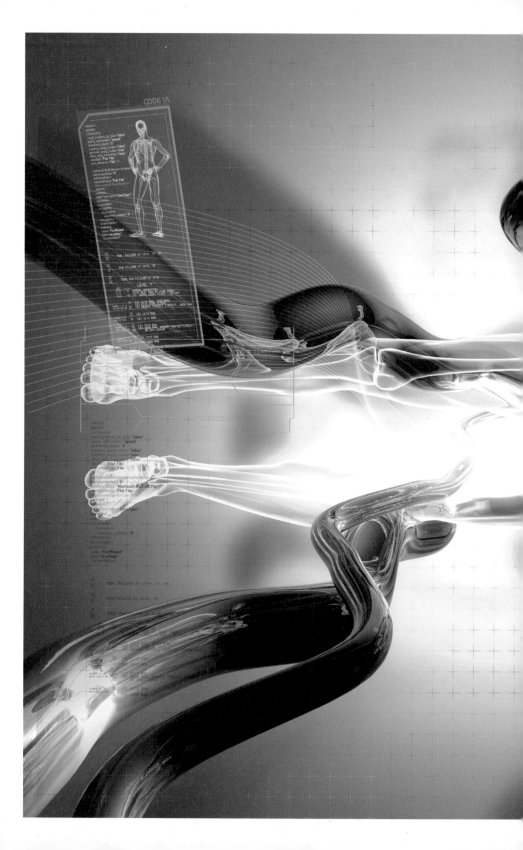

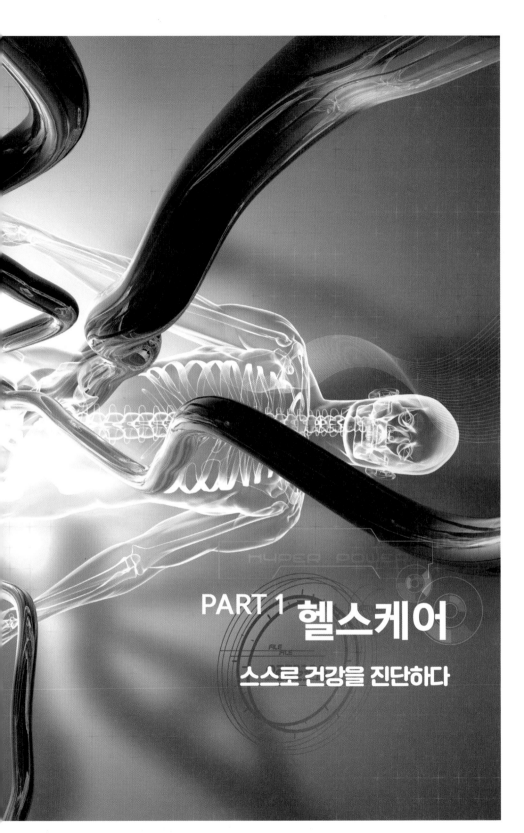

PART 1 헬스케어

스스로 건강을 진단하다

100세 시대의
건강관리

오늘날 사람들의 건강관리 방식은 빠르게 변하고 있다. 그 속도가 얼마나 빠른지 건강관리 분야의 관리자와 정책 입안자가 따라가지 못하고 뒤처지는 경우도 적지 않다. 하지만 건강관리 분야에서 활동하고 있는 전문가들이 실제로 뒤처진 것은 아니다. 단지 업무 방식을 조정해야 할 뿐이다. 이를 위해서는 관리자가 e-헬스케어 시스템, 자가관리, 그리고 로봇을 활용한 건강관리 방식과 같은 새로운 기술을 개방적으로 받아들이

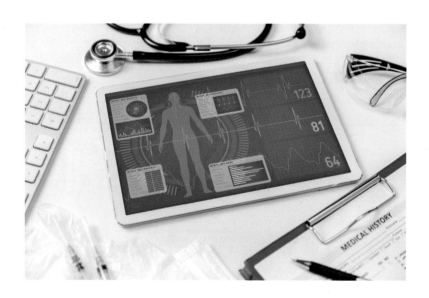

고 개발해야 한다. 기술에 뒤처지면 결국 보통 사람들의 건강관리에 위기가 올 수밖에 없다는 점을 이해한다면 더 낮은 비용으로 효율적인 건강관리가 가능해질 것이다.

몸 안에 설치하는 센서를 활용해 건강을 지속적으로 모니터링하는 날이 멀지 않았다. 혹시 문제가 생기면 자동으로 의사에게 연락이 가서 증상에 맞는 맞춤형 의약품을 구할 수 있는 진단서를 받을 수 있다. 질병을 예방하거나 미리 발견해 과거보다 빨리 대응할 수 있는 것이다. 미래에는 의사를 직접 찾아갈 필요 없이 원격 진단을 받을 일이 더 많아진다. 센서를 활용한 자가진단이 가능해지면서 건강을 유지하고 질병을 예방하기가 한결 쉬워진다. 이런 변화는 앞으로 설명하고자 하는 수많은 기술 중에 하나의 사례일 뿐이다. 이 책에서 설명할 기술과 사례들은 센서를 활용한 자가진단과 건강관리에 초점을 두고 있다.

건강은 우리 삶을 유지하는 데 중요한 요소다. 다들 질병을 예방하고 최대한 건강한 상태로 나이 들기를 바란다. 그러려면 모두가 할 수 있는 양질의 건강관리법이 있어야 한다. 하지만 안타깝게도 그런 건강관리법은 찾기가 쉽지 않다. 그 이유를 찾으려면, 병원 간의 소통 상황에 먼저 주목해야 한다. 교수이자 혈관 외과의사인 케이스 비튼스^{Cees Wittens, DC} ^{Clinics}는 저서 《의료가 곧 질병이다^{De zorg is ziek}》에서 이렇게 말했다. "간병인과 관리 · 지원 서비스로 처리해야 할 업무가 많다. 환자를 돌보는 일이 모두에게 항상 우선이 되는 것은 아니다. 의료 분야를 손보면 절약할 수 있는 금액은 상당하다. 그렇게 아낀 비용을 다른 곳에 쓸 수도 있다. 의료 시스템과 구조를 엉성하게 다듬으며 지금 구축된 것이 쓸 만한 시스템이라고 믿는 것은 착각에 불과하다. 요즘 시대에 병원에서 일한다는 걸 자랑스럽게 생각하는 사람이 과연 몇이나 될까?"

암스테르담 대학병원의 응급실에 근무 중인 파라바스 나나야카라 Prabath Nanayakkara 박사의 말을 듣다보면 1차 병원과 2·3차 병원과의 소통에 얼마나 큰 문제가 있는지 놀랍기만 하다. 이러한 소통 문제는 시간과 에너지의 커다란 손실을 유발한다. 모든 의료기관의 전자의무기록을 망으로 통합하여 공유하고 활용할 수 있는 의료정보 시스템인 전자건강기록은 제대로 운영되지 않아 모두의 골칫덩이였다. 또한 만연하는 관료주의로 인해 병원 운영비가 많이 들고, 반드시 필요한 협력을 하지 못하게 되는 경우도 생긴다. 이런 혼선 속에서도 의료 분야는 여태 우리가 경험해보지 못한 방식으로 격렬하게 변화하고 있다. 발전하는 기술과 함께라면 우리 모두 삶에서 최상의 것을 거둬들일 수 있다.

우리가 직면한 가장 큰 과제는 수년간 낭비된 건강관리 비용을 줄이는 것이다. 2017년 전년 대비 2.5퍼센트 증가했던 건강관리 비용은 2018년 3.5퍼센트 더 증가했다. 그리고 노년 인구는 15퍼센트 늘어났다. 새로

수평적인 조직을 활용해 유연해진 뷰어트조르흐

간호사들이 주도하는 뷰어트조르흐(Buurtzorg, 네덜란드의 홈케어 비영리 단체)는 수평적인 조직구조로 유명하다. 모든 직원은 최고위직에게 직접 모든 사항을 보고한다. 대부분의 직원은 최대 12명의 간호사로 구성된 독립적인 소조직의 일원이다. 소조직의 구성원들은 각자 정해진 위치에서 활발히 활동하며 자신들에게 배정된 특정 환자들을 보살핀다. 이곳에서는 자유롭게 업무시간을 결정할 수 있는 탄력근무제를 실시하고 환자 관리를 위한 혁신적인 해결책과 경험을 공유한다. 각 소조직의 리더 역시 자신을 필요로 하는 곳으로 달려간다. 이렇게 유연한 구조를 취하면 조직의 효율성이 높아진다. 높아진 효율성 덕에 이 단체의 시장 점유율이 높아지고 환자들은 더욱 빠른 회복이 가능해진다.

운 기술의 적용 여부와 상관없이 건강하게 생활한 덕분에 거의 모든 사람의 수명이 늘어난 것이다. 이러한 변화는 이미 가시적이다. 이미 많은 사람이 이전보다 많은 비용을 들여 약품을 사거나 치료를 받고, 불필요한 경우에도 가정의, 상급병원, 심리학자 또는 정신과 의사를 방문하는 빈도수가 높아졌다. 만성질환 환자들 또한 예전보다 수명이 길어졌다. 세계보건기구^{WHO}에 따르면 2025년도에는 50세 이상의 인구가 50억 명 이상이고, 세계 인구 중 70퍼센트 이상은 환자일 것으로 예측된다. 환자 수가 늘어나므로 그에 따른 의료비용도 증가할 전망이다. 네덜란드에서는 향후 7년 내에 5만 명 이상의 간호사가 추가로 필요할 것으로 추산된다.

결국 비효율적인 의료서비스 때문에 엄청난 돈이 낭비될 것이다. 이런 현상이 계속된다면 2040년에는 한 가정에서 평균적으로 순수입의 1/3 이상을 의료비로 지출하게 될 것이다.(《OECD 건강통계 2018》에 따르면 2017년 국민 1인당 경상의료비는 네덜란드가 세계 9위로, 국내총생산^{GDP}은 감소하는 반면 의료비 지출은 증가하고 있다─옮긴이, 이하 모든 용어 풀이는 옮긴이의 주다) 경제정책분석기구^{CPB, Cnetraal Planbureau}에 따르면 현재 네덜란드 가정은 벌써 거의 수입 중 1/4을 의료비로 지출하고 있다고 한다. 이러다가는 2050년이 되면 수많은 국가에서 더 이상 의료비 지불이 불가능해질 것이다. 인터넷을 통한 e-헬스, 그리고 전자 진료와 같은 기술의 발전은 장래의 의료비를 상당히 감소시킬 것이다. 자세한 내용은 이 장의 뒷부분에서 언급하도록 하겠다.

상급병원에서는 수많은 보고서와 연구, 아이디어 등 의료계 혁신과 효율성 향상을 위해 많은 비용을 들여 변화에 집중하고 있지만 아직 뚜렷한 결과가 나오지는 않았다. 게다가 아직까지도 비효율적으로 일하는 곳이 많다. 서로 협력이 부족하여 똑같은 해결책을 찾기 위해 각자 다른 위치에서 비효율적으로 일하는 것이다. 또한 진료비를 줄여본들 병원의 최종 의사결정권자에게는 큰 이득이 없으므로 혁신에 장애물이 되기도 한다. 한마디로 열정적이고 확신이 있으며 조직을 '굴릴 줄' 아는 지도자의 부재가 문제다. 오래된 법과 부족한 예산 역시 의원과 상급병원, 그리고 약국의 혁신을 방해한다. 하지만 이런 현실과 구닥다리 규정에도 불구하고 인터넷을 통한 전자 건강관리 방식은 계속해서 발전하며 우리의 삶에 커다란 변화를 안겨주고 있다.

전자화된 건강관리의 혁신

e-헬스(첨단 IT산업을 응용한 새로운 패러다임의 의료서비스)는 한마디로 혁신이라고 할 수 있다. 의사와 간호사는 애플리케이션과 컴퓨터 프로그램을 사용하여 환자를 진단한 후, 환자에게 정보를 전달하고 필요한 절차를 진행한다. 또 다른 의료인들은 이미 환자에게 부착되거나 설치된 센서 또는 모니터를 활용해 환자를 관리한다. 아프든 건강하든 상관없다. 전자화된 건강관리의 가능성은 무한하다. '스마트 알약'은 온몸을 돌아다니며 정보를 수집할 것이다. 또한 3D 프린터를 사용해 의료기기와 필요한 장기를 제작할 수 있다. 병원에 가지 않아도 가정에서 각종 기술을 사용해 건강 상태를 관리하고 유지할 수도 있다. 미국의 리서치회사인 리서치투가이던스Research2guidance에 따르면 2016년에 전 세계적으로 30억 개의 건강관리 애플리케이션이 설치됐다고 한다. 앞서 언급했듯 전자화된 건강관리를 활용하면 의료비용을 획기적으로 절감할 수 있다. 비싼 비용을 들여

병원에 출입하는 횟수도 줄어들 것이다. 이러한 기술은 계속해서 발전하므로 예전보다 빨리 병이 나아 건강을 회복할 수 있으며 다시 일상생활로 복귀할 수 있다. 병원에 누워 있는 것보다 애플리케이션 속 친구들의 도움을 받는 것이 훨씬 더 저렴하다.

최근 다양한 음성 의료 기기도 출시되고 있는데, 그중 하나인 애플의 아이 애플워치는 사용자와 건강 정보를 주고받으며 다양한 조언을 해준다. 이외에도 다양한 회사에서 약물 복용, 혈압 검사 또는 운동 활동을 체크하는 데 도움을 주는 장치를 개발했다. 이러한 장치를 통해 인슐린을 주사하는 방법 등 특정 의료조치를 배울 수도 있다. 이미 음성으로 체온을 알려주는 체온계와 상처가 치유되면 신호를 보내는 밴드도 존재한다. 미래의 건강관리는 오늘날보다 개인적이며 접근하기도 더 쉽다. 보통은 정신과를 방문하기 전 일단 문턱을 넘기 위해 큰 결심을 하는 경우가 많다. 하지만 미래에는 마음이 불편할 때면 바로 애플리케이션 속 가상의

정신과의사에게 마음을 털어놓을 수 있다. 이렇듯 건강관리의 전자화는 유연성을 보장해주어 효율성을 높일 뿐만 아니라 의료서비스를 단순화한다.

안나의 건강상태를 추적하는 스마트홈

안나는 몸이 좋지 않다고 느낀다. 하지만 정확히 어디가 아픈지는 모르고 있다. 전반적인 건강상태는 좋지만 자는 내내 땀을 잔뜩 흘린다. 다이어트를 하지 않았는데도 체중이 감소했고 피곤한 상태가 계속되고 있다. 이런 증상을 느낀 것은 안나만이 아니다. 그녀의 스마트 매트리스는 간밤에 흘린 땀으로 과도하게 늘어난 수분을 측정했고, 화장실의 마이크로 칩은 소변의 증가 수치를 감지했으며 스마트 스케일은 줄어든 체중 수치를 저장했다. 또한 스마트미러는 그녀의 눈 아래에 생긴 블랙서클을 감지했다. 갑자기 안나에게 이메일이 한 통 온다. 스마트홈의 센서가 자동으로 수집한 안나의 건강정보를 바탕으로 의사를 방문하길 권하는 이메일을 보낸 것이다. 안나의 증상은 스트레스가 원인일 수도 있지만, 암의 초기 단계일 수도 있다. 다행히 이 증상들은 제때 발견되었다.

DIY 의료서비스

발전된 기술 덕에 우리는 자신의 건강에 대해 점점 더 많은 통제권을 행사할 수 있게 되었다. 말 그대로 내 삶의 주인이 된 것이다. 앞으로는 환자의 입장에서 의사를 찾아가 여러 가지 질문을 하는 일이 드물어질 것이다. 몸과 집 안에 내장된 모든 센서 덕에 건강상의 이상을 감지하고 최선의 치료법을 찾아낼 것이다. 이런 센서는 심장마비나 뇌졸중이 발생하기 직전에 각종 체내물질의 변화를 감지해 제때 경고해줄 수 있다. 이러한 시스템은 실제로 2017년, 아약스의 축구선수 아피 나우리 ^{Appie Nouri}의 심장마비를 감지했다.

DIY 의료서비스의 핵심은 예방에 있다. 건강한 생활방식과 식습관, 그리고 센서 덕분에 질병으로 고통받는 사람들이 과거보다 줄어들고 건강관리 비용 또한 자동적으로 줄어들 것이다. 한마디로 센서의 도움을 받아 스스로 건강 정보를 수집하고 증상에 대처하는 법을 배우는 것이 기술 발전의 목표다. 이러한 변화를 바로 자가건강측정 ^{Quantified Self}이라고 부른다. 다음에서 자가건강측정의 여러 가지 가능성에 대해 알아보자.

안정 찾기

요즘처럼 바쁜 세상에서 우울증과 과도한 스트레스는 흔하디흔하다. 하지만 미래에는 애플리케이션 덕택에 안정을 되찾을 수 있을 것이다. 현실을 직시하게 하는 것도 중요하지만, 우울증이 심한 경우에는 디지털 치료사의 가볍고 자극이 덜한 처방이 도움이 될 수 있다. 이러한 애플리케이션이 마음의 안정을 찾는 데 도움이 된다. 나 역시 아우라 ^{Aura}라는 애플리케이션을 이용 중이다. 특별한 알고리즘을 가진 이 애플리케이션은 사용자에게 명상을 시작할 때의 기분을 입력하라고 요청한다. 그리고 내가 선택한 명상 옵션을 추적해 특정 기분일 때 어떤 명상 프로그램을 사용하는지 기록한다. 또한 하루에 네 번씩 짧은 숨쉬기 운동을 해야 한다는 알림을 보내기도 한다. 이외에도 부드러운 재질의 무선 코쿤 ^{Kokoon} 헤드폰이 있는데, 누에고치 같은 모양으로 머리에 착 감겨서 모든 시끄러운 소음을 차단한다. 헤드셋에는 EEG라고 불리는 뇌파 센서와 수면 오디오 기술이 장착되어 있어, 우리가 언제 잠에 빠지고 몸을 이완시키는지 뇌파를 모니터하여 분석한다. 코쿤은 기상시간 중 가장 얕게 잠들었을 때를 추적해 힘들이지 않고 일어나도록 도와주기도 한다. 이뿐만이 아니라 씽크^Thync라는 효과적이고 안전한 라이프스타일 조정기기로 원할 때마다 몇 분 안에 자신의 감정 상태를 바꿀 수도 있다. 안전하고 휴대가 편리한 이 기기는 신경신호를 활용해 에너지가 과도하면 완화시키고 에너지가 부족하면 생성시킨다. 기기가 목이나 이마로 신경신호를 보내면 더 차분해지고 활력이 생긴다. 이렇게 얻은 효과는 몇 시간 동안 지속된다. 씽크를 정기적으로 사용하면 스트레스 감소와 수면리듬 개선, 그리고 에너지 수준 향상에 도움이 된다.

심장과 위장 장애의 새로운 진단법

심전도검사^ECG는 심장 근육에 전기 신호를 보내 진행한다. 이러한 활동을 모두 30초 안에 영상화할 수 있다면 얼마나 좋을까? 당신의 심전도에 문제가 생긴다면 몸에 부착된 기기가 주치의에게 자동으로 메시지를 보낼 것이다. 기기에 연결된 애플리케이션은 심장마비라든가 호흡 곤란 같은 증상뿐만 아니라 흡연과 음주 습관, 수면 패턴과 신체 활동까지도 감지할 수 있다. 물론 자세한 검사를 하려면 의사가 필요하다. 미래에는 다혈질인 사람이 화를 내면 그 심전도 영상이 자동으로 의사에게 전송될 것이다. 그러면 화가 나게 만든 요소를 신속히 제거하고 치료 계획을 세울 수 있을 것이다.

많은 질병이 우리의 위장에서 발생한다. 위장 장애나 관련 질병이 발생하면 병원을 방문해 성가시고 심지어는 고통까지 유발하는 검사를 진행해야 하며, 검사결과가 나올 때까지 오랜 시간을 기다려야만 한다. 이러한 문제를 해결하기 위해 네덜란드의 한 도시인 레이던의 스타트업 기업 마이마이크로주MyMicroZoo에서는 가정에서도 장내 박테리아 검사를 진행할 수 있는 특별한 키트를 개발했다.

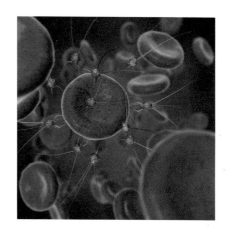

이용법은 간단하다. 가정에서 직접 채취한 샘플을 전문 실험기관에 보내기만 하면 된다. 기관에서는 샘플을 분석한 후, 필요한 경우는 위장장애를 해결하기 위한 조언을 해주기도 한다. 앞으로는 나노봇이라고 불리는 분자 크기의 로봇이 우리의 건강을 지킬 것이다. 현재까지는 위장장애 진단을 받아야 치료가 가능하지만 혈액 속을 돌아다니는 나노봇을 사용한다면 질병이 생기기 전에 미리 감지할 수 있을 것이다. 또한 인공혈액 세포를 사용하면 심장마비 후 4시간 동안 조직에 산소를 공급할 수 있으며, 혈전을 제거하고 손상된 세포를 치료할 수도 있다.

애플리케이션을 사용한 피부암 진단

2021년이 되면 전 세계 63억 대의 스마트폰을 사용해 피부과 의사보다 피부암을 더 잘 진단할 수 있게 될 것이다. 스탠포드 대학교의 컴퓨터공학자들은 피부 질환 이미지 13만 개를 갖춘 데이터베이스를 구축했다. 알고리즘이 이 데이터베이스를 활용하면 피부 질환을 진단할 수 있다. 진단 결과는 매우 정확하여 전문가나 피부과 전문의의 진단과 일치할 것이다. 이미 피부암을 진단할 수 있는 애플리케이션이 나와 있다. 지금으로부터 5-8년 정도가 지나면 기술이 더욱 발달하여 피부과 병원이 점차 사라질 것이다.

호흡을 활용한 진단

머지않아 '스니프폰Sniffphone'이 출시될 것으로 보인다. 이 휴대폰을 사용하면 친구와 전화 통화를 하는 도중에 갑자기 암의 징후가 보인다며 진료 예약을 권하는 주치의의 문자 메시지를 받을 수 있다. 스니프폰에 설치된 특수 장비가 당신의 호흡에서 나온 화학물질 이상 패턴을 감지해 의사에게 전달하기 때문이다. 과거에는 샘플 채취 후 실험실에서 테스트를 해야만 이런 진단이 가능했지만 이제는 나노입자와 이산화탄소를 담은 나노튜브를 활용해 17가지의 다양한 질병을 감지하고 사용자의 호흡을 분류할 수 있다. 이미 2016년 말, 〈ACS 나노ACS Nano〉에 관련 임상시험 결과가 게재되었다. 이 논문에 따르면 각 질병은 특이한 화학 패턴 또는 호흡결을 가지고 있어 평상시의 호흡과 구별할 수 있다.

대화를 사용한 질병 진단

미래에는 대화만 해도 질병을 감지할 수 있을 것이다. 컴퓨터를 향해 말을 하면 컴퓨터가 당신의 목소리를 분석해 특정 질병이 있는지를 진단할 것이다. 만약 당신이 스트레스에 취약한 성격이라면 의사나 믿을 만한 사람과 함께 진단을 들을 수도 있다. 다양한 의료기관의 연구진들은 자체 학습 소프트웨어로 건강한 사람들의 목소리를 학습한 컴퓨터를 사용해 수백 명의 환자가 입력한 목소리를 비교 분석한다. 이 학습 소프트웨어의 목표는 명확하다. 바로 질병 지표로 활용할 음성 패턴을 개발하는 것이다. 이것이 바로 미국의 스타트업 기업인 카나리 스피치 $^{Canary\ Speech}$가 딥러닝을 사용해 개발한 진단방법이다. 이러한 기술은 환자의 목소리를 분석해 파킨슨병이나 알츠하이머 같은 신경장애를 진단하기 위해 개발됐다.

이전과는 다른 기상

미래에는 아침에 일어나자마자 스마트 수면모니터가 간밤의 수면의 질을 알려줄 것이다. 이 기기가 당신이 충만한 에너지로 하루를 시작하기에 가장 적절한 시간대에 당신을 깨울 가능성도 크다. 커피 한 잔과 함께 아침식사를 하러 부엌에 걸어가면 스마트 식기가 건강에 도움이 되는 느린 속도로 식사하도록 도움을 줄 수도 있다. 파킨슨병 환자의 경우는 병에 걸리기 전처럼 식사할 수 있도록 도와줄 것이다. 스마트 식기의 센서는 음식의 모든 성분과 알레르기 발병의 가능성, 그리고 독소를 감지하는데, 이 정보를 활용해 음식을 선택할 수 있다. 앞으로는 주방의 팬이 더 이상 필요하지 않다. 대신 3D 음식프린터기를 사용해 피자나 다른 음식을 준비할 수 있을 것이다. 아침 식사 후에는 특별 제작된 칫솔로 양치를 한다. 이 칫솔은 당신의 신체 수분량을 측정하고 적절한 때에 양치를 멈추도록 신호를 보낸다. 앞으로는 스마트홈의 스마트 기기들이 알려주는 개인 건강정보를 활용해 질병을 예방할 수 있을 것이고 따라서 더 오래 건강한 삶을 유지할 수 있을 것이다.

디지털 돌팔이 의사

인터넷은 건강관리에 관련된 새로운 기술 발전에 없어서는 안 될 필수적인 요소이지만, 건강관리 애플리케이션과 DIY 서비스의 오류를 주의해야 한다. 이러한 오류를 찾는 것이 쉽지 않겠지만, 합법적인 인터넷 의료서비스 제공자에게 품질보증 마크를 발행한다면 그 신뢰도를 높일 수 있을 것이다. 한 연구진에서 개인이 체크한 증상 리스트를 바탕으로 질병을 진단해주는 23곳의 자가 건강관리 웹사이트를 조사했는데, 그중 고작

1/3만이 올바른 진단을 내렸다고 한다. 적중 확률이 너무나 낮다. 다행히 디지털 의사들이 이 증상을 세 번씩 더 체크했더니 진단 적중률이 50퍼센트까지 상승했다.

온라인 건강관리가 신뢰를 얻기 위해서는 이러한 디지털 돌팔이 문제가 해결되어야 하지만 아직 갈 길이 멀다. 구체적인 예로 미국의 스타트업 기업인 테라노스Theranos를 들 수 있다. 이미 수년 동안이나 혁신적인 개발로 주목을 받아온 기업으로, 대표적인 기술 중 하나가 몇 방울의 혈액만 사용해 200가지가 넘는 질병을 진단하는 것이다. 집에서 혈액을 채취해 실험실로 배송하면 환자가 집에서 진단서를 받아볼 수 있다. 하지만 테라노스는 최근 들어 공격을 받고 있다. 질병 진단 기술에 대한 근거가 없고 환자의 안전도 보장할 수 없기 때문이다. 그러는 동안 이 회사의 면허는 취소됐고 회사의 대표는 향후 2년 동안 연구실 출입이 금지됐다. 이런 상황에 대해 네덜란드 레이던 대학교 의료센터에서 e-헬스 기술의 응용을 담당하고 있는 나일 차바네스Neil Chavannes 교수는 다음과 같이 말했다. "e-헬스는 개발된 지 고작 수년밖에 되지 않았다. 수많은 뉴스가 떠돌고 스타트업 기업도 생겨났으며 열정적인 관심을 보이는 사람들도 많지만, 정작 질 좋은 연구는 드물다." 그의 말에 따르면 시스템을 통한 자가진단이 개인의 건강에 긍정적인 영향을 미치는지는 확실하지 않다. 레이던 대학교 의료센터에서만 해도 현재 27가지의 e-헬스 기술 도입 연구가 진행 중이다. 이 중 많은 기기들이 공식적인 진단에 사용하기에는 부족하지만, 향후 몇 년 안에는 실제 사용이 가능할 정도로 발전할 것으로 예상된다. 지금보다 훨씬 발전한 센서, 많은 양의 데이터 축적, 그리고 더욱 확실한 알고리즘을 개발할 수 있다면 진단 정확도가 100퍼센트까지 올라갈 것이다. 기기들의 정확한 진단에 의사들도 놀라지 않을까.

전보다 똑똑해지고 개선된 건강관리

지금보다 훨씬 나아지고 스마트하며 저렴하기까지 한 건강관리를 곧 만나볼 수 있을 것이다. 1997년에 태어난 미국 과학자 잭 안드라카^{Jack} ^{Andraka}는 만 15세의 나이에 이미 종이센서를 활용한 췌장암 진단 키트를 개발했다. 이미 존재하던 키트보다 2,500배나 더 효과적인 데 비해 진단 비용은 겨우 3센트에 불과하다. 이 어린 과학자의 등장은 젊은 과학자들과 신생 기업이 야심 차게 내놓는 스마트 솔루션을 사용하면 의료비용을 절감할 수 있다는 점을 시사한다. 의료비용이 절감하면 건강관리의 질과 효율성이 향상될 뿐만 아니라 맞춤 의료 시스템으로 변화할 것이다. 향후 10년 안에 많은 사람이 3D 프린터와 통신하는 센서를 몸에 설치할 것이다. 3D 프린터와 센서의 통신 내용을 기반으로 제작된 필요 의약품도 받아볼 수 있다. 의약품은 당신의 건강상태와 신체조건에 따라 구성이 매일 달라질 것이다. 사실 이는 이미 개발된 기술이다. 미국 식품의약청^{FDA}은 뇌전증과 뇌졸중을 위한 3D 프린팅 의약품을 승인했다. 다양한 층으로 구성된 3D 프린팅 알약은 삼키기 쉽고 물에 빨리 녹는다. 하지만 성분 자체는 일반 알약과 동일해 의사들도 신뢰하고 사용할 수 있다. 물론 이 알약을 먹으려면 의사의 진단서를 약국에 제출해 일반 잉크프린터와 똑같이 생긴 3D 프린터에 입력해야 한다. 그러면 진단서에 맞춰 알약이 출력될 것이다. 여기서 한 걸음 더 나아가면 가정에서 의약품을 직접 출력할 수 있을 것이다. 집에서 3D 의약품 출력이 가능하다면 의약품 중개인과 대형 제약회사들이 사라질 것이다. 또는 의약품 제조 프린터에 원료를 제공하는 기업으로 변모할지도 모른다. 이렇듯 미래의 의료서비스는 다양성이 높아진다. 다음의 사례를 보자.

로봇 외과의사

아직은 의사 없이 로봇이 직접 환자를 수술할 수는 없지만, 특정 수술에서는 이미 조수 역할을 하고 있다. 네덜란드의 아센이라는 도시에 위치한 빌헬미나 병원^{Wilhelmina Ziekenhuis}에서는 위장 수술이나 골반 수술 시 카메라가 달린 특수제작 로봇팔이 수술을 돕는다. 멀지 않은 미래에는 로봇이 백내장 수술을 집도할 것이다. 백내장 수술에는 환자의 눈을 손상시키지 않도록 손이 안정적으로 고정되어야 하기 때문에 의사들보다는 로봇이 더 적합하다. 미국 뉴욕에 위치한 마운트 시나이 병원^{Mount Sinai Hospital}에 근무하는 비뇨기과 의사이자 병원장인 마이클 팔레스^{Michael Palese} 씨는 매년 800건이 넘는 비내시경·내시경 수술을 진행하는데, 상당수의 수술 현장에서 로봇을 조수로 활용하고 있다. 로봇의 도움을 받으면 극도의 정확성 덕에 환자의 흉곽을 제거하지 않고도 전립선과 신장을 수술할 수 있다.

수술 로봇의 예로 다빈치^{Da Vinci}를 들 수 있다. 다빈치의 미래형 컨트롤러, 작고 민첩하고 굽힐 수 있는 로봇 팔 3개, 그리고 부착된 3D 화면만 보면 게임기처럼 보인다. 하지만 이 로봇은 크게 두 가지 부분으로 이루어져 있다. 수술을 수행하는 로봇 부분과 의사가 직접 조종할 수 있는 콘솔 부분이다. 로봇의 팔은 메스, 집게나 가위와 같은 외과용 기구를 쥔

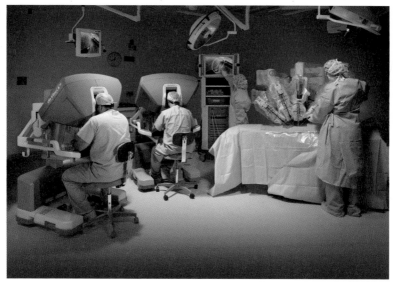

병원을 당신의 침실로 옮겨올 의료서비스계의 7가지 혁신
영상 주소: https://www.richardvanhooijdonk.com/blog/7-disruptive-gezondheidszorg-innovaties/

다. 그리고 내시경 카메라를 움직여 의사에게 정확한 3D 이미지를 송출한다. 다빈치는 의사의 움직임을 단순히 흉내 낼 뿐만 아니라 정확도까지 높다. 다빈치를 활용하면 작은 절개 몇 개만으로도 수술이 가능하다. 로봇 의사의 장점은 이게 전부가 아니다. 미래에는 한 부분만 절개하더라도 수술이 가능해진다. 예컨대 배꼽 사이로 뱀처럼 가는 로봇 팔이 들어가 복강에서 수술을 진행한다. 원격으로도 사용이 가능한 기술이다. 언젠가는 알고리즘, 카메라, 레이저, 나노봇, 그리고 센서로 움직이는 로봇이 완전히 단독으로 수술을 진행할 날이 올 것이다. 그때까지 로봇은 조금씩

더 진화하여 언젠가는 스스로 개복과 봉합도 하게 될 것이다.

로봇의 활동은 외과에만 국한되지 않는다. 캘리포니아 대학교의 미션 베이 의료센터UCSF Medical Center at Mission Bay는 이미 25대의 '터그Tug'를 활용 중이다. 터그는 의약품, 혈액샘플, 침구 배달 같은 간단한 작업을 수행하는 로봇으로 식사 준비, 침구 정리, 세탁과 쓰레기 처리도 가능하다. 모든 터그들은 사람 대신 일상적인 업무를 진행한다. 결과적으로 업무의 질이 향상되고 상당한 비용 절감이 가능해 센터에서는 터그에 많이 의존하고 있다. 제작사 아이톤Aethon은 터그에 이브Eve라는 이름을 붙이고 어느 곳에서든 업무를 수행할 수 있도록 프로그래밍했다. 터그는 사람들을 대신해 도움을 제공한다. 센터의 직원들은 컴퓨터의 터치스크린을 사용해 터그에게 지시를 내린다.

재활을 돕는 로봇 하네스

뇌졸중에 걸린 후, 근육의 약화나 소실을 경험하는 경우가 많다. 보통 근육들은 두뇌에서 신호를 받아 움직이는데, 뇌졸중으로 인해 뇌의 이런 기능이 손상된 것이다. 그러므로 뇌졸중이나 척추 손상을 겪은 후, 다시 걷기 위해서는 오랜 시간 동안 보행보조기를 동반해야 한다. 하지만 이는 일반적인 재활법일 뿐, 모든 환자에게 적합하다고는 볼 수 없다. 하지만 로봇 하네스(Robot Harness)를 사용하면 환자 개개인의 특성에 맞춘 알고리즘으로 맞춤 재활이 가능하다. 로봇 하네스는 인공 신경망을 통해 특정 활동을 하려면 어떤 방향으로 힘을 가해야 하는지 분석한다. 이에 따라 하네스의 프로그래밍이 달라진다.

돌보미 로봇

나는 종종 로봇도 가정에서 훌륭하게 기능할 수 있다고 이야기하곤 한다. 가정용 로봇의 한 종류인 돌보미 로봇은 노인들과 함께 기억력 증진

게임을 할 수 있고 복용 중인 의약품을 기억할 수도 있다. 심지어 포옹도 할 수 있다. 돌보미 로봇을 활용하면 노인들이 더 오래오래 건강하고 활동적으로 생활할 수 있을 뿐만 아니라 요양비용까지 절감된다.

이미 일본에서는 바다사자 모양의 돌보미 로봇이 개발돼 요양원의 환자들을 진정시키거나 필요한 경우 활동량을 늘리는 데 도움을 주고 있다. '파로'라고 불리는 이 로봇은 노년층을 겨냥해 개발됐지만 자폐나 중증 장애를 겪는 사람들, 또는 통증을 겪는 아이들에게서도 좋은 경과를 보였

> 네덜란드에서 개발된 돌봄 로봇 앨리스에 관한 다큐멘터리 영화
> 영상 주소 : https://vimeo.com/ondemand/ikbenalice

독거노인들을 위한 로봇

독거노인들을 위한 좋은 소식이 있다. 수십 년 동안, 또는 당신이 원하는 만큼 건강을 관리해주고 친구가 돼줄 로봇이 등장한 것이다. IBM(International Business Machines Corporation)은 미국 텍사스주 휴스턴에 위치한 라이스 대학교와 협력하여 일련의 센서를 사용해 노인들이 집에서 안전하게 지낼 수 있도록 돕는 로봇 인터페이스를 개발했다. 그리고 텍사스 오스틴에 위치한 연구소에서 이 다목적 노인 케어 지원 로봇의 시제품을 테스트했다. 이 실험실은 보통 노인의 생활환경과 유사한 방식으로 설계돼 있다. 로봇의 센서는 요리 중 가스가 켜져 있는지, 또는 누군가 넘어지는지 감지할 수 있으며 개인의 중요한 신체 기능을 모니터링한다. 또한 로봇의 카메라는 상대의 표정을 분석하고 읽을 수 있다. IBM은 어서 로봇이 도입돼 집 안에서 직접 요양 상대에 대한 정보를 수집할 수 있길 바란다. 네덜란드에서는 이미 요양센터 코르단(Cordaan)에서 혼자 주거하고 있는 치매 환자 250가구에 스마트 센서를 설치했다. 이 기술은 거주자의 움직임을 기록하고 이상 행동이 보이면 경보를 울린다.

다. 파로는 환자의 스트레스를 감소시키고 환자와 간병인 간의 사회적 상호작용에 도움을 주었다. 파로는 이미 세상에서 제일 가는 치료 로봇으로 기네스북에 오르기도 했다.

암을 진단하는 왓슨

최근에 진행한 강연회에서 왓슨^{Watson}과 협력하여 업무를 진행 중인 젊은 종양 전문의들과 이야기를 나눌 기회가 있었다. 왓슨이란 IBM에서 개발한 인공지능 슈퍼컴퓨터다. 정교한 분석 소프트웨어 덕에 그 어떤 질문이 주어지더라도 적절한 대답을 찾아낸다. IBM의 창업자인 토마스 왓슨^{Thomas J. Watson}의 이름을 물려받은 이 컴퓨터는 병원과 의사들을 도와 지금보다 더 나은, 그리고 환자 개개인을 위한 맞춤 치료법을 찾는 일을 돕는다. 왓슨은 의사가 직접 시스템에 입력한 환자의 데이터를 바탕으로 수백만 페이지에 달하는 미국의 암센터 데이터뱅크와 각종 연구 자료를 검색해 각 환자의 완치 가능성을 높이는 치료 방법을 찾아낸다. 최종적으로는 의사가 왓슨의 정보를 바탕으로 치료법을 결정한다. 미국 클리블랜드^{Cleveland}에 살던 한 60세 여성은 왓슨 덕에 자신이 지난 몇 년 동안이나 매우 희귀한 형태의 백혈병을 앓고 있었다는 것을 알게 됐다. 왓슨은 (인간 의사가 내렸던) 이전의 진단을 뒤집고는 약 20분 만에 그녀의 백혈병이 어떤 변종에 속하는지를 알아냈다. 보통의 의료 시스템이라면 의사들이 머리를 맞대고 6개월 정도를 연구해야 알아낼 수 있는 내용이다. 이처럼 인공지능은 인간보다 빠른 속도로 암을 진단하고 확인할 수 있다. 그러므로 미래에는 종양에 대한 길고 지루한 연구가 불필요할 것이다. 의사들은 스스로 진단을 내리지 않고도 더 빠른 치료를 시작할 수 있다. 진단은 이미 왓슨이 해냈으니까.

우리를 풍요롭게 하는 가상현실

인공지능은 빠르고 정확하게 질병을 진단할 수는 있지만 (아직까지는) 로봇이 단독으로 수술할 수 없기에 인간이 직접 수술을 진행해야 한다. 수술을 하려면 인간 내부 장기가 어떻게 생겼는지 정확하게 알아야 하므로 시신을 해부하며 인간의 장기 구조를 익히곤 했다. 하지만 앞으로는 그럴 필요가 없다. 지스케이프^ZScape 같은 홀로그램 시스템이 있기 때문이다. 이 시스템을 사용하면 가상의 인체를 사용해 몸과 모든 피부층, 근육, 심장과 혈액, 그리고 골격을 자세히 확인할 수 있다. 에코픽셀^EchoPixel 의 True 3D 뷰어는 2D 이미지를 입체 3D 이미지로 변환하는 홀로그램 시스템이다. 이 시스템을 사용하면 의료전문가들이 진단 또는 수술 계획을 세우거나 인터벤션 영상의학(영상장비를 이용하여 진단이나 치료를 하는 의

학 분야) 사용 시 장기와 신체의 일부를 가능한 한 모든 방법을 동원해 '가상 절개 후 열어보는 것'이 가능하다. 또한 이미지를 조작해 장기 내 특정 조직의 비정상적인 성장을 확인해볼 수도 있다. 지금까지는 스탠포드 대학교, 캘리포니아 대학교 샌프란시스코 캠퍼스^{UCSF}, 클리블랜드 클리닉 Cleveland Clinic에서만 이런 장비를 사용했지만 이제는 FDA의 승인을 받았기에 많은 사람이 이 장비를 사용할 수 있게 됐다.

캐나다 토론토의 병원에서는 의사와 간호사들이 가상현실을 활용해 절개와 메스를 무서워하는 아이들의 공포를 없애준다. 손가락이 부러진 만 9세 어린이 테스^{Tess}는 수술실의 밝은 빛과 큰 기계장치를 두려워했다. 그래서 병원에서는 수술 전, 가상현실 헤드셋을 활용해 테스에게 환자의 입장에서 실제 수술이 어떻게 진행되는지를 보여주었다. 이제 테스는 수술 전 잠에 빠지고, 잠에서 깨면 모든 수술이 끝나 있다는 사실을 알게 되어 안정을 되찾았다. 이러한 기술은 성인 환자들에게도 적용할 수 있다.

장기 배양과 3D 인쇄

10년 후에는 장기의 3D 인쇄(프린팅)가 가능해질 것이다. 지금까지는 장기이식수술을 하기 위해 수년간 알맞은 기증자를 기다려야 했지만 이미 시험을 거친 바이오프린터 덕분에 그럴 필요가 없어질 것이다. 장차 30-40년이 지나면 DNA에서 모든 질병 요소를 빼버린 완벽한 인간을 창조할 수 있게 될 것이다. 의료진은 세포의 모든 유전정보를 담은 게놈(유전체)을 활용해 암을 비롯한 다양한 질병을 치료할 수 있을 것이다. 또한 손상된 부위와 노화장기를, 세포를 미리 배양해놓은 맞춤형 장기와 세포로 교체할 수도 있을 것이다. 물론 수명은 자연히 늘어날 것이다. 네덜란드 위트레흐트 대학교의 재생의학 선임연구원 요스 말다[Jos Malda]는 네덜란드 장기이식 재단의 홈페이지에 단시일에 장기 프린팅이 가능해질 거라는 예상은 섣부른 추측이라고 경고했다. "미국에서는 이미 신장을 인쇄하는 실험이 진행됐다. 인쇄된 신장은 마치 진짜처럼 보이지만 아직 만족은 이르다. 완벽한 신장이라면 세포 간의 상호작용이 가능해야 하기 때문이다. 아직 인쇄한 신장이 세포 간 상호작용을 할 수 있는지도 모르는 상태이고, 이를 확인하는 단계까지 진행하지도 못했다." 말다 연구원에 따르면 뼈, 연골, 또는 피부와 같은 세포조각을 인쇄할 수 있다면 환자에게 큰 이득을 가져올 것이다. 공상과학소설에나 나오는 이야기가 아니라 곧 그런 기술이 개발될 것임을 확신한다.

맞춤형 의료서비스를 제공하는 인공지능

실수로 다른 환자를 수술한다든가 잘못된 치료를 하는 경우는 생각보다 더 흔하다. 네덜란드에서만 해도 오진율이 10퍼센트나 된다. 오진은 환자의 건강에 심각한 영향을 미치고 이로 인해 과도한 의료비를 낼 수도 있다. 하지만 앞으로는 증상이 나타나기 전에 의사가 치료를 진행할 수 있게 될 것이다. IBM의 왓슨과 같은 인공지능이 임상·의학 지식을 실시간으로 지원하는 덕택에 앞으로 10년 후에는 오진율이 현저하게 감소할 것이다.

클라우드에 저장된 건강

클라우드[Cloud]란 데이터를 인터넷과 연결된 중앙컴퓨터에 저장해서 인터넷에 접속하기만 하면 언제 어디서든 데이터를 이용할 수 있는 시스템이다. 클라우드 기술을 사용하면 전 세계 어디든 상관없이 더 나은 서비스와 제품에 접근할 수 있다. 의료 분야도 예외는 아니다. 클리닉클라우드^{CliniCloud}는 건강관리를 위한 디지털 진단 도구에 중점을 둔 스타트업 기업 중 하나이다. 이 기업은 블루투스 기능으로 다른 기기와 연결할 수 있는 청진기와 체온계를 개발했다. 이러한 기기를 사용하면 체온, 심장 박동수나 혈중 산소량과 같은 신체 주요기능을 조정할 수 있고 클라우드를 통해 의료 전문가와 직접 연락을 취할 수도 있다. 또한 집을 나서지 않고도 중요한 의료 정보에 접속할 수 있다. 결국 최종 사용자인 환자가 건강 정보를 제어할 수 있는 것이다. 이런 기기를 사용하여 매일 자신의 건강상태를 체크할 수 있다니, 상당히 독특한 기술이다. 이러한 기술은 시간과 비용을 절약해줄 것이다.

나오며

이 장을 읽으며 건강관리의 미래가 어떻게 다가올지 예상할 수 있을 것이다. 새로운 기술이 우리의 건강을 지켜줄 것이라는 점을 명심하라. 앞으로는 몸 안팎에 설치한 센서 덕에 자신의 건강상태를 체크할 수 있고 생활 방식을 조정할 수 있다. 혈액과 장기의 결함을 초기에 발견할 수 있으므로 의사는 센서가 제공하는 정확한 데이터를 활용해 질병이 발병하기 전에 맞춤 치료 계획을 세울 수 있게 될 것이다. 또한 나노봇을 이용해 발병 초기에 치료를 진행할 수도 있다. 하지만 뭐든지 좋아 보이는 것에도 단점은 있다. 만약 진단 결과가 나쁠 경우 환자는 부정적인 감정을 느낄 수 있으므로, 미래에 나쁜 소식을 감당할 수 없는 사람들은 의사를 찾아가야 한다. 그래야 결과를 듣고 난 후 생기는 질문에 대한 답변을 바로 들을 수 있기 때문이다. 다행인 것은, 앞으로 맞춤화된 치료와 의약품 덕분에 건강관리가 더욱 개인적으로 변모할 것이라는 점이다. 건강관리를 위해 1차 병원에 가지 않아도 되는 것은 물론이다.

종합병원에 갈 일이 점점 줄어들 것이며, 가더라도 병원에 머무르는 시간 또한 줄어들 것이다. 로봇들은 수술실의 의사를 돕고 노년층이 생활을 유지하는 데에도 도움을 줄 것이다. 마지막으로 장기를 인쇄할 수 있기에 장기이식수술을 위한 기나긴 대기자 명단이 사라질 것이다. 실질적이고 윤리적인 문제들이 모두 해결돼 위의 예상들이 모두 현실이 된다면 건강관리는 지금보다 개선되고 저렴해져 우리 모두 더 오래 건강하게 살 수 있게 될 것이다.

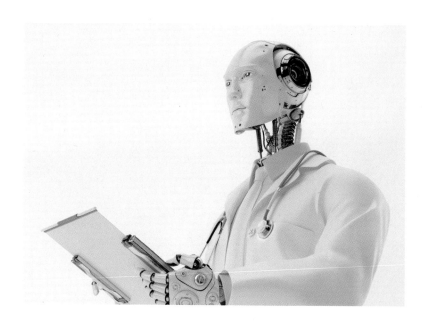

생체공학적 신체,
인간에서 사이보그로

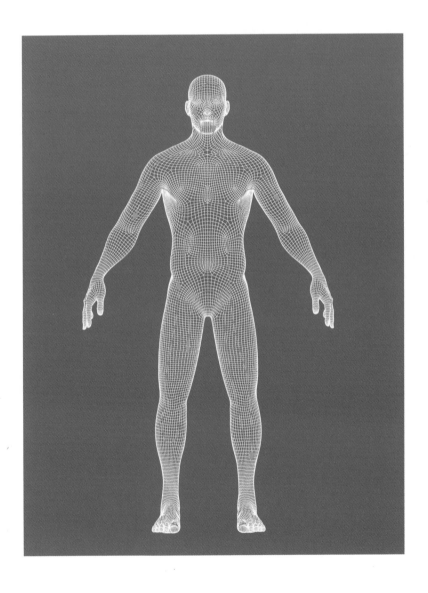

스스로를 복원할 수 있는 능력을 지닌 신체 덕에 인간은 (오랜 시간을) 생존할 수 있다. 하지만 나이가 들면 들수록 이런 시스템은 하나씩 작동을 멈추고 결국 인간은 사망하고 만다. 이는 자연스러운 현상으로, 거스를 수 없는 일로 받아들여져 왔다. 하지만 이제는 다르다. 급속한 변화가 이루어지고 있기 때문이다. 머지않아 이미 죽어가고 있는 신체 세포를 새로운 세포로 대체하는 날이 올 것이다. 그렇다면 미래에는 영생이 가능할까? 생명을 연장시키는 여러 가지 기술 또한 개발되고 있다. 이번 장에서는 건강을 지키기 위한 매혹적인 방법들을 찾아 떠나보자.

우리의 여행은 두뇌에서 시작한다. 두뇌는 전뇌와 두정엽과 같은 서로 다른 부위가 연결되어 있다. 이 중 두정엽은 사고 작업을 적극적으로 수행하는데, 이때 두뇌 네트워크에 문제가 발생하기도 한다. 이에 대처하기 위해 다양한 두뇌 칩이 이미 개발 중에 있다. 미국의 테오도르 베르거Theodore Berger 교수는 알츠하이머 환자의 손상된 뇌 세포 기능을 대신할 수 있는 칩을 개발하고 있다. 이 칩을 사용하면 사물을 기억하고 정상적인 삶을 살 수 있다. 전쟁 참전 용사의 외상후스트레스 장애 치료에도 도움이 될 뿐만 아니라 다른 질환에도 치료 수단으로 사용할 수 있다. ADHD(주의력결핍과잉행동 장애) 환자들은 리탈린을 복용하는 대신 특별한 앱을 통해 두뇌를 자극하여 집중할 수 있게 될 것이다. 이런 칩이나 두뇌와의 연결 기구를 사용하면 생각만으로 차를 운전하거나 문을 열 수도 있다.

좀 더 시간이 지나면 생체공학적인 안구를 사용해 시각장애인이 시력을 되찾을 수 있을 것이다. 시각장애가 없는 사람들보다 더 높은 시력을 갖게 될 수도 있다. 이러한 인공 안구는 적외선 기능으로 야간에도 완벽한 시력을 유지할 것이다. 특수 렌즈를 이식하면 영상을 찍거나 눈을 깜박여 망막에 의료 데이터를 표시할 수도 있다. 다른 장치와 통신도 가능할 것이고 말이다. 이런 기술은 개발이 어찌나 빠른지 금세 뒤처지거나 새롭게 생겨난 또 다른 기술들과 경쟁해야 한다. 또한 나노기술의 발전으로 미세한 크기의 나노로봇을 사용해 신체분자를 복구하고 조직을 재생성하는 것이 가능하게 되었다. 이런 기술은 질병 없는 삶을 실현시키고 사이보그라 불리는 인간과 기계의 융합을 돕는다. 바로 지금, 우리는 새로운 시대의 시작을 경험하고 있다. 차별 없이 모든 사람이 새로운 기술을 사용할 수 있게 되는 것이다. 앞으로는 건강을 유지할 뿐만 아니라 불멸의 삶을 살게 될지도 모른다.

머릿속의 칩

뇌 속의 칩이라니 무섭게 느낄 사람도 있지만 필요한 모든 정보를 담고 있는 칩과 두뇌 사이의 소통을 애타게 기다릴 사람도 있다. 단 몇 분 안에 외국어를 마스터할 수 있다면, 바쁜 하루 끝에 두뇌에 또 다른 활력을 줄 수 있다면, 또는 전 애인에 대한 기억을 영원히 지울 수 있다면 얼마나 좋을까? 치매, 알츠하이머 또는 기타 뇌 질환에 대항할 수 있다면?

공상과학소설에만 나오는 이야기라고? 그렇지 않다. 두뇌에 설치할 수 있는 칩은 이미 반세기 전에 개발되었다. 1963년 호세 델가도José Delgado는 황소에게 두뇌칩을 이식했다. 칩을 통해 동물의 행동을 제어할 수 있는지 궁금했기 때문이다. 델가도는 뇌에 칩을 이식한 황소와 투우

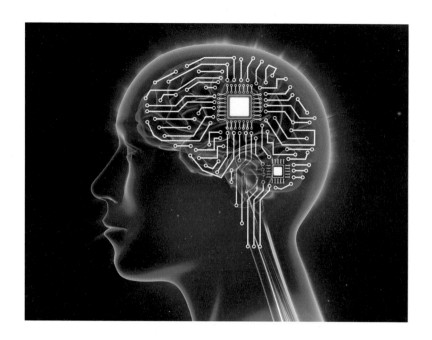

경기를 시작했고, 황소가 공격하려 할 때 칩을 조종하는 원격 제어 장치를 작동시켰다. 황소는 공격을 멈췄고 호세 델가도는 실험을 성공적으로 마무리했다.

연구자들은 두뇌칩을 사용한 뇌전증과 파킨슨병의 실험적인 치료법이 유용함을 증명했고 치료 결과도 희망적이었다. 칩을 사용한 치료 절차는 다음과 같다. 우리 두뇌에 위치한 뉴런, 또는 신경세포는 서로 상호작용하며 감각 기능과 사고 기능을 활성화한다. 그러므로 칩이 세포와 상호작용하려면 적절한 안테나가 있어야 한다. 안테나의 전극이 자극을 받아 두뇌의 칩으로 전송하는 것이다. 그러면 칩은 그 자극을 뇌로 보낸다. 간단하게 들리지만 칩의 이식 자체가 뇌에 손상을 줄 수도 있기 때문에 굉장히 어려운 기술이다.

두뇌칩을 이식하는 데는 비용이 많이 든다. 자격을 갖춘 외과 팀만이 진행할 수 있는 어려운 수술이기 때문이다. 해결해야 할 윤리적 문제, 지켜야 할 법규와 허가도 있다. 게다가 현재 칩이식을 하려면 손상된 두뇌 세포를 치료하는 작은 로봇이 있어야 한다. 다행히 이에 대한 대체재가 있는데 두개골에 설치하는 전극, 바로 EEG가 그것이다. 이 전극은 뇌에 가하는 자극을 측정하고, 잘못된 자극은 잡아주며 뇌로 자극을 돌려보낼 수도 있다. 이외에 뇌에 초박막 와이어를 주입하는 방법도 있다. 수술이 필요한 작업인데, 머리에 남은 전선의 작은 부분만을 사용해 컴퓨터로 쉽게 연결할 수 있다. 이렇게 상대적으로 뇌에 손상이 가지 않는 방법들을 사용하면 파킨슨병, 뇌전증, 조현병, 우울증 등 잘못된 자극 때문에 일어나는 질병을 치료하는 데 효과를 볼 수 있을 것으로 예상된다. 하지만 어떤 질병에 어떤 치료가 적절한지는 아직까지 밝혀진 바가 없다.

두뇌칩이나 컴퓨터와 연결된 와이어를 사용해 문을 열거나 새로운 것을 배울 수 있다면 좋겠지만 무엇보다 기쁜 소식은 새로운 기술이 난치 뇌 질환을 종식시킬 수 있다는 점이다. 알츠하이머 환자의 뇌세포는 손상되어 있다. 때문에 장기 기억소에 남아 있는 기억이 적어지는 것이다. 캘리포니아 대학교의 테오도르 베르거^{Theodore Berger} 박사는 환자의 기억세

뇌로 여는 현관문

운동피질은 근육을 정확하게 통제한다. 얼마나 정교하게 설계됐는지 운동피질의 어느 부위가 손을 움직이게 하는지 이미 결정되어 있다. 손이 움직이면 신경세포, 즉 뉴런이 활성화된다. 그러면 안테나, 즉 전극이 이 움직임을 포착해 스마트락이 설치된 문으로 정보를 전송한다. 그러면 손을 움직이는 생각만 해도 문을 열 수 있다.

포를 활성화하는 칩을 연구 중이다. 원숭이와 쥐를 상대로 실험을 한 후에야 사람에게 직접 기술을 적용할 수 있을 것이다. 이 기술이 실제로 상용화된다면 알츠하이머 환자뿐만 아니라 외상후스트레스 장애를 겪는 군인이나 다른 환자들에게 커다란 선물이 될 것이다. 이미 미 국방부 연구소^{DARPA}에서 외상후스트레스 장애를 초래하는 기억을 제거하는 특수 칩을 개발하고 있으니 오래 기다릴 필요가 없을 듯하다.

더 좋은 소식은 ADHD 환자들이 리탈린을 복용할 필요가 없을지도 모른다는 점이다. 특별한 애플리케이션이 두뇌를 자극해 환자가 집중력을 얻고 휴식을 취할 수 있기 때문이다. 긴장감을 조절해 최상의 시험 결과를 얻어내므로 중요한 시험을 앞두고 있는 학생들에게도 좋은 해결책이 될 수 있다. 내 아들 팀은 이제 만 15세이다. 지난 14년 동안 꾸준히 약을 복용했음에도, 수차례의 뇌전증 발작으로 구급차를 타고 여러 번 병

전극의 도움을 받아 다시 의사소통이 가능해진 여성

만 59세의 여성 하네커 드 브루에이너(Hanneke de Bruijne)는 세 자녀의 어머니로 2008년에 발병한 ALS라는 근육병을 앓고 있다. 발병 몇 년 후, 그의 전신은 완전히 마비되었다. 눈을 움직이는 것이 의사소통의 전부이지만 얼마 지나지 않아 그것도 불가능해질 상황에 처했다. 2016년 위트레흐트 대학병원에서 근무 중인 영국 출신의 연구원이자 신경외과의사인 닉 람지(Nick Ramsey)가 하네커 씨의 두개골 바로 아래와 두뇌에 전극을 이식했다. 이 무선 전극은 뇌에서 신호를 수집해 송신기와 태블릿으로 전송한다. 간단한 움직임부터 시작해 컴퓨터 게임인 퐁, 그리고 태블릿의 키보드로 타이핑을 하는 등 수많은 훈련을 거친 후, 하네커 씨는 드디어 분당 한 단어를 입력하는 일에 성공했다. 벌써 몇 년째 1주일에 몇 번씩 이 시스템을 사용하고 있다. 하네커 씨가 완전히 만족하고 있는 것은 아니지만 아직도 희망은 남아 있다. 그녀의 꿈은 스스로 휠체어를 조작하는 것이다. "처음으로 이 기술을 사용할 수 있다니, 정말 특별한 기회다. 나와 같은 고통을 겪는 사람들에게 도움이 되고 싶다."

원으로 달려가 입원까지 해야 했다. 물론 지금은 전보다 훨씬 나아졌지만, 내일의 세상에서는 건강보험 회사가 지불하는 칩으로 이와 같은 모든 뇌 손상 관련 질환을 예방할 수 있다는 사실에 마음이 놓인다. 이러한 새로운 기술이 적용되면 의료비용이 크게 절감될 것이다.

많은 사람이 사고와 뇌졸중으로 인해 (부분적으로) 마비를 경험한다. 가까운 미래에는 뇌 속의 칩이나 컴퓨터에 연결된 전극을 사용해 마비된 팔다리(또는 인공 보철물)에 신호를 보낼 수 있게 될 것이다. 환자는 생각만으로 신체를 제어할 수 있게 될 것이다. '신경 전환'이라고 불리는 이 기술을 활용한다면 사람들은 생각만으로 다리, 팔, 손을 움직일 수 있을 뿐만 아니라 작은 물건을 움켜잡을 수도 있다. 손가락과 발가락의 감각이 회복될 수도 있고 말이다.

두뇌칩을 활용하면 이런 치료법의 성공 가능성이 훨씬 더 높아진다. 이미 2016년 캘리포니아의 학생들이 EEG 센서를 운전자의 머리에 이식해 두뇌 활동만으로 테슬라^Tesla 차량을 이동시키는 데 성공했다. 운전자들은 단지 '가다' 또는 '멈추다'만 생각했다. 이 다음 단계는 센서 없이 순수하게 두뇌의 힘으로만 차를 운전하는 것이다. 이러한 기술은 드론, 게임기 또는 커피메이커에도 사용될 수 있다. 실제로 칩이나 애플리케이션은 우리의 생각을 읽을 수 있다. 이미 해당 기술의 발전이 상당 수준에 도달해 있다. 두뇌 활동과 청각을 관장하는 부분을 연결해 서로의 마음을 읽을 수 있게 만들면 자녀, 부인, 남편, 또는 애인의 생각을 읽을 수 있다.

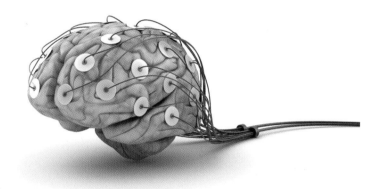

이식된 전극 덕에 스스로 식음료 섭취가 가능해진 마비환자

오하이오 주 클리블랜드 출신의 56세 빌 코체바르(Bill Kochevar). 2006년에 발생한 자전거 사고로 심각한 마비를 겪은 그는 2014년, 뇌에 두 개의 센서를 이식했다. 이 획기적인 기술 덕분에 현재 코체바르 씨는 스스로 먹고 마실 수 있게 되었다. 이 기술은 브레인게이트 시스템(BrainGate System)이라는 연구 프로젝트의 일부이다. 마비를 겪고 있는 사람들에게 제한된 영역 내에서의 움직임을 가능하게 하는 것이다. 코체바르 씨 두뇌 표면에 이식한 전극은 아동용 아스피린 사이즈이다. 그가 팔과 손을 움직이는 상상을 하면 전극이 그 신호를 기록한다. 이렇게 기록된 신호는 변환을 담당하는 컴퓨터로 이동해 손, 팔목, 팔, 팔꿈치, 어깨에 위치한 36개의 전극을 자극한다. 45주 동안의 연습을 거친 후, 코체바르 씨는 오른팔의 모든 관절을 생각만으로 제어할 수 있게 되었다.

자신에게만 생각이 들리게 할 수 있는 기술 역시 발전한다면 정말 어마어마할 것이다. 개인적으로 출시를 바라는 기술은 꿈을 녹화하고 나중에 돌려볼 수 있는 기술이다. 그러면 꿈을 잊어버릴까 봐 걱정하지 않아도 될 것이다. 그런데 실험 결과에 따르면 이런 기술도 곧 사용 가능하다고 한다!

서로의 생각을 읽을 수 있다는 말은 텔레파시로 대화가 가능하다는 말과 같다. 바르셀로나에 위치한 스타랩^{Starlab Barcelona}의 신경학자 파스쿠알 레오네^{Pascual-Leone}가 진행한 연구에 따르면 두뇌에 부착된 전극으로 컴퓨터에 연결된 여덟 명의 피실험자가 먼 거리에서도 서로에게 메시지를 보낼 수 있었다.

이는 뇌파를 등록한 후, 이들을 바이너리코드로 변환하여 이메일을 통해 다른 참가자에게 보내기에 가능한 일이었다. 상대 참가자는 EEG 전극으로 들어오는 자극을 통해 신호의 반짝임을 보고(느끼고) 이를 해석해 언어로 변환한다. 파스쿠알 레오네는 이렇게 말했다. "먼 거리에 있는 사람들끼리 말하거나 수화하는 것과 같은 전통적인 방식이 아닌 새로

거짓말이 불가능해지는 2030년

현재로서는 거짓말을 탐지하는 기술을 신뢰하기가 어렵다. 심장박동 수, 땀의 양, 그리고 호흡을 조정하는 방법으로 탐지기를 피해갈 수 있기 때문이다. 유튜브(Youtube) 동영상만 봐도 거짓말 탐지기를 피해가는 방법을 알 수 있다. 최근에 와서는 뇌를 읽는 기술(fMRI)에 엄청난 발전이 일어났다. 뇌 속 혈액의 흐름을 측정하는 방식의 거짓말 탐지기는 85퍼센트의 정확성을 자랑한다. 네덜란드의 법원에서는 이 기술의 신뢰도가 90퍼센트를 넘으면 증거로 채택해야 할지 여부를 고민하고 있다. 지금보다 우월한 거짓말 탐지기술을 가지게 될 날도 머지않았다. 내일의 세상에서는 경찰 업무의 효율성이 더욱 높아질 것이다.

운 방법의 의사소통이 가능하다. 그러므로 멀지 않은 미래에 두뇌끼리 직접 대화를 나눌 수도 있을 것이다." 페이스북 창시자 마크 주커버그^{Mark} ^{Zuckerberg} 역시 스마트폰이나 컴퓨터의 종말을 예상했다. 우리 뇌가 이런 기기의 개입 없이 의사소통을 나누거나 서로의 뇌에 '침투'할 수 있게 될 것이기 때문이다.

원숭이를 대상으로 한 실험 결과에 따르면 뇌의 한 부분인 해마를 통해 장기 기억소를 추가할 수 있을 것으로 보인다. 이는 2016년 원숭이의 두뇌에 칩을 이식했던 베르거^{Berger} 교수를 생각나게 한다. 이 실험의 진행방식은 다음과 같다. 일단 원숭이들에게 사진을 보여주고 얼마나 많은 숫자를 기억하는지를 기록했다. 그다음, 약품을 사용해 해마의 활동을 일시적으로 차단했다. 그러므로 원숭이들은 사진을 더 이상 기억하지 못했지만, 두뇌에 이식된 칩이 이미지들을 뇌의 인지기능을 조절하는 전두엽 피질로 보내고 나서는 지금까지보다 더 나은 기억력을 갖게 되었다. 이 실험은 해마를 우회하면 기억력이 좋아진다는 점을 시사한다. 아직은 원숭이에게만 실험을 진행했지만 이는 인간에게도 적용될 수 있다. 업무에 필요한 모든 지식을 개인 두뇌 애플리케이션을 사용해 모두 업로드하고 짜증 나는 기억은 지워버릴 수 있다고 생각하니 흥분을 가라앉힐 수가 없다. 이러한 애플리케이션을 사용하면 휴가를 떠나지 않아도 휴가를 간 것 같은 기분을 느낄 수도 있을 것이다.

모두 멋지기만 하지만, 그래도 유의할 점은 있다. 가장 큰 문제는 기술 적용 초기 단계에 모두가 두뇌칩을 사용하는 것이 어려움에 따라 발생하는 불평등일 것이다. 일부 사람들만 칩의 도움을 받아 이익을 얻을 테고 나머지는 자기 순서가 올 때까지 기다려야만 하기 때문이다. 특히 기술 개발사에서 임의로 규정을 적용해 특정 인물들을 기술 사용자 명단에서 배제할 수도 있다. 또한 타인에게 화폐 지불을 허가하는 데이터 전달 과정 역시 오용될 우려가 있다. 상사, 가족 또는 세무당국에 알리고 싶지 않은 경우도 있을 테고 말이다.

사실 이런 문제들이 실제로 일어날지는 미지수이다. 하지만 변화를 수용하는 것을 어려워하고 새로운 기술의 유용성을 의심하는 사람들이 있다. 이들은 자신의 의지와 신체, 그리고 사생활이 통제당하는 데에 공포심을 갖고 새로운 시대를 이해하는 데 어려움을 겪는다. 인터넷이나 스마트폰까지는 사용할 수 있었지만 그 이후의 변화는 너무나 크고 빠르게 느껴져서 멈춰버리는 것이다. 따라서 노년층뿐만 아니라 청년층과 18세에서 35세 사이 저학력층의 15퍼센트 정도까지는 기술 발전에 대한 특별 교육이 필요하다.

과학기술 발전의 속도가 얼마나 빠를지는 아무도 모른다. 아직까지는 전망이 불확실하며 목적지에 언제 도달할 수 있을지도 확신할 수 없다. 두뇌칩의 개발 속도가 모친의 알츠하이머 진행을 막을 만큼 빠르냐는 질문을 받는다면, 답변하기가 어렵다. 개발이 급속도로 진행되더라도 여전히 많은 연구가 필요하기 때문이다. 구식 법규와 느린 정부로 인한 지체 또한 고려해야 한다. 정부는 지금 네덜란드에 존재하는 14만 명의 알츠하이머(전 세계적으로 2,400만 명) 환자가 2050년까지 두 배로 늘지 않도록 신속하게 대응해야 할 것이다.

연 300회 이상 강의를 하면서 최근 몇 년 동안 생겨난 신기술에 청중들이 긍정적인 반응을 보인다는 사실에 놀랐다. 사람들은 기술이 가져다줄 기회를 꿰뚫어보고 자신의 사고방식을 조정할 준비를 하고 있다. 앞으로 두뇌 이식칩의 사용이 가능해질 거라고 생각하는 사람들의 수가 5년 전에 비해 세 배나 늘었다. 물론 자연적인 것을 선호하며 기술의 개입을 배제해야 한다고 믿는 이들도 있다. 하지만 이런 믿음이 뇌 질환을 예방하거나 관련 기술에도 적용될 것으로 보이는가? 똑똑한 로봇들의 세상에서 인간이 계속 살아남을 수 있을지, 그리고 두뇌에 이식한 칩이 인간의 결정에 영향을 미칠지 아닐지는 아직 미지수이다. 어디에 거주할지, 무엇을 먹을지, 어떤 직업을 가질지, 그리고 자녀 계획을 어떻게 세울지 스스로 결정할 수 있을까?

우리는 항상 경험을 토대로 세상을 바라본다. 자신만의 가치관을 통해 앞으로의 세계를 예견하고 좋고 나쁨을 결정한다. 하지만 다른 이의 사고방식과 관점으로 내일의 세상을 바라보면 새로운 통찰력을 얻을 수 있다. 어린이, 환자, 과학자, 또는 정치인의 관점으로 말이다. 타인이 어떻게 생각하는지를 알면 앞으로 다가올 문제와 도전을 더 잘 이해하고 평가하며 해결할 수 있다.

보고, 듣고, 경험하며 냄새 맡는 미래

눈

전 세계적으로 약 4천만 명이 시력을 완전히 잃었으며 1억 2,400만 명이 제한된 시력으로 세상을 살아간다. 장기적으로 보자면 인공눈이 그들의 시각을 회복시키는 희망이 될 수도 있다. 인공눈에 관한 연구는 아직 초기 단계에 머물러 있지만 일단 연구가 완료되면 초인간적인 시력을 가지는 것이 가능해진다. 이 작디작은 기기의 적외선 기능은 밤 시간에도 시야를 확보할 수 있도록 도와줄 것이다. 특수 렌즈를 이식하여 눈으로 영상을 녹화하고 혈구 수치나 심장박동 수와 같은 개인의 의료정보를 렌즈에 띄워볼 수도 있을 것이다. 이런 기능을 증강현실^{Augmented Reality, AR} 또는 현실 정보를 디지털레이어화하는 기술과 합치면 지금 바라보고 있는 물체에 대한 정보를 즉시 얻을 수도 있다. 다양한 기기가 인터넷으로 연결돼 서로 데이터를 주고받는 기술인 사물인터넷^{Internet of Things} 역시 너무나 흔해져 인공눈과 기기들이 서로 데이터를 주고받을 것이다.

맹인과 시각장애인에게 시각을 찾아줄 수 있다는 사실 그 자체로도 엄청나지만, 멈추지 않고 빠르게 발전하는 기술에서 우리 모두가 이익을 얻을 수 있다는 점이 가장 명확한 강점일 것이다. 이미 이런 발전을 예측한

시력을 되찾은 예룬 페이크

2016년, 네덜란드 방송사 RTL의 TV 프로그램에서 시력을 되찾은 예룬 페이크 (Jeroen Peek)와 대화를 나누었다. 그의 말에 따르면 흥미롭게도 망막칩만이 FDA 의 승인을 받아 상업적으로 이용 가능한 '인공눈'이라고 한다. 캘리포니아의 세컨드사이트(Second Sight)에서 개발한 첨단기술 안경과 칩이식 시스템인 아르구스 2(Argus II)를 사용하면 (시각을 점차 잃고 있지만 아직 완전히 잃지는 않은) 황반병변으로 고통받는 사람들의 시각을 어느 정도까지 회복시킬 수 있다. 아르구스2는 두 부분으로 구성된다. 아주 작은 이식용 렌즈들과 이미지를 전기신호로 변환하여 이식된 렌즈로 전송하는 카메라가 부착된 안경이다. 전극은 망막을 활성화하고 시신경을 자극한다. 그 자극을 바탕으로 두뇌는 시각적 패턴을 만든다. 따라서 사용자는 모양과 움직임, 빛을 인식할 수 있지만 시력을 완전히 되찾을 수는 없다. 그래도 아르구스2는 사용자에게 상당한 독립성을 보장한다. 이 시스템을 사용하면 시각장애인들도 혼자서 길을 건너고 큰 텍스트를 읽을 수 있게 된다. 현재는 뇌를 직접적으로 자극하면 망막이 물체를 인식할 수 있는지에 대한 연구가 진행 중이다.

사람이라면 앞으로도 더 나은 예측을 할 수 있을 것이다. 이론물리학자 미키오 카쿠^{Michio Kaku}의 말에 따르면 기술의 발전은 옳은 방향으로 나아가고 있다.

이론물리학자 미치오 카쿠, "투시와 텔레파시는 이미 존재한다."
신기술을 사용해 시각장애인들의 시력을 되찾아주는 것도 좋은 일이지만, 우리 모두 급진적으로 발전하는 기술의 혜택을 입을 수 있다는 내용.
영상 주소 : https://www.youtube.com/watch?time_continue=1&v=0maKDo7JnH8

미국 국방고등연구기획국에서 개발한 망원 콘텍트렌즈를 사용하면 물체를 확대하거나 축소해서 볼 수 있고, 밤에도 시야를 확보할 수 있다. 또한 헤드셋과 연결된 스마트 콘텍트렌즈를 사용하면 컴퓨터로 조작한 이미지와 현실을 합성하여 볼 수도 있다. 엑스랩^{X Lab}(전 Google X)은 이미 혈당 수치를 체크할 수 있는 렌즈를 개발 중이다.

소니, 구글, 삼성에서 같은 사진을 찍고 영상을 녹화하는 기능을 갖춘 스마트렌즈에 대한 특허를 출원하고 있다는 내용.
영상 주소 : https://www.youtube.com/watch?v=JWLti-0Vwuw

귀

자연이 준 센서인 귀는 음성이나 기타 소리를 뇌로 전송한다. 걸음 수를 세기도 하고, 하루 동안 머리를 얼마나 자주 움직이는지, 지금 무엇을 보고 있는지 등을 알아내는 인공 센서를 설치할 수 있는 공간이 되기도 한다. 이제 대시^{Dash}를 소개할 생각을 하니 마음이 설렌다. 대시는 당신의 귀에 맞는 27개의 센서로 이루어진 스피커와 마이크, 4기가바이트의 저장장치로 이루어진 신기술이다. 대시를 사용하면 머리만 끄덕여도 스마트폰으로 걸려오는 전화를 받을 수 있으며, 귓불을 문지르면 볼륨 조정이나 음악 재생이 가능하다. 환상적인 데다가 안전하기까지 하다. 보통 스마트폰 화면에 시각적으로 집중하면 주변 환경에 대한 시야가 줄어들기 때문에 위험할 수 있지만 청각은 다르다. 정보를 수집해도 시야가 좁아지지 않기 때문이다. 히어러블^{Hearable} 기기를 개인 비서로 활용하게 되면 스마트폰에서 자유로워질 수 있다.

히어러블 기기란 신체에 장착해 컴퓨터로 조정할 수 있는 무선 음향기기, 또는 외이에 장착해 청취를 향상시키고 스마트폰, 음악, 게임과 같은 현대적인 기기와 기능에 연결하는 초소형 컴퓨터이다. 전자기기 회사들은 점점 더 바이오닉스^{bionics}(생체공학)의 늘어나는 수요에 대응하기 위해 생체정보를 전송하고 고음질의 음악을 제공하는 이어플러그를 개발 중에 있다.

입

입은 눈, 귀, 코와 마찬가지로 외부 장기이다. 말을 하고 맛을 보고 음식을 삼키려면 입과 혀가 필요하다. 입은 촉각기관으로 기능해 손과 손가락의 부담을 덜어주기도 한다. 무의식적으로 스마트폰, 태블릿, 텔레비전, 게임기, 또는 다른 기기를 사용하느라 하루 종일 쉴 새 없는 신체에 휴식을 주는 것이다. 마우스컨트롤러^{MouthCTRler}라 불리는 기기를 입 안에 착용하면 다른 신체 부위와의 상호작용을 넘겨받을 수 있다. 입 안의 감각수용력과 인공 보철물을 결합한 이 기술을 사용하면 다른 장치와의 통신과 조작이 가능해진다.

미국 연구진에 따르면 식사 중 씹는 움직임으로도 건강상태를 체크할 수 있다. 미국의 다트머스 대학과 클렘슨 대학의 연구진들은 오라클Auracle이라는 머리띠의 시제품을 개발했다. 오라클은 착용자가 음식을 섭취할 때의 소리를 분석한다. 말소리와 기침소리를 구분하기가 어렵기 때문에 매우 복잡한 기술이다. 구강 활동을 분석하는 치아 센서도 있다. 대만 국립대학의 연구원들은 치아, 크라운, 그리고 교정기에 부착 가능한 초소형 휴대용 컴퓨터를 개발했다. 이 기기는 턱의 움직임을 측정함으로써 환자가 말하기, 씹기, 마시기, 기침 또는 흡연과 같은 활동에 소비한 시간을 계산한다. 그러므로 앞으로는 음식 섭취와 흡연량에 관해 거짓말을 할 수 없을 것이다. 문제는 이 기기에 들어가는 마이크로 사이즈의 배터리가 아직 개발되지 않았다는 점이다. 그래서 시험용 기기는 아직까지 유선 전력원에 연결돼 있다. 현재 연구팀은 블루투스 배터리가 건강상의 위험이 없는 대체재인지에 대한 연구를 진행 중이다.

코

우리는 코를 사용해 주로 호흡을 하고 냄새를 맡는다. 하지만 인간이 개보다 냄새를 더 잘 맡을 수는 없다. 개들은 후각기관을 사용해 마약만 감지하는 것이 아니라 누군가 암이나 다른 질병을 앓고 있는지도 감지한다. 앞으로 개발될 전자코를 사용한다면 우리에게도 가능한 일이다. 지금도 전자코에 내장된 다양한 종류의 민감한 센서로 가스 또는 냄새를 구분할 수 있지만 이제 곧 특별한 화학물질을 감지할 수 있게 된다. 워릭 대학교에서 개발 중인 기능을 사용하면 개보다 더 효과적으로 질병을 감지할 수 있을 것이다.

600만 불의 사나이와
소머즈의 등장

연배가 좀 있는 독자라면 1970년대의 텔레비전 시리즈 〈600만 불의 사나이^{The Six Million Dollar Man}〉(1980년대의 방영 제목은 〈6백만 달러의 사나이〉였다.)와 〈소머즈^{The Bionic Woman}〉를 기억할지도 모른다. 당시에는 불가능했던 텔레비전 속의 일들이 곧 현실에서 가능해진다. 생체공학 인체기관이 소수의 특수 사용자를 대상으로 이미 테스트를 거쳤다. 최고의 기계팔다리와 외골격용 신체보호 기구를 가리기 위한 대회인 사이보그 올림픽^{Cyborg Olympics}도 있는데, 궁극적으로는 기구의 발전을 장려하기 위한 목적으로 열린다. 당분간은 보통의 인체를 대체하는 인공 인체기관이 아니라 높은 강도와 유연성을 제공하는 외골격의 개발에 초점을 둘 것으로 보인다. 마비 환자들은 이런 기구를 활용해 걷는 능력을 회복하고, 특별 제작된 로봇 장갑을 끼고 물건을 집어 올릴 수도 있다. 이미 소규모의 군대에서는 외골격을 사용하여 군인들이 더 멀리 더 빠르게 이동하고 더 무거운 물체를 운반하고 있다. 만약 인간의 두뇌가 이런 모든 확장 기능을 인식할 수 있다면 신체의 제약은 사라질 것이다. 그렇게 되면 생체공학적인 신체가 손상된 눈, 귀와 사지를 대체하고 초인적인 힘 또한 제공할 것이다. 미래

에는 군이 손상되지 않았더라도 인간의 팔다리 대신 '업그레이드'된 팔다리를 선택할 수 있을 것이다. 장애를 가진 사람들뿐 아니라 마라톤 선수나 운동선수 등도 혜택을 볼 수 있는 기술이다. 하지만 이 기술에 걸맞은 법 개정이 필요하다.

팔

최근 방영된 CNN 프로그램에서 뉴캐슬 대학교가 개발한 카메라 내장형 팔 인공 삽입물을 소개했다. 이 팔은 물체를 보고 올바른 방법으로 들어 올린다. 또 다른 발명품은 미국 국방고등연구기획국에서 개발비를 지원받아 시장에 출시된 기계팔 루크암LUKE arm, Life Under Kinetic Evolution이다. 루크Luke는 〈스타워즈Star Wars〉 시리즈에서 로봇 팔을 달고 있는 등장인물의 이름인 루크 스카이워커Luke Skywalker에서 따왔다.

센서가 달린 뇌 임플란트 칩이 루크암을 제어하고, 촉각을 대체하는 전기자극이 감각피질로 보내진다. 사용자가 팔을 구부리거나 펴면 기계팔의 자세나 잡는 자세가 바뀐다. 루크암은 다른 기계팔과 달리 사용자가 직접 설정할 수 있으며, 더 자유롭고 유연하게 움직인다. 손과 손가락에 위치한 네 개의 모터가 사용자에게 어떻게 물건을 단단히 잡을 수 있는 지에 대한 피드백을 제공하기도 한다. 따라서 사용자들은 계란부터 시작해 물이 든 잔까지 집어 올린다. 자물쇠를 열고, 머리카락을 빗고, 매우 작은 물건을 들어 올릴 수 있다. 손목, 팔꿈치와 어깨의 개별적인 구동으로 등 또는 머리 위로 팔이 닿기도 한다. 미국 국방고등연구기획국은 2억 9,600만 달러의 예산을 들여 인간-기계의 공생과 인간의 기억력을 향상할 수 있는 방법을 연구 중이다. 특히 외상을 입은 병사들에게 다시 이동력을 제공하는 뇌 제어 인공 팔다리도 개발하는 중이다. 이 기술이 개발되면 신경 장애가 있는 환자나 척수 손상 환자들도 사용할 수 있게 될 것이다.

손

얼마 전 손 안에 다른 기기와 직접 연결이 가능한 칩을 이식했다. 이 칩을 통해 휴대폰의 잠금을 해제하고, 차 문을 열며 집에 가까이 가면 현관문이 자동으로 열리게 할 수도 있다. 얼마 지나지 않아 이 칩으로 물품 구매도 가능해질 것이다. 아직 네덜란드에서는 가능하지 않지만 스웨덴에서는 이미 상용화된 기술이다. 스웨덴에서는 손에 칩을 이식한 기차 승객들이 다른 사람들보다 빨리 기차에 탑승할 수 있다. 운송 회사에서는 이러한 칩을 이식하지 않지만 특별한 피어싱 샵에서 이식이 가능하다. 스웨덴은 신체 주입형 칩의 발전에서 선두를 달리고 있다. 스톡홀름에 있는 일부 회사의 직원들은 엄지손가락과 집게손가락 사이에 쌀알 크기의 칩을 '주입'했다. 이 칩을 사용해 사무실의 문을 열고 복사기를 사용할 수 있다.

이런 발전을 원하지 않는 사람들도 있지만 스웨덴의 스타트업 회사인 에피센터^{Epicenter}의 상점에서는 이미 일상적으로 사용되는 기술이다. 에피센터는 원하는 직원들에게 칩을 이식하여 출입카드 대신 사용하게 했다. 또한 손을 움직이는 매끄러운 동작만으로 문을 열고 프린터를 작동시키거나 음료를 구매할 수도 있다. 칩을 이식한 직원들은 더 이상 직불카드나 열쇠가 필요하지 않다.

이 칩은 직원의 업무 시간이나 구매 물품에 대한 자료를 생성하기도 한다. 이런 데이터의 사용과 저장에 대해서는 아직도 직원들 간에 이해나 합의가 도출되지 않았지만 이 역시 직원들의 사생활에 관련된 문제이므로 사전에 합의될 필요가 있다. 근거리 통신 기술$^{Near\ Field\ Communication}$이라고 불리는 이 기술은 비접촉식 직불카드나 모바일 결제 방법에 사용되기도 한다. 단 몇 센티미터 정도 떨어져 있는 스캐너를 활성화하면 이 기술을 적용한 기기와 스캐너가 데이터를 담은 전자기파를 전송하며 서로 통신한다. 이 기술을 적용할 수 있는 영역은 무한하다. 머지않은 미래에 모든 사람이 칩을 인식할 테고, 그러면 애플리케이션은 사라질 것이다.

다리

다리의 근력이 감소하면 걷기가 어려워진다. 운동선수들에게 특히 신경 쓰이는 일일 것이다. 삼성 전자는 이미 2009년 근육을 손실한 사람들을 도와주는 휴대용 로봇에 대한 특허를 신청했다. 이 로봇이 건강한 사람들에겐 초인간적인 능력을 부여하기도 한다. 도요타^{Toyota}는 최근 웰워크 1000$^{WelWalk\ WW-1000}$이라는 로봇 다리를 소개했다. 마비 환자가 이 다리를 사용하면 다시 걷거나 지금보다 더 활동적으로 움직일 수 있다. 외골격의 일부인 이 기기의 대형모터가 무릎 관절에 충분한 힘을 제공한다. 환자들의 삶의 질을 향상하는 중요한 기술로, 동일한 기술이 활성골반보조기[APO]에 사용되기도 한다. 알고리즘을 통해 작동하는 이 모터는 허벅지와 엉덩이를 연결해, 다리의 근력이 떨어진 (노년층의) 다리로도 비교적 똑바로 서 있을 수 있게 돕는다. 이 장치는 약 2-30퍼센트 남아 있는 다리의 근력을 강화할 뿐만 아니라 낙상의 위험 또한 감소시킨다.

한쪽 다리 또는 양쪽 다리를 잃은 사람들에게 희망이 될 기술 또한 개발됐다. 굼미 올라프손[Gummi Olafsson]은 어린 시절 겪은 교통사고로 인해 오른쪽 발과 아래쪽 다리를 잃었다. 하지만 생체공학 다리 덕분에 그는 이제 다시 운동을 할 수 있을 뿐만 아니라, 자신의 기계 근육에 힘을 줄 수도 있다. 전자 신호를 기계 다리의 전극으로 보내는 전기 센서를 이식한 덕분이다. 다리를 완전히 통제하는 것 또한 가능하다. 이제 막 시작 단계임에도 장애를 가진 사람들을 지원하는 다양한 기술이 존재한다.

걷고, 앉고, 서 있음을 느끼는 생체공학 다리

의지(prosthetis) 전문의 블래치포드(Blatchford)는 2015년에 처음으로 인간 다리처럼 '행동하는' 로봇 의족을 소개했다. 새로운 세대의 로봇 의족 링스(Linx)는 2016년 영국 왕립공학아카데미(Royal Academy of Engineering)로부터 혁신적인 기술 개발에 대한 공로로 맥로버트상(MacRobert Award)을 수상했다. 이 의족이 공개된 이후, 수백 개의 링스가 전 세계적으로 판매되었다. 특히 독일과 미국의 소비자가 주로 구매했다. 링스의 무릎과 발은 인간의 다리와 똑같이 작동한다. 일련의 센서가 사용자가 위치한 환경에 대한 데이터를 지속적으로 수집한 후 프로세서가 수집 정보를 처리하고, 특수 소프트웨어는 그 결과를 바탕으로 무릎과 발을 주변 지형에 적응시킨다. 두 관절은 지속적으로 서로 접촉한다. 또한 사용자가 정지할 때를 감지해 관절을 자동으로 잠그고 사용자가 다시 걷기 시작하면 잠금을 해제한다. 스마트폰 또는 태블릿과 같은 기기와의 블루투스 연결을 사용하면 쉽게 설정을 조정할 수 있다.

로봇 슬링 덕분에 무대로 돌아간 댄서

MIT의 미디어랩에서 '의족의 개척자'로 알려진 휴 헤르(Hugh Herr)는 10대 시절 등산 중 동상으로 인해 양쪽 다리를 잃었다. 이후 기계공학 석사와 생물물리학 박사, 그리고 생체공학으로 박사 후 과정을 마친 휴 헤르는 아이워크라는 벤처회사(iWalk : 바이옴(BiOm)의 전신)를 설립했다. 그리고 평생 자신이 매료됐던 바로 그 기술을 개발한 것이다. 2009년 말, 로봇 기술로 구동되는 하부 다리 시스템이 처음으로 테스트됐다. 손상된 근육과 힘줄을 대신하도록 만들어진 시스템이다. 정교한 외골격은 실제 사람의 다리처럼 보이는 자동 무릎, 발과 발목으로 이루어져 있다. 발걸음마다 사용자는 추가적인 힘을 받게 되고 결국 절반의 노력으로만 움직일 수 있다. 이 의족의 금속 표면에는 마이크로프로세서와 센서가 부착돼 발과 발목을 제어하며 사용자는 맞춤 사양을 적용할 수도 있다. 휴 헤르는 보스턴 마라톤 테러 사건으로 다리를 잃은 볼룸 무용수 아드리안 하슬릿 데이비스(Adrianne Haslet-Davis)를 자신의 테드톡(TED Talk)에 초대했다. 그녀는 이 무대에서 바이옴의 의족을 달고 처음으로 대중 앞에서 춤을 추었다. 단지 실험일 뿐이지만 그래도 그 여파는 컸다. 바이옴의 발목을 사용해 무용과 같은 강렬한 활동을 일상적으로 하는 데는 아직까지 무리가 있다. 휴 헤르는 로봇 기술을 사용해 각종 신체 활동을 하는 데 제한이 있는 사람들의 활동을 보장하기 위한 연구를 진행 중이다.

몸 밖으로 떠난 여행은 여기서 끝이 났다. 이 여행에서 머리부터 발끝까지 기술적 가능성과 혁신적인 미래를 보았길 바란다. 다음 장에서는 몸 안을 살펴볼 것이다. 몸속 여행은 가장 큰 장기를 방문하며 마무리될 것이다. 인간을 덮은 껍질, 바로 피부이다.

인공장기 시대가 온다

심장

인간의 가장 중요한 내장 조직은 심장이다. 심장은 하루에도 약 10만 회 리드미컬하게 조여들어 마치 펌프처럼 혈액의 흐름을 촉진한다. 산소

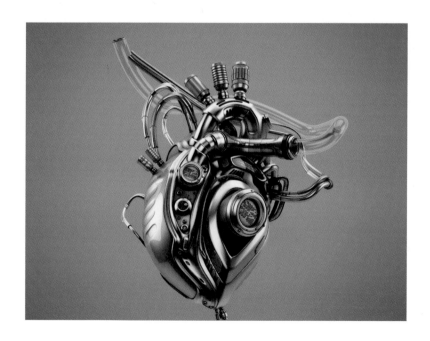

를 전달하고 영양소를 세포와 장기로 옮기며 신장과 같은 장기에서 나온 부산물을 옮기기 위해 필요한 활동이다. 만약 이 펌프가 고장이라도 나면 산소 공급이 정체되므로 온몸이 산소를 달라며 울부짖는다. 이런 체증은 펌프가 다시 움직여야만 해소된다. 의약물 투입으로 펌프가 다시 움직일 가능성도 있지만, 심장 이식만으로 해결되는 경우도 있다. 앞으로는 후자의 경우가 점점 줄어들 것이다. 70년간의 오랜 연구 끝에, 생물 의학 엔지니어들이 이 지치지 않는 가슴 근육의 기계화에 성공했기 때문이다. 신카디아^{Syncardia}와 카르마^{Carmat}는 최근 대규모 임상시험과 동물실험을 성공적으로 끝마쳤고 인간에게 사용할 수 있는 인공심장의 개발이 성공했

시금치로 만든 심장 조직

우스터 폴리테크닉 대학교(Worcester Polytechnic Institute)의 연구원들이 시금치 잎을 배양해 심장조직을 만드는 데 성공했다. 이 기술은 원래 심장마비로 입은 손상의 복구를 목적으로 개발됐다. 시금치 잎은 혈액과 세포를 운반하는 데 도움이 되는 혈관계를 지니고 있기 때문이다. 현재까지의 연구 결과는 희망적이다.

© worcester polytechnic institute

음을 발표했다. 이 획기적인 기술 덕분에 심장이 필요한 환자가 더 이상 심장 기증자를 기다릴 필요가 없어졌다. 심장이 없어서 안타깝게 사망하는 일도 없어질 것이다. 그보다 먼 미래에는, 이런 인공심장조차 과거의 일이 될 것이다. 이미 자신의 줄기세포를 심장세포에 부착해 심장이 스스로를 치료할 수 있는 기술이 개발 중에 있다. 조직과 장기의 배양도 가능해질 것이다. 이러한 기술의 발전은 아직 초기 단계에 불과하지만 앞으로는 자연 단백질과 세포를 활용해 3D 프린터로 새로운 심장을 인쇄하는 일도 가능해질 것이다.

신장

건강한 신장은 심장만큼이나 중요하다. 혈액의 노폐물을 제거하고 혈압을 조절하며 충분한 적혈구와 강한 골격을 유지하는 호르몬 생산을 관장하는 기관이기 때문이다. 만약 신장이 제대로 기능하지 않는데 이식조차 어렵다면, 인공신장이 필요하다. 이 인공신장이 하는 작업을 투석이라고 부른다. 투석이 필요한 환자들은 혈액을 정화하는 인공신장에 몸을 연결한다. 그런데 이 인공신장은 너무나 커서 휴대가 불가능해 매주 몇 번씩이나 병원에 들러야 한다. 그러므로 착용 가능한 인공신장AWAK, A Wearable Artificial Kidney, 또는 휴대가 가능한 인공신장이 투석계에 혁명을 불러일으킬 것으로 보인다. 이미 투석 기술의 발전으로 움직이는 투석이 가능하긴 하다. 이 휴대용 기기는 무게가 약 1킬로그램밖에 나가지 않고 밤낮을 가리지 않고 작동한다. 덕분에 환자는 일상적인 생활이 가능하며 심지어는 운동도 할 수 있다. 이 기기는 외부 혈액순환이 필요 없는, 복막을 이용한 안전한 투석법을 사용한다. 또한 이미 투석한 내용물로 멸균수와 포도당을 사용한 재투석이 가능하다. 따라서 외부에서 액체를 공급할 필요가 없기 때문에 휴대가 가능한 것이다.

폐

COPD(만성폐쇄성폐질환)와 같은 만성 폐 질환을 앓고 있는 사람들도 폐 이식이 가능하다. 여기서 문제는 이식 후 거부 반응이 없다 해도 이식받은 폐를 10년 이상 사용할 수 없다는 점이다. 또한 폐를 이식받을 때까지 환자들은 주로 침대에 누워 커다란 기계에 의지해야만 한다. 연결된 관을 통해 피를 열 교환기로 보내고 산소를 공급하며 이산화탄소를 배출해내기 때문이다. 인공폐 제작은 인공심장 제작보다 훨씬 복잡한 공정을 필요로 해 아직까지 성공하지는 못했다. 하지만 전망은 희망적이다. 과학자들은 이미 배낭에 넣어 다닐 수 있을 정도의 휴대용 인공폐 개발을 위해 노력 중이다. 만약 개발이 성공한다면 인공신장과 마찬가지로 생명을 위협하는 폐 질환으로 고통받는 사람들을 구할 수 있을 것이다. 양을 대상으로 한 실험에 따르면 열 전달기와 펌프 기술만 합칠 수 있다면 이 기술을 사용할 수 있다고 한다.

위

위는 약 20센티미터의 빈 가방처럼 생겼으며 최대 50센티미터까지 커질 수 있다. 일단 음식을 삼키면 식도가 음식을 1밀리미터의 크기로 분해하고 세균까지 제거한 후 위로 전달한다. 사람들은 다양한 이유로 가슴앓이나 위궤양과 같은 증상을 앓는다. 심한 과체중(또는 비만) 환자는 경우에 따라 위의 크기를 축소하는 수술을 받아 적은 양의 음식물만 받아들이

도록 하는데, 이는 매우 위험한 수술이다. 하지만 최근의 연구들이 성공한다면 이 역시 과거의 유물로 남게 될 것이다.

2006년부터 이미 소화를 흉내 내고 부식성 효소나 산에 저항하는 인공 위장이 개발됐다. 영국 정부의 재정 지원을 받는 이 기술을 사용하면 비만 환자들이 위장이 가득 찬 듯한 착각을 할 수 있다. 하지만 이 시스템은 매우 복잡하고 여전히 수술을 통해 위를 줄여야만 한다는 한계가 있다.

2016년에는 줄기세포 기술의 발전으로 인간의 위 조직을 활용해 미니위장을 만드는 데 성공했다. 유기물organoids이라고 불리는 이 기술 덕에 당뇨병, 위궤양과 암에 대한 연구 속도가 빨라졌다. 의사들은 세포 형성 시 발생하는 화학적 단계를 구분해낼 수 있고 장기 속 세포가 변화하는 순간을 확인할 수 있다. 미래에는 이런 연구 결과가 대체 조직의 생성으로 이어져 궁극적으로는 새로운 위를 제작할 수 있게 될 것이다.

미래의 피부

피부는 인체에서 가장 큰 장기다. 앞으로는 바이오잉크와 살아 있는 세포를 사용해 3D 바이오프린터로 실제로 기능하는 피부를 인쇄할 수 있을 것이다. 그 구조는 사실상 실제 피부와 동일하다. 이 놀라운 신기술의 등장은 화상이나 다른 피부 손상을 입은 사람들에게 희소식이 될 것이다. 그 외에도 주로 의약품, 화학과 화장품 응용 분야 산업에 사용될 것이다.

가까운 장래에 사람들 대부분이 부분적으로 사이보그가 되고 인간과 기계의 융합은 일상이 될 것이다. 스탠포드 대학교의 제난 바오Zhenan Bao 교수는 인공피부가 그 일환이라고 믿는다. 현재 바오 박사는 의수나 의족 사용자와 피부이식을 한 사람들의 삶의 질을 높여주는 인공표피에 대한 연구를 진행 중이다.

인간의 손보다 민감한 로봇 피부

스코틀랜드 대학교 연구진은 태양 에너지로 움직이는 전자 손을 개발했는데, 인간의 손보다 더 예민하다. 전기 엔지니어 라빈더 다이야(Ravinder Dahiya)에 따르면 이는 약한 관절을 가진 사람들을 위해 경량 의수와 의족을 개발하는 절차 중 하나다. 또한 '피부'가 자연스럽게 느껴지도록 로봇 겉부분을 피부와 같은 조직으로 덮을 수도 있다.

젊은 피부를 모방하는 법

젊고 탄력 있는 피부의 모든 특성은 고분자 필름을 사용해 모방이 가능하다. 매사추세츠 종합병원과 MIT의 연구팀은 실리콘 고무의 일종인 스마트 생체 재료를 개발했다. 인간 피부만큼의 신축성과 강도를 갖는다면 이 물질을 피부 위에 발라 사용할 수 있을 것이다. 이 물질에는 미세하게 분쇄된 이산화규소(실리카 충전제)가 포함돼 있다. 넓게 바를 수 있는 인조 피부층은 완전히 밀폐되어 있지 않으므로 그 아래 놓인 실제 피부가 계속 숨을 쉴 수도 있다. 건성 피부에서라면 이 실리카 층이 더욱 강한 보습을 제공할 수 있을 것이다. 16시간 연속으로 부착이 가능하기 때문에 아침에 붙이고 저녁에는 떼어놓을 수 있다. 현재는 복잡한 까마귀의 발에 필름을 덮는 것까지 성공했다. 눈 밑의 다크 서클을 숨기는 것도 가능하다. 연구진은 1년 안에 인공피부를 미국 시장에 출시하는 것을 목표로 삼았다.

나오며

우리는 사람들이 점점 더 사이보그에 의지하는 새로운 시대의 시작을 경험하는 중이다. 인간의 신체와 기술의 융합이 일어나는 것이다. 이 모든 변화는 점진적으로 일어난다. 현재 개발 중에 있는 몇몇 이식이나 칩 같은 경우 지금은 크기가 너무 크지만 쌀알 정도로 줄어들기 시작하면 변화의 속도는 더욱 빨라질 것이다.

사람들은 새로운 기술을 피하는 경향이 있다. 이는 우리가 상상하던 세계의 이미지에 적합하지 않아서 오는 공포 때문인 경우가 많다. 하지만 기술 덕분에 우리의 삶이 훨씬 편해진다면 대부분의 사람이 새로운 기술을 환영할 것이다. 모두들 건강하게 장수하길 바라니 말이다.

만약 신체에 점점 더 많은 기술을 적용한다면 2700년에는 지금과 다

인공근육

연구자들은 인공적인 신체의 제작뿐만 아니라 인체에 영감을 받은 로봇 제작도 진행 중에 있다. 현재 로봇 근육은 공압식 피스톤과 서보(Servo)를 사용하기 때문에 크고 무겁다. 그래서 인간을 닮은 로봇과 실제 인간의 구분이 가능하다. 휴머노이드나 터미네이터처럼 사람과 똑같이 생긴 로봇을 개발하기 위해서는 커다란 근육을 처리해야만 한다. 도쿄 공과대학교의 로봇 연구실에서는 인간의 근육을 모방하는 실험을 진행 중에 있다. 멀티필라멘트를 사용해 전류가 가해질 때 수축 또는 팽창이 가능한 근육을 개발하는 데 성공했다. 이 근육을 사용하면 로봇의 머리, 팔, 다리가 '인간'의 방식으로 움직일 수 있다. 이 근육들은 실제 인간의 근육보다는 느리게 움직이기 때문에 스스로 중심을 잡는 것은 불가능하다. 그래도 연구진은 이 기술을 발전시켜 더욱더 인간 같은 휴머노이드 로봇을 만들려 노력 중이다. 이 기술을 활용해 우리 스스로도 초인간적인 기능을 얻을 가능성도 있다.

른 모습의 인간이 나타날 수도 있다. 우리가 개발한 기술을 사용해 새로운 존재를 창조하는 것이다. 현재 예측하는 것과 전혀 다른 존재가 나타날지도 모른다.

생명 연장 기술로
더 젊어지다

　젊음은 아름답고 환상적이지만 노화는 퇴색되고 매력이 없다고 생각하는 사람들이 있다. 하지만 미래에는 이런 생각을 하는 사람들이 줄어들 것이다. 머지않아 오래되거나 손상된 심장, 간, 또는 신장을 수리하거나 교환하는 것이 가능해질 것이기 때문이다. 또는 줄기세포를 사용해 새로운 기관을 만들 수도 있다. 우리 몸이 정말로 고갈된다면 사망후 즉시 뇌를 직접 컴퓨터에 연결해 스스로와 닮은 '아바타'를 제어할 수도 있다. 2014년 조니 뎁이 주연으로 나온 영화 〈트렌센던스^{Transcendence}〉

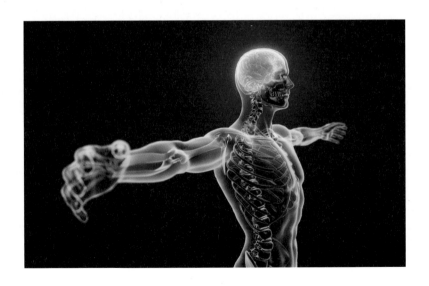

에서도 나온 디지털 영생이라 볼 수 있다. 뇌를 컴퓨터나 어려 보이는 안드로이드 로봇에 업로드하면 영생이 곧 현실이 될 것이다. 이를 개조 Tweaking라고 부르는 사람도 있다. 신경과학자들은 이런 영생이 향후 4-5년 사이에 가능하다고 예측한다. 간혹 인간은 어차피 죽지 않겠냐는 질문을 받기도 한다. 과연 미래의 죽음이란 무엇이며 피부나 혈액과 무슨 관계가 있을까? 2040년이 되면 죽음은 새로운 시작 그 이상도, 이하도 아닐 것이다. 적어도 나는 그렇게 믿고 있다.

피해갈 수 없는 노화 현상

인간의 평균 수명은 지난 150년간 계속해서 증가했다. 1850년경 하수도 건설 후 위생이 개선되어 감염으로 사망하는 인구수가 줄었다. 의료과학 또한 혁신적으로 발전하여 의약품은 이전보다 더 효과적으로 기능하고 있다. 30년 전, 가슴에 통증이 있는 경우는 침대에 누워 쉬라는 조언을 받았다면 지금은 같은 증상에 곧장 응급처치를 진행한다. 심장마비의 경우에도 스텐트를 주입해 혈액이 다시 흐를 수 있게 돕는다. 며칠이 지나면 집에 돌아갈 수 있고 그로부터 몇 주가 지나면 업무의 재개가 가능하다. 50년 전까지만 해도 지금만큼 많은 의약품이 존재하지 않았다. 현재는 이전보다 훨씬 빨리 만성 질환을 발견하여 빠른 치료를 시작할 수 있고 나쁜 예후 또한 예방할 수 있다. 또한 건강에 도움이 되는 식생활을 즐기며 애플리케이션 등을 활용하여 과거에 비해 건강한 삶을 유지할 수 있다.

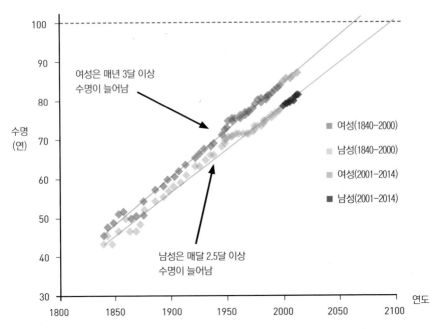

여성은 매년 3달 이상
수명이 늘어남

남성은 매달 2.5달 이상
수명이 늘어남

■ 여성(1840-2000)
■ 남성(1840-2000)
■ 여성(2001-2014)
■ 남성(2001-2014)

수명
(연)

연도

한 해당 가장 높은 기대 수명을 가진 국가들의 1840년부터의 예상 수명(1840-2000년까지의 데이터(ⓒ Oeppen & Vaupel(Science, 2002)), 2000년에서 2014년까지의 데이터(ⓒ 세계은행(data.worldbank.org)).

　헬스클럽의 인기가 높아지면서 우리의 운동량 역시 점점 늘고 있지만 아직 충분하지는 않다. 하루에 권장되는 만 보를 걷는 사람들의 수는 아직 적으며 비만 인구는 증가하고 있다. 체질량 지수^{BMI}는 25가 정상이지만 세계 평균은 35에 머무른다. 그보다 안타까운 점은 세계 어린이 인구의 1/4이 비만을 겪고 있다는 점이다. 이 아이들은 고혈압 또는 그와 비슷한 당뇨나 심장 관련 질환을 앓을 가능성이 높다.

　60세 그룹을 연구해봤더니, 노화가 진행될 때 지켜야 하는 네 가지 수칙이 있었다. 금연, 과일과 채소 많이 먹기, 알코올 섭취 줄이기, 하루에 만 보 걷기이다. 연구 결과에 따르면 이 조언을 따랐던 사람들 중 97퍼센트가 30년 이후에도 생존했다고 한다. 이 규칙을 무시하는 그룹에서는 77퍼센트만 생존해 있다. 앞으로는 미래에 어떤 변화가 생길지 주목해보자.

나는 현재 다섯 살인 아들 젠이 200세까지 살 수 있을 것이라 확신한다. 기하급수적으로 증가하는 기술의 혜택을 받을 테니 말이다. 섣부른 추측이긴 하지만 천 살까지 살 수 있는 날이 올지도 모른다.

노화에 대한 부정적인 이미지

"'오래된'과 '노년기'라는 단어는 무겁게 받아들여지기 마련이다." 심리노년학자 낸시 반 란스트^{Nancy Van Ranst}가 말했다. "다들 '오래된'이라는 이름표를 달고 싶어 하지 않는다. 사람들은 이 개념을 싫어할 뿐만 아니라 못생긴 단어라고 생각한다. 지난 수십 년 동안 우리가 그려온 매우 부정적인 노년의 이미지이다. 사람들은 노인들에게 더 이상 감사하지 않고 사회에서 점점 더 역할을 줄여나간다. 진보에 적합하지 않다고 생각하기 때문이다. 그게 바로 노화를 최대한 늦추고 부정하는 이유이다. 나이를 먹으면 먹을수록 새로운 경험을 할 기회도 줄어든다. 주변의 사람들이 줄어들고 혼자 죽어갈 것이며 여태까지 해오던 일을 하지 못하게 될 것이기 때문이다. 신체적으로도 얻을 수 있는 게 적다. 다들 가능한 오래 건강하게 살고 싶어 하지만 결국 뒤처질 것이다. 바로 이런 이미지 때문에 사람들은 노화에 겁을 먹는다."

"19세기 사람들이 바라보던 노화는 지금과는 달랐다." 영국의 칼럼니스트이자 작가, 사회학자인 앤 카르프^{Anne Karpf}가 말했다. "노화는 인간의 컨디션과 그에 따르는 제한 때문에 초래되는 생물학적 문제다. 과학을 통해 노화란 질병에 대한 해결책을 찾을 수 있다. 불교의 종교관이 도움이 되기도 한다. '죽음은 추적자가 아닌 동반자다'라는 말이 있듯이."

세상에는 더 오래 건강하게 장수하는 방법들이 존재한다. 이 장에서 논하려는 것은 그중 세 가지, 즉 유전자 편집, 세포 재생 그리고 세포 냉동이다.

크리스퍼 유전자 편집

'크리스퍼CRISPR-Cas'는 전례 없는 정밀도로 DNA를 편집하는 방법이다. 덕분에 가까운 장래에 저렴한 가격으로 빠르고 정확하게 유전자를 없애고 교환할 수 있게 되었다. 이 기술을 활용하면 질병을 예방하거나 눈 색깔을 조정할 수 있다. 이 방법을 통해 많은 사람이 인간의 생식에 관련한 문제를 해결할 수 있다. 크리스퍼는 현재 기술로는 제어할 수 없는 불임, 유산과 유전병 등을 해결하는 데 집중한다. 또한 아이의 성별을 선택하게 해주어 불필요한 실망을 줄일 수도 있다. 유전자의 결합을 더 쉽게 이해할 수 있어 문제가 되는 유전자의 삭제뿐 아니라 편집 또한 가능하다.

부모들이 실험실에서 완벽한 미니어처를 생산할 날이 가까워지고 있다. 이미 연구 수준에서는 성공했다. 영국 과학자들은 크리스퍼를 사용해 이론적으로는 유전자 조작 인간을 만들어내는 데 성공했다. 이 연구의 궁극적인 목표는 IVF(좌심실부전) 치료율의 상승과 조기 유산의 해결이다. 중국에서는 비생존 배아로 HIV에 면역성을 가진 DNA를 실험 중이다.(얼마 전에 생존 배아로 실험에 성공했다고 발표했는데, 윤리적 논쟁 때문에 문제가 됐다) 생명공학의 발전 덕에 성별, 자세, 머리카락, 눈, 피부색 등 태어나지 않은 아이에 대한 수백 가지의 유전성질을 선택할 수 있게 될 것이다. 현재에는 성격, 행동이나 지적 수준에 영향을 주는 요소의 선택이 문제가 되고 있다. 바로 윤리적인 문제 때문이다. 치명적인 질병의 근절이 가능하다면 많은 사람이 인간 유전자를 조작하려 할 것이다. 이 경우 반드시 생사에 대한 문제일 때만 유전자 편집을 하는 것으로 한정해야 한다. 아이의 '디자인'과는 차이가 있는데, 아이를 디자인함으로써 발생할 결과에 유의할 필요가 있다. 예를 들어 부모가 태어나지 않은 아이의 유전자를 편집하는 경우, 눈 색깔뿐만 아니라 지능지수를 200까지 높이기 위해 노력할 것이다.

이렇게 해서 생겨난 슈퍼유전자들로 지금 우리가 겪고 있는 문제들이 해결될 수도 있다. 하지만 '상위계층'에 있는 부모들이 유전적으로 불공

평한 이득을 얻을 수도 있다. '가난한' 부모들이 '럭셔리'한 유전자 조작 금액을 부담하긴 어려울 테니 말이다. 유전자 편집이 장기적으로 문제를 일으킬 우려도 있다. 오직 완벽한 사람만 창조한다면 우리를 특별하게 만드는 개인적 특성과 성격은 모두 그 빛을 잃을 것이다. 또한 질병과 변종에 약한 유전적 단일집단의 위기를 그대로 떠안게 될 것이다.

크리스퍼 이외의 기술로도 유전자를 조작할 수 있다. 하지만 그 기술들은 비용이 높고, 크리스퍼보다 더 복잡한 단백질 합성 장비를 필요로 한다. 또한 이런 기술을 사용했을 때 연구원이 3개월 동안 작업해야 할 일을 크리스퍼로는 1-2주 만에 해결할 수 있다. 현재 과학자들은 크리스퍼의 정확도를 상승시키기 위한 연구 중이다. 첫 실험에서는 의도치 않게 유전자가 사라지거나 새로운 유전자가 DNA에서 나타나기도 했다. 하지만 성공사례 또한 보고됐다. 2017년 5월, 유전자 편집기술을 사용해 세 종류의 동물에게서 HIV 유전자를 지워버린 실험이 그중 하나이다. 더불어 크리스퍼를 사용해 암세포의 변종을 막는다거나, 해로운 박테리아가

우리 신체에서 스스로 자살을 하게 만들고 모기가 전파하는 질병을 없애는 실험도 성공했다.

유전자 치료의 성공

유전자 치료는 유전공학의 가장 유망한 분야 중 하나다. 이 기술을 사용하면 결함이 있는 유전자를 수리하거나 대체하고, 질병을 치료하거나 제거하기 위한 치료 유전자를 삽입할 수 있다. 결함 유전자는 낭포성 섬유종, ALS, 헌팅턴병 등의 원인이 되기도 한다. 물론 유전자 편집이 이를 위한 해결책이 될 수 있다. 유전자 치료는 심장 질환 치료와 자가면역 질환 치료에 성공적으로 사용된 적이 있다.

가까운 장래에 가능한 유전자 요법 적용사례(2020-2030)

유전자 요법은 다양한 질병이나 상태에 적용 가능하다. 그 개요는 다음과 같다.

- 청각 : 선천적 청력 장애, 후천적 청력 상실, 이명, 메니에르병(청력 감소 또는 평형감각 잃음)
- 시력 : 선천성 실명, 점진적인 시력 감소, 망막 유전자 치료, 맥락막 결손(주로 혈관과 망막의 영구 손상으로 인해 시야를 잃는 병)
- 유전 질환과 자가면역 질환 : 근 위축증과 같은 신경·근육 질환, 근위축측삭경화증(ALS)과 근 위축, 파킨슨병, 알츠하이머와 우울증으로 인한 신체 부자유(유전자 치료로 뇌 단백질을 복원하여 증상을 완화시킬 수 있음)
- 암과 혈액 질환 : 백혈병, 췌장암, 간암, 혈우병(출혈 질환), 겸상 적혈구 빈혈(유전 장애로 적혈구의 산소 수송을 맡고 있는 헤모글로빈에 이상이 생겼을 때 발생하는 병)
- HIV : 연구 결과에 따르면 환자의 백혈구에서 특정 수용체 단백질을 제거하면 HIV에 저항이 가능하다.
- 심장질환과 폐 질환 : 다양한 유형의 심장마비, 뇌졸중, 낭포성 섬유종, 천식, 폐부종(폐에 액체가 차는 병) 호흡 문제

향후 20년 안에 과거 100년 동안 이룬 것보다 더 많은 과학의 발전을 이룰 수 있을 것이다.

세포의 재생

사람들은 신체의 잘못된 화학 작용 때문에 나이 들고 사망한다. 화학 신호가 교란되면 종양이 자랄 수 있다. 정맥과 혈액세포에 화학 폐기물이 축적되면 심장마비와 뇌졸중이 발생한다. 이러한 화학물질 오류의 급격한 증가는 건강한 세포에까지 영향을 미친다. 감염성 질병의 나쁜 화학물질은 면역체계를 공격한다. 이에 대해 유럽의 연구자들은 조직과 세포 내 유전자의 노화가 가시화되기 전에 화학적 오류를 확인할 수 있는 생물학

적 지표를 제시했다. 약사나 의사들은 이 지표를 활용해 치료법을 개발하고 적용할 수 있다. 그러면 세포와 분자의 오류를 바로잡을 수 있으며 건강을 최적화하고 빠른 노화를 예방한다. 연구자들은 이상적인 건강 기준을 정해놓고 노화 방지 요법을 사용해야 한다고 말한다. "인간은 약 25세까지는 질병에서 자유롭다. 그래서 우리는 환자들을 최대한 그 나이의 건강 수준에 가깝게 유지하려고 한다." 15-24세 사이의 미국인들은 65세에 비해 심장병으로 사망할 확률이 500배 정도 낮고, 암으로 사망할 확률은 100배 정도 낮으며 독감이나 폐렴으로 사망할 확률은 230배나 낮다.

분자유전학자 페터 드 카이저Peter de Keizer (당시 로테르담 에라스무스 대학병원 근무, 현재는 위트레흐트 대학교 교수)는 동료들과 함께 잡지 〈Cell〉에 고장난 세포를 파괴하고 남은 세포를 구하는 기술에 대해 발표했다. 손상된 세포가 암세포로 변화하는 것을 막으려면 해당 세포를 파괴하거나 복제를 막아야 한다. 손상 세포는 나이가 들수록 축적되고 염증을 초래하는데, 남아 있는 세포도 이에 영향을 받아 노화 관련 질병이 생길 가능성이 높다. 연구진은 생쥐를 상대로 새로운 단백질을 치료하는 방법을 실험했다. 그들은 이 치료법이 생쥐의 생명을 연장시킨다면, 인간의 뇌에 생긴 종양도 치료할 수 있으리라고 여겼다. 연구팀의 궁극적인 목적은 노화라는 질병을 치료하는 것이다. "미래에는 65세부터 매 5년마다 노화방지제를 맞아야 할지도 모른다." 카이저 씨가 〈테크타임스Tech Times〉에서 한 이야기다.

수명을 연장하는 줄기세포 임플란트

노화 과정을 늦추는 방법은 이외에도 많다. 뉴욕의 알버트 아인슈타인 의학대학교Albert Einstein College of Medicine의 연구진은 노화가 온 쥐에게 줄기세포를 이식하면 새로운 뉴런이 생성돼 건강하게 살아남는다는 사실을 발견했다. 또한 줄기세포를 이식한 쥐는 그렇지 않은 쥐보다 10-15퍼센트 장수하는 것으로 밝혀졌다. 이러한 실험을 진행한 연구진의 말에 따르면 청년들의 시상하부에 머무르는 줄기세포가 노화에 영향을 미친다. 이 줄기세포가 뇌 척수액의 노화 유전자 발현^{Gene expression}을 조절하는 분자를 만들어낸다. 나이를 먹을수록 이 줄기세포의 숫자가 줄어들기에 노화가 진행되는 것이다. 복잡하게 들리겠지만 생각보다 단순하다. 한마디로 줄기세포를 중년의 쥐에 주입하면 집중능력, 방향 잡기, 문제해결능력과 같은 인지능력의 감소가 더뎌지고 근력의 약화가 지연된다는 뜻이다. 연구진은 임상시험이 가능할 그 날만 기다리고 있다.

비타민으로 얻은 젊음

호주의 과학자들은 니코틴아미드 모노뉴클레오티드(Nicotinamide mononucleotide)라 불리는 비타민이 DNA 손상 치료를 돕는다는 사실을 밝혀냈다. "단 1주일간의 치료 후, 늙은 생쥐의 세포가 마치 젊은 생쥐의 세포처럼 변했다." 뉴사우스웨일스 대학교의 메디컬 센터와 보스턴의 하버드 의학대학교에 근무 중인 데이비드 싱클레어(David Sinclair) 교수가 말했다. 과학자들은 이 비타민이 우주여행을 하며 겪는 DNA 손상도 복구해주리라 기대한다. 우주방사선은 인간의 신체와 정신 수용력을 관장하는 세포 중 5%에 영향을 미치는데, 우주 비행사들은 이로 인해 우주비행 동안 더 빨리 노화해 암에 걸릴 가능성이 높기 때문이다. 지구에 있는 우리들도 이런 기술의 혜택을 받고 새로운 비타민 덕분에 더 오래 건강하게 살 수 있을 것이다.

정부에서 들려온 반가운 소식

네덜란드 정부는 신체를 자극하여 새로운 혈관, 뼈, 연골을 생성하는 생체재료 연구 개발에 1,880만 유로를 투자하고 있다. 만약 이 연구가 성공하면 임무를 끝낸 생체재료는 천천히 몸에서 사라질 것이다. 이런 방식을 통해 심장과 신장의 영구손상을 막을 수 있다. 이 연구는 에인트호번 기술대학교^{TU Eindhoven}의 카르레인 바우튼^{Carlijn Bouten} 박사 주도로 에인트호번, 위트레흐트, 그리고 마스트리히트에서 진행되고 있다. 원자물리학자들과 행동과학자들 역시 수백만 유로의 연구 자금을 지원받았다.

세포 냉동

죽음을 피하는 똑똑한 방법 중 하나는 냉동인간이 되는 것이다. 이 기술은 인체 냉동보존술^{Cryonics}이라고 불린다. 미래에 새로운 치료 기술이 발견되면 의료진이 당신을 해동해 치료할 것이다. 다시 살아나는 것이다.

냉동보존술의 냉동은 특정한 절차를 통해 진행된다. 냉동될 사람이 임상적으로 사망하면 의사는 혈액과 산소의 순환을 위해 환자를 심장과 폐 기능을 하는 기계에 연결한다. 그리고 혈액응고방지제를 주입한 후, 냉각

냉동을 선택하는 사람들

나는 매주 몇 번씩 암스테르담에 위치한 프리즈랩(Freezelab)이라는 곳에서 3분씩 스스로를 냉동시킨다. 미래의 치료법을 기다리며 임상적으로 사망한 인간을 냉동하고 보존하는 공식 기술인 인체 냉동보존술과 완전히 똑같지는 않지만 그래도 여전히 흥미로운 기술이다. 일단 이곳을 처음 방문하면 연구원들이 혈압을 측정한다. 그런 다음 손이나 발, 귀가 얼지 않도록 흰 양말, 양털 부츠, 머리를 덮는 초록색 모자, 귀마개, 그리고 장갑을 착용한다. 그리고 일단 -60도까지 내려가는 캐비닛 안에서 맛보기 냉동을 체험한다. 그 이후 -110도까지 내려가는 냉동실에 들어간다. 그때부터 재미있어진다. 신경이 격렬하게 반응하고 혈액은 심장, 폐, 그리고 다른 중요 장기들을 보호하려 빠르게 흐르기 때문이다. 이상하게 생각할지도 모르겠지만 혈액의 온도는 40도까지 올라가서 바이러스와 싸우기 시작한다. 그리고 회복을 돕고 혈액 속 산소량 증가를 돕는 호르몬과 효소가 작용하기 시작한다. 그러고 나면 가뿐한 마음으로 냉동실을 나설 수 있다. 혈액은 다시 팔과 다리의 혈관으로 흘러들어가며 신체 구석구석 숨어 있던 혈관이 열린다. 갑자기 피부가 좋아지고 신진대사가 원활해진다. 이러한 잠시 동안의 냉동은 마치 만병통치약 같다. 다발성 경화증이나 다른 만성 질환 환자들도 며칠 동안은 통증이 상당히 줄어들거나 아예 통증 없는 시간을 보낼 수 있다고 한다. 숙면을 취할 수도 있다. 냉동의 긍정적인 부작용 중 하나이다. 이런 단기간의 냉동은 극도로 건강한 식단, 많은 양의 운동, 그리고 명상과 함께 내 인생의 중요한 일부분을 차지하게 됐다. 프리즈랩은 내 인생의 활력소이다.

을 시작한다. 경동맥이나 대퇴골을 통해 일종의 동결방지제가 혈액에 주입되는데, 이는 낮은 온도에서 혈액을 냉각시키는 것이 아니라 흐르지 않도록 고정시켜서 살아 있는 조직과 기관을 보호하기 위함이다.

이러한 냉동 과정을 유리화^{vitrification}라고 부른다. 냉동보존술을 진행하는 미국의 비영리기관 알코어 생명연장재단^{Alcor Life Extension Foundation}에 따르면 기본적인 신체 구조만 유지된다면 생명을 정지시켰다 다시 시작하는 일이 가능하다. 배아를 냉동하면 생명의 화학작용과 구조가 완전히 정지된다. 현대 의학은 이미 유리화 기술을 사용해서 인간의 두뇌 크기의 장기를 −120도에서 냉동하는 일에 성공했다.

하드디스크에 보관하는 추억

스스로를 냉동하지 않아도 덜 끔찍한 방법을 통해 미래를 살아갈 수도 있다. 예를 들면 모든 기억, 영혼, 그리고 행복까지 서버나 하드디스크에 저장해 디지털 세상에 영원히 존재하게 하거나 복구를 함으로써 말이다. 지금부터 50년 안에 이 기술의 상용화를 목적으로 개발 중인 회사들이 이미 존재한다. 불치병에 걸린 사람의 뇌를 다운로드하여 80년 후에 로봇 신체에 이식하는 모습을 상상해보자.

이터민^{Etermine}이라고 불리는 한 회사는 SNS 계정과 프로필에 남겨진 이야기를 디지털화하여 이미 사망한 친구나 가족의 정보를 저장하는 방법을 연구했다. 저장이 끝나면 채팅봇을 사용해 고인과 대화를 나눌 수 있다. 당연히 실재하는 사람은 아닐지라도 디지털 형식으로 저장된 사망자의 데이터를 바탕으로 창조한 채팅봇이기 때문에 실재에 가까운 느낌을 받을 수 있다. 두뇌 전체를 저장하는 일이 아니기 때문에 개발이 한결

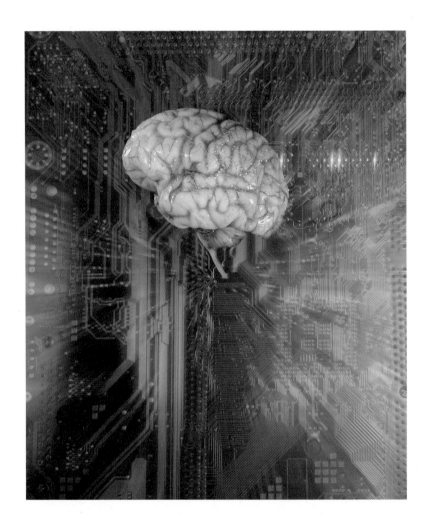

빠르게 진행되는 중이다. 향후 20년 안에 디지털상으로 불멸의 존재가 되는 일이 흔해지지 않을까 예상해 본다.

우리는 나중에 벌어질 일을 대비하기 위해 스스로를 저장할 수도 있다. 예를 들어 한 줄기세포 회사가 신생아의 탯줄에서 제대혈을 저장하는 데 성공했다. 이 혈액과 비배아줄기세포는 성인이 돼 질병에 시달리는 아기를 위한 구세주가 될 수도 있다. 다른 가족구성원 또는 자신이 혈액과 줄기세포의 보관비용을 내야 하겠지만 말이다. 이와 같이 디지털 세상에서 누군가의 존재를 유지하는 데도 비용이 든다.

나오며

장기적으로 보자면 먼 미래에 우리의 평균 수명은 500년까지 늘어날 것이다. 노화는 더 이상 불치병이 아니다. 앞으로는 오래된 장기를 세포에서 배양한 새 장기로 교체할 수 있게 될 것이다. 더 이상은 약을 삼키지 않아도 된다. 기계는 모든 형태와 사이즈를 갖추어 영구적으로 우리 신체의 일부분이 돼 감각을 보호하고 치료하며 강화시킬 것이다. 생체공학적인 인공눈은 인간의 눈을 대체하여 우리가 지금 관찰할 수 있는 1퍼센트의 빛의 스펙트럼 이상을 볼 수 있게 될 것이다. 온실가스까지도 관찰할 수 있을 것이다. 얼마나 편리한가. 환경오염을 피하고 더 나은 방법으로 대처할 수 있을 테니 말이다. 전례없는 정밀도로 DNA를 수정하는 크리스퍼를 사용하여 개별 유전자를 대체함으로써 수많은 질병을 예방할 수 있을 것이다. 심지어는 아이를 디자인하는 것도 가능해질 것이다. 현재까지는 비싸기만 한 생명 연장 기술 또한 미래에는 저렴해질 것이고 언젠가는 모두가 수혜를 입을 수 있는 날이 올 것이다.

Smart

40%

72%

96%

ON

ome

21°C
69.8°F

09:37

PART 2 주거

스마트한 집과 공간

사물인터넷으로
인간과 소통하는 스마트홈

우리는 부모님의 집에서 유년 시절을 보낸다. 성인이 되면 집은 업무가 끝난 후 돌아가고 싶은 곳, 또는 휴일을 보내고 싶은 곳이 된다. 자녀들은 쑥쑥 자라 우리가 그랬듯이 언젠가 독립을 할 것이다. 이렇듯 집이란 단순한 건물이 아니라 우리가 인생을 보내는 의미 있는 장소다. 과거에도 그랬던 것처럼 집은 그 역할을 다할 테지만, 앞으로는 변화 역시 찾아올 것이다. 생각보다 빠르게 말이다.

집에 스마트 기기가 있다면 여행을 떠난 동안 휴대폰의 애플리케이션을 통해 텔레비전 프로그램을 녹화할 수 있다. 딱히 특별한 기술은 아니다. 미래에는 집 전체가 당신을 위해 움직일 것이다. 모든 기기와 애플리케이션은 사물인터넷을 통해 서로 연결되며 명령 없이도 스스로 할 일을 찾을 것이다. 우리의 행동 패턴, 습관, 위치 등을 추적하며 학습했기에 가능한 일이다. 미래의 집은 지금까지 인간이 해야만 했던 가사노동을 도와줄 것이다. 자동화는 예상치 못한 기계의 고장을 미리 경고해주기도 하며, 그 덕에 값비싼 수리를 피할 수 있을 것이다. 스마트홈이 우리의 건강을 체크하고 혹시 모를 낙상, 심장마비, 그리고 유독 가스의 분출에 대한 경고를 보낼 수도 있다.

앞으로는 도둑을 걱정할 일도 없다. 도둑이 집으로 침입하기 전에 스마트홈이 경찰에게 경고 메시지를 전달하기 때문이다. 또한 주택 스스로 똑똑하게 에너지와 물 사용을 제어하기 때문에 주거비용은 머지않은 미래에 지금보다 더 저렴해질 뿐만 아니라 완전 무료가 될 날이 올 것이다.

2017년 초반에 세상을 떠난 과학자 크리트 티투레이어 ^{Chriet Titulaer}는 1989년 이미 텔레비전 프로그램 〈신기한 세상^{Wondere Wereld}〉에서 특별한 미래의 주택에 대해 발표했다. 나는 그의 사망을 애도하는 RTL(네덜란드 방송사) 뉴스를 통해 그의 삶을 돌아보았다. 그는 미래를 예측하는 데 반평생을 바치며 산업의 성장을 장려했다. 또한 혁신적인 진공청소 시스템, 화상전화, 벽 전체를 덮는 와이드 텔레비전, 컴퓨터로 제어 가능한 욕조, 벽에 달린 빌트인 스크린과 레시피를 읽을 수 있는 칩이 장착된 초현실적인 주방뿐 아니라 빠른 인터넷의 도래, (아이폰 시스템인) 시리^{Siri}와 같은 디지털 비서의 도입까지 예측했다. 이후 단 30년 만에 그가 예측한 미래의 집이 현실이 됐다. 지금부터 그가 예측했던 스마트홈으로 여행을 떠나보자.

인공지능, 스마트 기기, 레이저, 카메라, 그리고 스마트 센서를 달고 있는 내일의 집은 오늘의 집과는 차원이 다르다. 차고에 개인 소유 또는 공유용 자가 태양에너지발전 차량이 있다고 상상해보자. 전기로 움직이

던 잔디 깎는 기계도 이제는 지속 가능한 에너지를 사용해 충전이 가능하고 기계 스스로 잔디를 깎을 시기를 결정한다. 집 현관에는 침입자가 오면 경고음을 울리는 안면인식프로그램을 장착할 것이다. 시장에는 거주민과 도둑을 구분할 수 있는 스마트 카메라가 출시됐다. 스마트 초인종은 이미 스마트폰과 연결돼 있어 당신이 집을 비울 때도 문 앞에 누가 서 있는지 확인할 수 있다. 클라우드와 연결된 잠금장치 덕에 휴대폰에 연결된 전자열쇠를 사용해 문을 열고 닫을 수도 있으므로 가족 구성원이나 청소부가 열쇠를 잃어버려 문을 열지 못할 때 편리하게 이용할 수 있다.

자동화 덕분에 우리는 가족, 업무, 그리고 휴식에 더 많은 시간을 할애할 수 있다. 미래 주택으로의 변화는 빠르진 않지만 계속해서 진행되고 있다. 빠르지 않은 속도 덕분에 기술의 발전이 가져올 편안함뿐 아니라 잠재적인 위험요소에도 대비할 시간이 생겼다. 자율주행차량이 잘못되거나, 잔디 깎기가 잔디를 다 밀어버리거나, 집안일을 돕는 로봇이 하얀 스웨터와 청바지를 함께 빨아버리는 일 등 말이다.

완전자동화까지는 아직 많은 시간이 걸리겠지만 개발은 여전히 진행 중에 있다. 앞으로는 음악 소리를 줄이기 위해 자리에서 여러 번 일어나지 않아도 된다. 아마존 에코Amazon Echo와 구글 홈Google Home이 연결된 인공지능 스피커에 요청해 소리를 줄이는 사람이 점점 많아질 것이다. 아마존은 이미 물품에 설치된 가상 비서를 통해 고객 지원의 질을 증진시키고 있다. 마이크로소프트는 코타나Cortana에 이런 기술을 적용 중이다. 가상 비서라는 콘셉트는 진화를 거듭하여 이제는 알람시계, 텔레비전이나 다른 기기에도 적용될 것이다. 벌써 수많은 변화가 일어나고 있

'건물은 살아 있는 유기체여야 한다.'

IBM사의 '스마터 피지컬 인프라스트럭처(Smarter Physical Infrastructure)'의 부사장을 맡고 있는 데이브 바틀렛(Dave Bartlett)의 말에 따르면 건물은 정적인 구조물이 아니라 살아 있는 유기체여야 한다. 그리고 데이터와 사물인터넷을 통해 인간과 소통할 수 있어야 한다. 툴레인 대학교를 비롯해 그가 건축한 건물들은 센서로 가득차 있다. 수도관, 전등, 보일러, 그리고 환기 시스템에까지 설치된 센서는 건물을 실시간으로 감시하고, 건물을 손상시키는 잠재적인 문제점을 감지한다. 또한 센서가 수집한 데이터와 거주민 분석 결과를 통해 건물의 기온, 습도와 공기의 질 같은 주변 요소를 자동으로 조절한다. 미래의 난방과 스마트라이팅 시스템은 말 그대로 우리의 일거수일투족을 쫓아 작동하리라 예상할 수 있다. 하버드 대학교와 미 항공우주국(NASA)에서 개발한 아리오 램프(Ario-lamp)는 무선 인터넷에 연결돼 자연광을 모방한다. 태양빛 같은 이 인조광은 자연스러운 기상을 도와준다. 이 램프는 낮 동안에는 생산성과 집중력을 증가시키고 저녁에는 안정을 찾아주며 밤에는 숙면을 취하도록 돕는다.

지만 아직도 갈 길은 멀다.

미래의 집은 우리의 건강 상태를 항상 지켜볼 것이다. 우리가 알아채지 못하게 말이다. 노팅엄 대학교의 혼합현실연구실^{Mixed Reality Lab}에서는 엑소빌딩^{ExoBuilding}이라는 환상적인 프로젝트를 진행 중이다. 이는 우리의 건강 상태와 감정을 건축과 연결하는 연구로, 환경 데이터와 함께 신체와 감정 상태를 합친다면 더욱 효율적인 상호작용이 가능함을 알려준다. 아직 시험단계에 불과하지만 엑소빌딩은 시각화, 소리, 그리고 움직임을 이용해 심장박동, 피부 전도와 거주자의 호흡을 예측한다. 그 덕에 거주자는 행동과 감정에 영향을 주는 다감각적인 경험을 누릴 수 있다. 이런 생체학적 피드백은 거주자가 더 깊고 느린 속도로 호흡할 수 있도록 도와, 호흡과 심장박동을 동기화하기도 한다.

스마트미러

스마트미러는 흔하게 찾아볼 수 있는 스마트 기기 중 하나다. 하지만 아직도 터치스크린이 내장된 얇은 유리층과 외모에 관련한 흥미로운 기능 정도에 개발이 멈춰 있다. 하지만 유럽에서 프로젝트를 진행하는 세메오티콘스Semeoticons의 연구진은 사람의 얼굴을 중요한 건강 지표로 사용하는 스마트미러를 개발했다. 센서, 안면인식 기능, 3D 스캐너, 그리고 카메라를 활용해 심혈관 질환, 뇌졸중, 간 질환, 갑상선 질환, 당뇨병을 신속하게 진단하는 기기다. 거울에 내장된 센서는 호흡에서 흡연의 흔적이나 음주량을 감지하고 안면인식기술은 스트레스나 피로의 징후를 인식한다. 3D 스캐너는 몸의 붓기나 체중 증가를 체크한다. 카메라는 피부색을 통해 심장 박동 수나 혈액 내 산소포화도를 감지한다. 이런 '현명한 거울'은 사용하기 쉬운 건강관리 도구다. 개인적인 용도로 사용하기에 더욱 적합하겠지만 학교, 약국, 체육관, 음식점에 이르기까지 여러 장소에서 효율적으로 사용할 수 있다.

파나소닉Panasonic은 얼굴 피부의 불균형을 감지하는 가상 거울을 개발했다. 고급 HD 카메라를 내장한 이 스마트미러는 일광 노출, 주름, 얼굴의 체모와 노화의 흔적을 분석하여 피부 문제에 적합한 제품을 조언한다. 이 스마트미러를 사용하면 다양한 메이크업 스타일이나 눈썹 모양을 가상으로 체험할 수 있다. 북미의 파나소닉 컨슈머 일렉트로닉스Panasonic Consumer Electronics(파나소닉 가전) 사장 줄리 바우어Julie Bauer는 이 스마트미러가 혁신적으로 소비자들의 환심을 살 수 있을 것이라고 믿는다. 이 거울을 교육과 임상 연구에 사용할 수도 있을 것이다.

스마트가구

집안은 거울을 비롯한 다양한 가구로 가득하다. 미래에는 아마존의 알렉사Alexa나 구글 홈 허브Google Home Hub와 같은 스마트홈 어시스턴트가 인공지능을 탑재한 가구 또는 집안 구석구석과 통신하여 심부름을 시킬 것이다. 이케아Ikea는 편안함과 안락함을 높이기 위해 대화가 가능한 가상 비서의 수요를 조사하기도 했다. 미래에는 조명이 너무 밝은지 물어보는 의자의 미스터리한 목소리를 들을 수 있을지도 모른다. 이 의자는 심지어 당신의 기분에 따라 불빛을 조정할 수도 있다.

미래에는 가구와 친구처럼 대화할 수도 있을 것이다. 이렇듯 혁신은 기술과 인간의 원초적인 관계에 변화를 가져올 테지만, 동시에 수많은 문제를 야기하기도 한다.

스스로 조립되는 가구들

4D 인쇄 기술은 실제로 존재하는 3D 인쇄 기술에 시간이라는 차원을 더한 것과 같다. 이 기술을 사용하면 모든 종류의 프로그래밍이 가능하다. 프린터에 내장된 기하학적 코드 덕분에 인쇄 원료들은 외부 요인에 적합하게 형태가 변화한다. 여기서 언급하는 외부요인이란 움직임, 유동성, 또는 기온에 따른 변화이다. 스카일러 티비츠(Skylar Tibbits)는 MIT의 연구실에서 스스로 조립하는 물체를 개발하는 중이다. 이미 약간의 유체를 활성화하면 독립적으로 장난감 코끼리의 형체로 바뀌는 작은 선반을 개발하는 데 성공했다. 요즘 티비츠는 이탈리아의 디자인 스튜디오인 우드스킨(Wood-Skin)과 협력하여 프로그래밍이 가능한 테이블을 개발하고 있다. 단순한 가구 디자인과 진보된 물성물리학이 융합된 작품이다. 티비츠는 일종의 종이접기 기술을 사용해 나무 부분을 인장(引張)이 강한 직물과 함께 접었다. 그러면 육각드라이버, 이음새를 연결할 나무 조각, 그리고 복잡한 매뉴얼 없이도 적은 양의 힘만 가하면 테이블이 스스로 조립된다. 이런 독창적인 기술 덕에 더 이상은 가구를 만들기 위해 한 번만 쓰고 버릴 연장을 구매할 필요도 없어질 것이다.

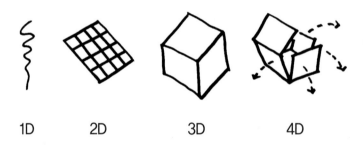

1D 2D 3D 4D

기술이 좀 더 진보한다면, 필요할 때 자동으로 펼쳐지고 사용이 끝나거나 다른 방으로 이동할 때 스스로 접히거나 말리는 가구가 출시될 것이다. 풍수지리와 아침의 기에 따라 매일 아침 스스로 배치를 바꾸는 가구가 개발될 가능성도 있다.

스마트침대

침실은 건강을 위해 필요한 마음의 안정과 내일을 위한 활력을 찾을 수 있는 공간이다. 배우자와 서로 가까워지는 공간이기도 하다. 미래의 기술과 함께라면 수면장애도 과거의 환영에 불과하다.

이미 최초의 대화형 스마트침대가 출시됐다. 발루가베드 Balluga bed라고 불리는 이 침대는 크라우드 펀딩 사이트인 킥 스타터 Kickstarter를 통해 2016년 처음 발표됐으며 에어서스펜션 시스템을 적용, 각 신체 부위에 따른 압력량을 계산해 침대의 단단함을 조정하는 기술을 탑재했다. 또한 침대의 왼쪽과 오른쪽에서 분리하여 기온을 조절하는 기류를 활용해 온도를 조절한다. 진동 안마 시스템, 그리고 밤에 필요할 때마다 자동으로 켜지는 이동 제어식 무드등도 탑재했다. 코골이방지 센서는 에어서스펜션을 사용해 코골이를 멈출 때까지 베개의 높낮이를 바꾼다. 이 모든 기능은 스마트폰이나 태블릿 애플리케이션으로 조정이 가능하다. 앞으로는 이 침대가 우리 몸에 부착될 센서와 통신할 것이다. 자동으로 수면 중 움직임을 모니터하고, 숙면을 돕기 위해 적합한 환경을 만드는 것이다. 스마트 침대는 수면에 새로운 의미를 가져올 것이다.

스마트윈도우와 태양빛

거실, 다락방, 침실, 그리고 욕실을 포함해 집 전체에 설치된 창문들 또한 미래에는 더욱 스마트해진다. 색조를 바꾸는 창문을 생각해보자. 알맞은 환경을 조성할 뿐만 아니라 현재와 비교해 40퍼센트나 에너지 절약이 가능하다. 또한 연구진들은 자외선 흡수가 가능한 생분해성 반도체를 탑재한 유리와 태양전지를 융합하는 데 성공했다. 결과적으로 스마트윈도우는 에너지를 만들어낼 뿐만 아니라 빛을 투과시키면서도 건물 전체로 열을 전도할 수 있다. 이 기술은 비싸지도 않을뿐더러 이미 설치되어 있는 창문에 적용하기도 쉽다.

미래의 집에 탑재된 스마트 기기를 살펴보는 여정이 곧 끝난다. 앞으로는 그러한 형태의 건설이 가능한 이유를 간략하게 설명할 것이다. 하지만 그 전에 집 밖을 미리 살펴보자. 테슬라의 CEO 엘론 머스크^{Elon} ^{Musk}는 지붕 타일과 유사한, 아름다운 태양전지 패널을 개발했다. 이보다 더 흥미로운 것은 호주의 로얄 멜버른 공과대학교^{Royal Melbourne Institute of} ^{Technology, RMIT} 연구팀이 개발한 태양페인트이다. 이 특별한 페인트는 우리가 흔히 찾아볼 수 있는 벽에 바르는 페인트 원료인 산화 티타늄^{Titanium} ^{oxide}과 합성 몰리브덴 황화물^{Synthetic molybdenum sulphide}의 혼합물이다. 이 물질은 태양에너지와 공기 중 습기를 흡수할 뿐만 아니라 이를 수소와 산소로 분리한다. 분리된 수소는 연료로 사용되거나 차량에 사용하는 천연에너지원으로 활용될 수 있다. 연구 책임자 토르번 데네케^{Torben Daeneke}는 이렇게 말했다. "새로운 물질을 추가함으로써 평범한 돌벽이 천연에너지

RMIT 연구진의 태양페인트 개발
연구진이 친환경 에너지 발전 방식으로 수분을 흡수해 수소를 발생시키는 태양페인트를 개발했다는 내용.
영상 주소 : https://www.youtube.com/watch?time_continue=59&v=Ci6LKz0ajfl

를 발전시키고 연료를 생산하는 부동산으로 탈바꿈할 수 있다." 그는 저렴한 가격의 태양페인트 시장 진출을 2022년 정도로 바라보고 있다.

스스로 작동하는 기기들

주방의 냉장고가 식료품을 자동으로 주문하는 세상이 곧 다가온다. 음성명령만으로 조리대의 기능을 바꿀 수도 있다. 태블릿 기능으로 변환한 조리대를 통해 레시피를 찾아볼 수 있고 바로 인덕션 레인지로 변해 음식을 조리할 수도 있을 것이다.

미래의 스마트홈은 애완견보다도 더 말을 잘 들을 것이다. 심지어는 굳이 말하지 않아도 내가 원하는 것을 알아챌 수도 있다. 미래의 집은 웨어러블 기기와 통신한다. 예를 들면 건강을 체크하는 팔찌가 딸과 싸운 직후 당신의 생체기능을 모니터링하고 기분을 측정할 것이다. 만약 스트레스로 당신의 발걸음이 무거워진다면 집 안의 센서와 통신해 마음에 안정을 가져다주는 아로마 향을 피울 것이다.

내일의 집에서는 조명 스위치가 필요 없다. 우리 몸이 필요로 할 때 조명이 자동으로 작동한다. 스마트홈은 우리의 생체리듬을 누구보다도 더잘 알고 있다. 만약 아침 7시에 샤워를 하고 매일 저녁 6시에서 7시 사이에 귀가한다면 스마트홈이 그 일정에 따라 집을 제어할 것이다. 또한 적절한 시기에 온수를 활성화하고 집의 기온을 조정할 것이다. 충분한 양의 음식 준비는 두말할 것 없다. 사실 스마트홈에서는 요리프린터를 사용한 음식 인쇄가 가능할 것이다.

스마트침대는 당신에게 말을 걸고 커피머신과 통신해 제시간에 취향에 맞는 커피를 준비할 것이다. 아이를 보호하기 위한 가림막은 당신의 자녀가 계단 아래로 굴러 떨어지기 전에 자동으로 문을 닫을 것이다. 음성 명령은 냉장고뿐만 아니라 아마존 에코, 구글 홈, 애플의 시리, 마이크로소프트의 코타나가 장착된 텔레비전과 자동차에서도 사용할 수 있다. 심지어는 명령을 하지 않아도 기기들이 알아서 작동을 할 때도 있다. 음성뿐 아니라 센서와 카메라가 데이터를 공유하여 명령을 학습하기도 한다.

과학은 미래의 무한한 가능성을 보여준다. 이미 뇌파를 사용한 드론 조종과 테슬라의 운전에 성공했다. 미래의 집에서는 두뇌에 이식된 칩 덕분에 춥다고 생각하기만 해도 거실의 온도가 올라갈 것이다. 반대로 여름에는 덥다고 생각만 해도 바람이 부는 방향의 창문이 자동으로 열릴 것이다. 센서로 체온을 측정하는 기술을 사용할 수 있으면 체온이 내려가자마자 집안의 기온이 자동으로 올라가는 기술 역시 사용 가능해진다.

시티홈CityHome의 전신인 오리Ori는 작은 집을 소유한 사람들을 위한 이상적인 해답을 제시한다. 보기에는 그저 커다란 나무 캐비닛으로 보이지만 음성인식이나 애플리케이션의 사용, 또는 그저 버튼을 누르는 것만으로도 침실, 거실, 사무실로 그 용도를 바꾼다. 아침에는 선반 밑으로 침대가 사라져 공간을 마련했다가, 알렉사의 음성인식기능을 사용하면 편안하게 앉아 텔레비전을 시청할 수 있는 소파가 놓인 거실로 탈바꿈할 수 있다. 물론 책상도 숨어 있다. 그리고 하루를 마감할 시간이 오면 침대가 튀어나온다. 이는 시시각각 필요에 따라 변신하는 미래의 로봇하우스를 위한 작은 발걸음일 뿐이다. 미래의 집은 당신과 함께 움직일 것이다.

수리를 방지하자

사물인터넷에 연결된 주변 기기들은 고장도 나기 전에 수리 또는 부품 교체가 필요하다고 미리 알려준다. 이런 기술을 통해 에어컨, 난방기, 세탁기, 건조기, 오디오, 텔레비전과 같은 비싼 가전제품의 수리 비용을 줄일 수 있다. 자동차도 마찬가지다. 타이어 교체와 같이 필요한 작업들을 미리 알려줄 것이다.

기기가 서로 통신을 할 수 있다면 당연히 더 효율적으로 움직일 것이다. 옷장에 설치된 칩은 세탁기의 칩과 통신해 옷감에 맞는 알맞은 세탁 프로그램을 설정할 것이다. 세탁물 분류도 미리 결정된 프로그램에 따라 자동으로 끝날 것이다.

갑자기 집의 콘크리트 구조가 심각한 결함을 보인다면 어떡해야 할까? 물론 통신하는 기기들이 이 문제를 방지하지는 못한다. 하지만 이를 해결할 수 있는 있는 혁신적 기술이 존재한다. 나노로봇과 박테리아를 활용해 사고가 나기 전에 집을 수리할 수 있다. 델프트 기술대학$^{TU Delft}$에서는 자가치유력을 가진 친환경 콘크리트를 개발했다. 콘크리트에 섞인 미생물이 물과 접촉하자마자 석회와 콘크리트를 분리한다. 이 방법으로 금이 간 콘크리트를 고칠 수 있다. 공상과학 소설이 아니라 현실이다. 이미 2017년 5월, 이 미생물을 사용해 네덜란드의 아펠도른에 위치한 세금당국의 주차장에 생긴 틈새를 수리한 일이 있다. 전통적으로 쓰이는 콘크리트를 주입하는 방식을 사용했다면 이 주차장은 오랫동안 출입이 차단되었을 것이다.

런던에 세워진 2020년의 집

이 집의 주방은 음식을 주문하고 냉장고에 남은 재료를 파악해 당신이 요리할 만한 음식을 조언해준다. 복도는 당신에게 인사를 하고 커피를 만들어주며 음악도 틀고 기분에 맞춘 예술품을 보여주기도 한다. 침실은 당신의 수면을 모니터링하고 일기예보를 생각해 오늘 입을 옷을 선택해준다. 미래의 집에서는 이런 경험을 할 수 있을까? 이미 언룰리(Unruly)라는 기업이 웰빙, 전자 건강 측정, 인테리어 디자인, 보안과 홀로그램, 증강현실과 가상현실 기술의 전문가들과 협력 중이다. 이런 개발의 성공 여부는 회사들이 자신들의 제품과 거주자의 집을 연결하는 기술에 달려 있다. 런던에 위치한 610제곱미터의 본사에서는 이런 집을 보고, 맛보고, 냄새를 맡으며 느낄 수도 있다. 비즈니스 인사이더 인텔리전스(Business Insider Intelligence)에 따르면 각종 기업에서 출시한 사물인터넷 연결 가능 기기들은 2019년 이후 세계 경제에 약 20억 유로의 가치를 창출할 수 있다고 한다. 이 프로젝트에 참여하는 대기업에는 아마존 런치패드(Amazon Launchpad), 다이렉트라인(Direct Line), 이베이(eBay), 호주 테이스트닷컴(Taste.com Australia), 영국의 슈퍼마켓 체인 테스코(Tesco), 화이트 컴퍼니(The WhiteCompany), 그리고 뉴스 코프(News Corp)의 새로운 미디어 시스템이 있다.

에너지 절약과 생성

지속 가능한 주택은 인간의 생태 발자국을 줄일 뿐만 아니라 많은 사회적·경제적 이익을 제공한다. 태양전지패널은 저렴하고 품질이 좋다. 설치 방법 또한 계속 향상되고 있으므로 사용한 지 얼마 안 되어 설치비를 재창출해낼 수도 있다. 냉풍기와 온풍기 같은 기기들에서 태양에너지를 생성해낼 수도 있다. 풍력발전기과 같은 재생 가능 에너지원 역시 이전보다 더 많은 양의 전기를 생성해낸다. 점점 더 많은 사람들이 별로 오염되지 않은 집안의 하수와 빗물을 모아 화장실 물을 내리는 데 사용하거

나 화초에 물을 주는 용도로 활용할 것이다. 미래의 집은 친환경적이므로 지금은 많지 않더라도 곧 주택들을 활용해 돈을 벌 수 있게 될 것이다. NEST 서모스텟은 이미 집 안에 들어온 사람을 감지하고 일기예보에서 얻은 정보와 통합하여 집안의 기온을 완벽하게 맞추는 기술을 활용 중이다. 그다지 멀지 않은 미래에 스마트에너지 어시스턴트가 당신 대신 집에서 생성한 에너지의 가격을 협상하고 당신의 집이 안전하고 좋은 컨디션을 유지하도록 관리할 것이다.

스마트홈에서 살고 싶은가?

스마트홈의 장점은 분명하고 그 가능성 또한 무한하다. 하지만 우리가 정말로 스마트홈을 원하는 걸까? 적어도 네덜란드에서는 이에 대한 연구가 진행된 바가 없지만 영국에서 진행된 연구에 따르면 소비자의 반응은 긍정적이었다.

언룰리^{Unruly}에서 수천 명의 영국인을 상대로 진행한 미래의 집 설문조사에 따르면 84퍼센트의 소비자가 집과 연결된 기기의 사용에 긍정적인 반응을 보였다. 67퍼센트는 스마트홈이 삶을 더 즐겁게, 안전하게, 건강하게, 그리고 행복하게 만들어준다고 생각한다. 응답자 중 약 2/3가 미래에는 인공지능과 로봇이 중요한 역할을 할 것이라 예측한다. 영국인들은 각종 제품의 개발사들이 서로 통신하는 기술에 대해 계속해서 연구를 진행해야 한다고 믿는다. 하지만 동시에 자신의 집이 안전한 쉼터로 남아 있길 원한다. 그런 이유에서인지 거의 절반 이상의 응답자가 안전, 보안, 그리고 사생활 침해에 대한 우려를 드러냈다. 재미난 두 가지 결과가 있는데, 응답자 중 55퍼센트는 사물인터넷으로 슈퍼마켓에 연결된 세탁기가 스스로 세제를 구매하는 것을 선호했다. 또한 61퍼센트의 응답자는 스마트홈을 원하는 이유로 금전적인 절약을 들었다.

새로운 기술을 적용한 건축

집을 건축하려면 많은 비용이 든다. 그 이유는 지난 수백 년 동안 집을 건축하는 방식이 그다지 달라지지 않았기 때문이다. 노동력, 장비, 그리고 건축 기법까지 예전과 똑같다. 하지만 새로운 기술을 개발하면 지금보다 훨씬 적은 금액으로 집을 짓는 일이 가능해질 것이다.

2025년이 되면 10억 명이 넘는 사람들이 적절한 주거지를 찾기가 어려워져 전 세계적으로 주택 부족 현상이 심화될 것이다. 3D 프린팅 기술이 이에 대한 대안으로 부상하고 있다. 만약 투자자들이 이런 변화를 잘 수용한다면 미래의 건축기술은 혁신적으로 변화할 것이며 건축비가 눈에 띄게 감소할 것이다. 공사 현장에서 지속 가능한 원료를 가공하기만 해도 운송비, 폐기물의 양을 절감해 환경오염의 위험을 막을 것이다.

오픈소스 백과사전인 위키하우스^{WIKI House}의 연구에 따르면 전 세계 주택 중 80퍼센트가 한정된 주택 모델로 대체 가능하다고 한다. 위키백과는 건축가와 디자이너들이 디자인을 업로드하도록 요청했는데, 건축가들은 이를 다운로드해 특별한 프린터를 사용하여 출력할 수 있다. 그리고 며칠 안에 집 한 채를 지을 수 있다. 이런 시도 덕분에 미래의 주거 비용이 저렴해져 모두가 집을 소유할 수 있게 될 것이다.

24시간 동안에 지은 집

미국 샌프란시스코의 스타트업 기업 아피스 코어(Apis Cor)는 이미 2017년 1월에 이글루 형태의 집을 러시아의 스투피노에 건설했다. 이 집에는 침실, 욕실, 그리고 복도가 있다. 175년간 유지 가능한 총 면적 38제곱미터의 집 출력비는 8,500유로다. 이 금액에 전기 공사, 하수관 공사와 외부 미장까지 마칠 수 있다. 아피스 코어의 CEO인 니키타 체니운타이(Nikita Chen-iun-tai)는 몇 년 안에 가능성을 실험하기 위해 세계 각지에서 24시간 동안 집을 출력하는 작업을 하고 싶다는 희망을 드러냈다. 이 기업은 운송비를 줄이고 환경에 무리가 가지 않도록 건설현장에서 모바일 기기를 사용해 집을 출력하는 방법을 선호한다. 큰 규모의 건물에는 여러 대의 프린터가 필요하지만 이 문제는 아직 해결되지 않았다.

DFAB 주택 © Swiss National Centre of Competence in Research(NCCR)

로봇이 조립한 주택

스위스의 두벤도르프에는 디지털 방식으로 제조한 DFAB(3D 프린터와 로봇 등 첨단 기술을 동원한 주거용 시험 주택) 주택이 있다. 3D 프린팅 기술로 만들어진 주택으로, 집 가장 아래층에 위치한 곡선형의 지지벽은 2미터의 자동화 로봇이 제작했다. 이 벽은 3D 모래프린터에서 출력한 천장과 높은 층을 지지한다. 1층의 외벽은 스마트 다이내믹 캐스팅이라는 콘크리트 기법이 사용되었다. 이 기법을 사용하면 거푸집 작업 없이도 복잡한 구조의 콘크리트 구조물을 만들 수 있다. 위층에서 쓰일 목재들은 로봇팀이 직접 조립한다. EHT 취리히 공과대학교의 마티아스 콜러[Matthias Kohler] 교수는 이렇게 말했다. "분리된 기법을 함께 사용함으로써 나오는 시너지 효과를 활용해 원하는 결과물을 내놓는다."

건물을 짓는 건물

시간이 좀 더 지나면 건물이 스스로를 건설하는 시대가 올 것이다. 영국의 기업 텐 폴드 엔지니어링^{Ten fold engineering}은 배터리로 작동하는 작은 드릴의 도움을 받아 210제곱미터 넓이의 구조물로 변화하는 건물을 소개했다. 이런 건물은 의료시설, 친환경 호텔 또는 트리 하우스로 활용될 수 있다. 모든 공간은 내구성이 뛰어나고 오랫동안 버틸 수 있으며 에너지, 재료, 그리고 생산 측면에서 안정성을 구현한다.

나오며

이미 존재하는 스마트홈을 시작으로, 사물인터넷을 사용해 서로 통신을 하고 센서로 우리의 행동을 학습한 기기 덕에 더 편한 삶을 영위할 수 있을 것이다. 현재는 장을 보기 전에 냉장고를 들여다보고 쇼핑 목록을 스스로 작성해야 한다면 스마트 냉장고 시스템은 직접 재고를 측정하여 부족한 식자재를 주문하고 가장 이상적인 배달시간을 결정해 배송한다. 집 안에 위치한 다른 센서들이 당신이 집에 머무르는 시간을 냉장고에 전송하기 때문이다. 결국은 모든 부분에 자동화가 이루어지는 시대가 올 것이다. 건물에도 이 기술이 적용되어 에너지를 생성하고 거기서 이익을 얻을 수도 있을 것이다. 자동화는 편리할 뿐만 아니라 비용효율이 높기까지 하다. 다음 장에서는 미래의 스마트시티에 이 기술이 어떻게 적용되는지 알아보자.

내일을 예측하는
스마트시티

스마트시티에 대한 이야기가 종종 들려오곤 한다. 스마트시티란 어떤 곳이고 무엇이 도시를 스마트하게 만드는 걸까? 이 똑똑한 도시를 활용하는 방법이 있을까? 이 장에서는 미래의 도시로 산책을 떠나기로 하자. 사실 스마트시티란 우리가 살면서 필요한 모든 시스템을 서로 연결한 집합체나 다름없다. 이상적인 스마트시티에서는 충분한 주거공간과 조화로운 사회구조 덕분에 편안하고 건강한 삶을 살 수 있다. 직업도 충분하고 경제는 번영하고 있으며 시설 또한 훌륭하다. 스마트시티의 편안하고 안전하며 빠르고 믿음직한 대중교통을 이용하면 어디든 갈 수 있다. 스마트시티는 지속 가능성과 환경을 우선시하며 시민의 기여 또한 장려한다. 관청과 주민이 함께 만들어가는 도시다. 환경오염을 초래하는 오래된 자동차는 더 이상 도시에 진입하지 못하고 전기차만 다니는 구역도 존재할 것이다. 그 덕에 소음이나 대기오염이 급격히 감소할 것이다.

"19세기는 왕국과 제국의 시대였고 20세기는 국가의 시대였다. 그리고 21세기는 도시의 시대다."

_전(前) 콜로라도 덴버 시장, 웰링턴 웹(Wellington E. Webb)

도시로의 인구 집중 현상

산업혁명 이전에는 대부분의 사람이 시골에 살았다. 1800년대에는 세계 인구의 3퍼센트 정도만 도시에 거주했다. 1900년대에도 사정은 크게 바뀌지 않았다. 그래도 당시에는 백만 명 이상의 인구를 가진 도시 12곳이 존재했다. 21세기에는 세계 인구의 50퍼센트, 선진국 인구 70퍼센트가 도시에서 살아가고 있다. 2050년이 되면 누구든 도시에서 살아갈 것이다.

점점 더 많은 사람이 도시에서의 거주를 선택한다면 주택과 건물 가격의 상승 때문에 심각한 문제가 생겨날 것이다. 건물들과 공장에서 배출하는 대기가스와 더불어 늘어난 교통량으로 인해 도로가 마비될 뿐 아니라 대기오염이 심해지고 결국은 건강 문제까지 초래할 것이다. 인구 과잉은

합리적인 가격의 주택과 직업의 부족을 의미하기도 한다. 이는 사람들의 소득을 압박하고 빈곤을 증가시킬 것이다. 인구 밀도가 높아짐에 따라 길거리는 더 위험해질 것이다. 이 때문에 도시를 이전과는 다르게 기획하여 더 살기 좋게, 푸르게, 접근이 편하게, 그리고 안전하게 만들어야 한다. 안타깝게도 모든 사람이 이 필요성을 인지하지는 못한다. 변화를 의미하는 희망적인 상징이 나타나긴 했지만 아직도 예전 방식으로 지어진 건물들이 너무나 많다. 길을 넓히고 건물을 크게 짓는다고 문제를 해결할 수는 없다. 네덜란드에서만 생각해보면 문제가 그다지 심각하지 않지만 로테르담, 암스테르담, 위트레히트 같은 대도시들은 환경친화구역, 공중정원이나 농장을 만들어 도시의 거주자가 푸른 환경에서 살 수 있도록 시도하기도 한다. 런던이나 뉴욕과 같이 인구가 5백만이 넘는 서양의 메가도시(메가도시는 보통 인구 천만 명 이상의 도시를 의미하지만 책에서는 5백만 명 이상의 인구라고 명시하고 있다.)에서도 이런 해결법이 사용되었다. 하지만 개발도상국에서 떠오르는 메가도시를 운영하는 정부는 아직 이에 대처할 준비가 돼 있지 않았다. 따라서 도시를 바라보는 새로운 비전이 너무나 절실하다. 하지만 이런 비전은 거주자들이 오픈마인드를 가지고 정부를 받아들일 준비가 돼야 실생활에 적용이 가능하다.

미래의 도시로의 산책

미래를 예측하는 도시

미래의 도시를 산책하다 보면 많은 센서를 발견할 수 있다. 예를 들어

수도관이나 하수도 시스템의 센서는 관의 범람이나 막힘을 감지해낸다. 이러한 센서는 쓰레기통이 가득 찼는지, 또는 대기 질은 어떤지 체크한다. 뉴욕에 설치된 여러 개의 센서는 총기난사를 감지하여 지난 2년간 사건 발생이 80퍼센트까지 감소했다. 센서를 활용하면 비가 내리는 시간을 정확히 예측하여 대중교통의 배차간격을 조절할 수 있다. 그러면 비가 내릴 때는 추가 버스를 배차해 모두들 비를 맞지 않고 여행을 계속할 수 있게 된다. 영상기기들은 안면을 인식하거나 교통 체증 또는 사고를 감지한다. 이뿐만 아니라 휴대폰, 디지털카메라, 기상 서비스, 배달 서비스, 공장을 통해 계속적인 데이터 흐름이 발생한다. 슈퍼컴퓨터와 알고리즘은 미래 도시에 존재하는 수백만 개의 데이터 흐름을 분석하여 결론을 도출하고 시 관청에 정보를 제공한다. 미래의 도시를 산책하다 보면 흥미로운 사례들이 보이고, '스마트시티'의 정확한 의미를 알게 될 것이다.

식중독을 예방하는 스마트시티

요리 관련 기업들은 모두 기관의 검수를 받고 있다. 네덜란드 식품 및 소비자 안전청NWWA에서는 박테리아와 다른 식품 오염을 검사하는데, 모든 음식점을 방문하기에는 검사관의 수가 턱없이 부족해 식중독을 완벽하게 예방할 수는 없다. 하지만 스마트시티에서는 다르다. 미국 시카고의 혁신·기술 담당부처에서는 변수를 시험하는 알고리즘 총 11개를 개발했다. 이 알고리즘은 이전의 법규 위반 사항을 분석해 위반 재발의 가능성을 측정한다. 식품의 오염을 높이는 따뜻한 기후 또한 분석에 포함된다. 이 새로운 방법을 통해 검사관들은 이전보다 더 빠르고 효율적으로 업무를 수행하고 더 많은 레스토랑을 방문할 수 있게 되었다. 제때 레스토랑을 검문하는 일 자체로도 수많은 위반을 막을 수 있게 되었다. 정확한 통계는 없지만 식중독 확률이 감소함으로써 얻는 효과는 크다.

위험의 예측과 사고의 예방

스마트시티의 두 번째 예는 이미지를 수집하고 분석하며 올바른 장소에 배치하는 지능형 비디오 시스템이다. 경찰은 범죄가 일어난 후, 주변에 위치한 보안용 감시카메라에서 범죄 현장의 이미지를 추출한다. 이 작업은 대부분 오랜 시간이 걸리는 일이다. 미래에는 범죄가 일어나자마자 컴퓨터 하드웨어가 경고를 보낸다. 그리고 감시 카메라 방향을 당장 바꿔 범죄자를 쫓아가고 경찰에게 도주 경로를 알려준다. NVDIA 시스템은 사람과 교통수단을 인식하고 패턴을 감시한다. 이는 여러 가지 작업을 수행할 수 있는 자율형 로봇 개발의 서막일 뿐이다. 이미 2017년 중반에 두바이의 경찰들은 첫 번째 '로보캅'을 도입했는데 터치스크린에 입력하면 명령이 전달된다. 또한 경찰은 빌트인 카메라로 용의자를 실시간으로 감시할 수 있으며 사건이 일어나기 전에 진입할 수 있다. 경찰들은 시속 80킬로미터를 이동할 수 있는 신장 3미터의 로보캅 후손을 제작하기 위해 힘쓰고 있다. 2019년엔 이 로보캅들이 직접 범죄자를 잡을 것이다. 두바이에서 주차 위반을 한 운전자들은 곧 바퀴가 달린 로봇에게 벌금을 부여받게 될 것이다.

안전한 스마트시티

사람들은 스마트시티에서 안전함을 느끼는데, 이는 새로운 기술을 올바른 방향으로 이끌어가기만 해도 가능한 일이다. 중국의 도시 충칭에는 특별한 보행로가 있다. 이 보행로는 계속 스마트폰만 쳐다보면서 걷는 보행자와 '보통'의, '스크린을 보지 않고' 걷는 보행자를 분리한다. 이를 통해 엄청난 분란과 사고를 막을 수 있다. 이처럼 센서를 사용하면 시민과 그들의 재산의 안전을 보장하는 일이 가능하다. 도난 방지 시스템, 감시카메라, 화재 감지기, 홍수 경고 시스템은 경찰이나 구급 대원들에게 연결돼 있을 뿐 아니라 간혹 사설 기관과 시민들에게까지 연결된 경우도 있다. 스마트시티의 기술과 함께라면 사고의 위험, 환경오염, 그리고 자연재해까지 확실하게 감소시킬 수 있다.

거리의 청소 상태를 추적하는 온라인지도

'State of the Streets'는 캘리포니아 로스앤젤레스의 어느 거리가 더러운지를 정확하게 알려주는 온라인지도다. 깨끗한 거리는 초록색으로, 약간 깨끗한 거리는 노란색으로, 그리고 더러운 거리는 빨간색으로 표시된다. 담당 관청에서는 모바일 생성 데이터를 사용해 불법 매립, 쓰레기 무단 투기와 다른 오염을 감지한다. 직원들은 스마트폰이나 태블릿의 애플리케이션으로 문제를 보고할 수 있다. 이를 위해 모든 거리와 골목길이 전부 지도에 기록돼 있다. 어떤 골목길은 약 35,000킬로미터나 되는데 말이다. 공무원들과 시민들은 이제 시청이 '깨끗한 도시 프로그램'에 따라 문제를 해결해야 하는 오염된 거리에 대한 정확한 정보를 받아볼 수 있다. 이렇게 스마트한 접근법 덕분에 로스앤젤레스의 더러운 거리는 70퍼센트까지 줄어들었다.

© Clean streets LA

에너지 친화적인 도시

미래의 도시는 에너지 친화적인 환경을 조성하기 위해 모든 스마트한
수단을 동원한다. 건물들은 창문으로도 사용할 수 있는 투명한 태양광 패
널을 사용해 발전기를 돌린다. 한 지역의 건물주들 사이에는 자유로운 에
너지 거래가 가능해, 발전시킨 에너지가 건물 운영에 모자라거나 넘치지
않는다. 남아도는 에너지는 전기차에도 사용할 수 있다. 센서 덕에 전기
차의 주인들은 어떤 건물에 에너지가 남는지, 또는 부족한지를 알 수 있
다. 따라서 모든 사무실이 적정한 온도를 유지할 수 있어 효율적이다.

재생 가능한 에너지 덕분에 미래의 스마트시티 거주민들은 건강한 환
경을 유지할 수 있다. 예를 들어 태양 · 풍력 에너지는 수질오염과 대기오
염을 줄이고 시민의 건강을 증진시켜주며 생산성을 높여주기까지 한다.

또한 탄력적이고 저렴하다. 자연재해나 테러 공격으로 전력원에 과부하가 걸리거나 작동을 멈췄을 때도 기업과 개인들은 천연자원을 사용해 에너지를 발전할 수 있다.

수천 가구에 전력을 제공하는 암스테르담 아레나

얼마 전 요한 크루이프 아레나(Johan Cruiff Arena)로 이름이 바뀐 암스테르담의 거대 경기장 아레나는 지속 가능한 스마트 에너지 시스템에 응답하는 세계 최초의 경기장이 됐다. 경기장 운영 기업인 암스테르담 에너지 아레나(Amsterdam Energy Arena BV)는 에너지 시장에 진출해 친환경 전기를 유동적으로 저장하는 사업을 시행할 것이다. 이 경기장의 지붕에는 4,200개의 태양 패널이 설치돼 있다. 닛산 리프(Nisssan Leaf)의 재사용 배터리 280개로 이루어진 거대배터리가 에너지를 공급한다. 이 배터리는 4메가와츠의 최대 용적을 가지고 있어 경기나 행사가 열리는 날 에너지 사용을 부담할 수 있다. 경기나 행사가 없는 날에는 에너지를 저장한다. 암스테르담에 위치한 수천 가구에 전력을 제공할 수 있는 저장 능력 덕분에 안정적으로 지속될 수 있다. 이 방법을 쓰면 에너지 네트워크 사용 기업들이 매번 생산량을 조절할 필요가 없다.

© Amsterdam ArenA, fotografie Jorrit Lousberg

이러한 시스템은 자가발전 에너지를 사용하거나 팔 수 있을 뿐만 아니라 자동적으로 재분배를 할 수도 있다. 이를 스마트그리드$^{Smart\ Grid}$라고 부른다. 스마트그리드를 사용하면 에너지 공급의 균형을 맞출 수 있고 모두가 저렴한 가격에 전력을 사용할 수 있다. 우리는 중립적 에너지의 세상에 살고 있다. 미래에 에너지는 무료가 될 것이다. 물론 아직 그 순간은 오지 않았다.

운전하며 차를 충전할 수 있는 태양 도로

스마트시티에는 스마트 빌딩뿐만 아니라 스마트 교통관리 시스템과 스마트 도로가 있다. 이 중 스마트 도로의 표면은 프로그램이 가능하며 트럭의 무게를 견디는 강도의 태양 패널로 제작돼 있다. 프랑스의 노르망디에는 이미 1킬로미터 길이의 태양 고속도로가 깔려 있다. 이곳에서 만들어지는 에너지를 사용하면 도로 위의 가로등을 켜고 140채의 가구에 전력을 지원할 수 있다. 만약 스마트시티 안에 에너지를 발생시키는 도로를 계속해서 건설한다면 시 안의 모든 가구에 전력을 공급할 수 있을 것이다.

미국 아이다호에 위치한 한 기업은 역동적이고 환경 적응력이 뛰어난 태양 도로(솔라 로드, 태양광 도로, 스마트하이웨이라고 부르기도 한다)도 개발했다. 영국의 고속도로 공사는 전기차가 주행 중 전지를 충전할 수 있는 도로를 개발하는 실험에 착수했다. 수많은 나라에서 이와 같은 문제를 해결하기 위해 노력 중이다. 이런 방법을 사용하면 스마트시티의 시내 도로를 사용해 에너지를 발생시켜 이익을 볼 수 있을 것이다.

환경을 지키는 센서

스마트시티는 교통량을 제어할 뿐만 아니라 에너지를 많이 사용하지 않고서도 환경을 모니터하고 보호한다. 도시에 설치한 센서는 계속해서 공기의 질, 오존 레벨과 소음량을 측정할 뿐만 아니라 지하수의 높이, 태양광 패널과 풍력발전에서 얻은 전기의 양을 모니터한다. 덕분에 스마트시티의 시청에서는 거주민들과 사업자들에게 오염과 환경문제에 대한 경고를 미리 할 수 있다. 스마트센서는 각 기업이 배출하는 탄소량과 그로 인한 문제점을 인식할 수 있도록 돕고 그 덕분에 회사들은 자신들의 사업 절차를 조정하거나 최적화할 수 있다. 보통 시내의 기온은 시외의 기온보다 높다. 하지만 도시에 스마트 구조를 설치하면 이런 현상도 줄어들 것이다.

건강한 도시

환경보호 조치로 대기 중 유해물질의 수가 줄어들 수 있지만, 우리의 건강을 최적으로 보호하기에는 충분하지 않다. 인간이 생활하는 데는 산소도 필요하므로 숲과 공원을 많이 조성할 필요가 있다. 도시와 자연을 연결하는 다른 스마트 해법들과 마찬가지이다. 이탈리아의 건축가인 스테파노 보에리 Stefano Boeri 는 90미터 높이의 호손 Hawthorn Tower 을 설치했다. 2019년부터 네덜란드 위트레히트 박람회에 설치하기로 예정된 타워로, 놀랍게도 만 그루의 나무와 식물이 타워 전체를 뒤덮고 있다. 이는 위트레히트에 존재하는 1헥타르의 숲을 공기로 옮겨놓은 것이나 마찬가지

이다. 이 타워가 완공될 2022년에는 도시 전체가 에코시스템의 일부가 돼 5.4톤 이상의 이산화탄소를 흡수할 것이다. 전부 스마트 테크놀로지 덕이다. 7층에 설계된 공중정원과 직접 연결된 1층에는 버티컬 포레스트 허브 Vertical Forest Hub 를 설치해 세계 도심 조림 연구센터로 쓸 예정이다. 보에리는 이미 밀라노에 숲으로 뒤덮인 마천루를 건축한 경력이 있고 중국에서 수직숲으로 둘러싸인 도시를 건설하는 중이다. 또한 암스테르담에서도 나무로 가득 찬 주택을 만들기 위해 노력 중이다.

수평·수직 농업은 수직숲을 연장한 것이나 다름없다. 엄청난 넓이의 초록 지붕으로 덮인 로테르담 중심지의 지붕에 설치된 농장은 이미 사람들에게 많이 알려져 있다. 이곳에서는 야채를 과거의 방식으로 재배하고 있다. 필립스 Philips 와 어반 코르프스 Urban Corps 는 태양빛 없이도 농작이 가능한 스마트 온실 시스템을 개발했다. 전력은 이상적인 온도와 최적의 대기질을 공급해 작물이 자라나기 좋은 환경을 조성한다. 이 기술을 사용하면 도시나 집이나 상관없이 과일과 채소를 경작할 수 있다. 농장과 소비자의 거리가 너무 멀어 채소 값이 비싼 국가의 대안이 될 수 있을 것이다.

이산화탄소 '긁어내기'

이산화탄소 또는 환경에 좋지 않은 물질을 긁어내 공기를 깨끗하게 하는 기술은 스마트시티가 보장하는 기술 중 하나다. 미국의 보스턴에서는 습도의 변동을 통해 대기 중 나쁜 물질이나 가스를 제거하는 인공 나무 Treepods를 설치했다. 캐나다의 스타트업 기업 역시 대규모로 이산화탄소를 흡수하고 저장하는 스마트한 방법을 강구 중이다. 2016년, 네덜란드의 디자이너 단 로서하르더 Daan Roosegaarde는 로테르담에 스모그 프리 타워 Smog Free Tower를 도입했다. 스모그 프리 타워는 로테르담이라는 대도시에 처음 설치된 대형 공기청정식물이다. 7미터 높이의 이 타워는 동종 타워 중에서 가장 큰 높이를 자랑하고 있으며 특허를 받은 나노기술을 이용해 공기를 거르고 다시 바깥으로 내뿜는다. 이렇게 긁어낸 물질은 곧 작게 축소되어 스모그 주얼리를 만들기 위한 원재료가 된다. 이 거대한 공기청정기는 시간당 3만 세제곱미터의 공기를 정화하고, 1,400와트의 전기를 사용하는 보통 주전자보다도 적은 양의 에너지를 소모한다.

도시를 둘러싼 스모그가 큰 문제인 중국에서는 도시 5곳에 이 스마트 솔루션을 도입할 예정이다. 미국 워싱턴의 조지워싱턴 대학교 George Washington University에서는 더 많은 연구를 진행했다. 그중 하나는 긁어모은 이산화탄소를 이용해 대규모의 탄소 나노튜브를 생산하는 것이다. 이렇게 제조된 튜브는 건축과 제조 산업에 활용할 수 있다. 탄자니아의 과학자인 아스콰르 힐롱가$^{Askwar\ Hilonga}$는 나노기술로 물을 정화해 아프리카와 아시아의 거주민들이 더 건강한 삶을 유지하도록 도울 계획이다. 이미 힐롱가는 99.9퍼센트의 오염물, 위험한 박테리아, 미생물과 바이러스를 제거하는 필터를 개발했다.

접근성이 좋은 도시

스마트시티는 깨끗하고 접근성이 좋다. 스마트 교통정리 시스템 덕분에 교통 체증도 예방할 수 있고 필요한 경우에는 신호도 조절할 수 있다. 자율주행차에 탄 승객들은 애플리케이션을 사용해 붐비는 길을 피해가거나 무료 주차장을 찾을 수 있다. 목적지로 가는 최단 · 최적 경로에 대한 조언도 들을 수 있으며 다양한 대중교통이 존재한다. 센서와 카메라가 교통수단이나 사람들의 움직임을 계속 추적하기 때문이다. 적절한 시기가 오면, 더 이상 운전을 할 필요도 없을 것이다. 자율주행차량이 센서, 카메라와 통신하며 스스로 운전을 할 테니 말이다. 수집한 정보를 바탕으로 결정도 내린다. 교통 신호, 중앙선, 차로와 표지판들은 모두 사라져 도로는 더 조용해질 것이다.

모션 감지 센서를 사용하여 LED 거리 조명을 제어할 수도 있다. 도로에 사람이 있을 때는 도로의 조명이 더 밝게 빛나고 사람이 지나가면 조도가 다시 낮아진다. 운전기사가 없는 버스나 트램을 인공지능 네트워크에 연결하게 되면 승객들은 실시간으로 다음 버스나 트램이 도착하는 시

자가운전 버스와 기차의 이점

- 인공지능/역동적인 노선 변경이 버스와 기차의 자동화에 도움이 된다.
- 인공지능으로 운행되는 버스와 기차는 더 오랫동안 운행이 가능하다. 운전기사나 기관사가 없기에 과한 노동으로 지칠 일도 없다.
- 자동화, 전자 대중교통 시스템, 전기차는 운행비용이 저렴하다.
- 운전자와 기관사에 들어가는 비용이 없으며 전자 모터도 정비가 많이 필요하지 않다.

대도시 지역의 스마트 교통 네트워크는 살아 있는 유기체이다

- 소형 자가운전 수단, '포드(pods)' 운송 수단은 캠퍼스, 쇼핑센터 등에서 같은 방향으로 가 사람들을 이동시킬 수 있다. 또한 공공 버스정류장이나 다른 곳에서 사람들이 탈 수도 있다.
- 대중교통 수단은 요청에 따라 운행이 더 잦아질 수 있고 행사가 있거나 날씨에 따라 시스템에 다른 설정을 적용할 수 있다. 인공지능이 항상 이를 확인한다.
- 주차 공간과 차고는 점차 사라진다. 연소 엔진을 갖춘 자동차 수도 점점 더 줄어들 것이며 오염을 일으키는 차들의 주차비가 상승할 것이다.
- 미래에는 대중교통 기술이 발전하고 가격은 저렴해질 것이다.

간을 확인할 수 있다. 우버를 사용하는 것처럼 스마트폰을 사용해 어디서 교통수단을 이용할지도 선택할 수 있다. 동작 감지 기능은 특정 장소에 모여든 사람의 규모를 정부와 경찰에게 알려준다. 그 덕에 행사가 끝난 후 미화원들이 청소를 더 효율적으로 할 수 있다. 센서와 카메라 이외에도 다양한 곳에서 필요한 데이터를 수집할 수 있다. 이에 따라 필요한 최적 경로를 이용할 수 있을 것이다.

도시에 자율주행차가 필요한 이유는 분명하다. 현재 암스테르담의 택배기사는 보통 하루에 4만 개까지 택배를 배달할 수 있다. 2020년엔 하루에 100만 건으로 늘어날 예정이다. 베이비붐 시대의 아기들이 자라 더 많은 온라인 쇼핑을 하기 때문이다. 이러한 온라인 쇼핑의 이용률은 날로 높아지고 있다. 독일에서는 아마존 프레시^{Amazon Fresh}를 사용해 신선식품을 집에서 받아볼 수 있다. 그러면 더 많은 택배차량을 구입하게 되고, 결국은 비어 있는 상태로 차고지로 돌아오는 차량도 많아진다. 이러한 문제를 해결하기 위해 미래에는 택배차량이 '기차'처럼 주택가를 오가며 지연 없이 택배를 배달할 것이다. 이러한 시스템은 중앙 컴퓨터가 제어한다.

물론 미래의 기차를 포함한 모든 자율주행차량은 전기로 움직인다. 블룸버그 신에너지 금융 연구 그룹^{Bloomberg New Energy Finance}을 포함한 전문가들은 몇 년 안에 지원금 없이도 지금 우리가 타는 휘발유차나 경유차 정도의 가격에 전기차를 구매할 수 있을 것으로 예측했다. 전기차의 가격 경쟁력이 높아지는 것이다. 그러면 모든 가구와 기업들이 전기차로 돌아설 것이다. 테슬라와 폭스바겐은 2025년에 100만 대 이상의 전기차가 출시될 것이라고 예측했다. 볼보는 2019년 이후부터 하이브리드와 완전 전기차만 생산할 예정이다.

무인항공기 비행

비행기와 헬리콥터는 현재까지 등유를 연료로 의존하기 때문에 거대한 오염의 원인이 된다. 전기를 연료로 하는 무인 항공택시라는 새로운 교통수단이 그 대체재가 될 수 있다. 도심 대중교통은 희망적이고 새로운 차원으로 발전할 것이다. 이볼로E-volo의 볼로콥터Volocopter는 전기 모터를 배터리로 움직이며 시속 100킬로미터를 유지한다. 현재까지는 20분의 비행이 가능하며 머지않아 1시간의 비행이 가능하리라는 전망이다. 이 시스템이 안전한 이유는 난기류이거나 파일럿이 당황했을 때 대신 조종이 가능하기 때문이다. 아랍에미리트의 두바이에서도 무인조종 여객기가 상용화될 예정이다.

스마트 메가시티

스마트시티는 네덜란드와 같이 땅덩어리가 작은 나라뿐 아니라 중국
과 인도 같은 거대 아시아 국가에서도 그 필요성이 훨씬 크게 부각된다.
엄청난 규모의 도시화 사례는 중국에서 찾아볼 수 있다. 중국 정부는 전
체 인구의 60퍼센트가 도시에서 거주하기를 바라는데 그 숫자만 8억 명
이다. 따라서 앞으로 몇 년 동안 1억 명의 중국 인구가 시골에서 도시로
이주할 예정이다. 정부는 이들을 위해 도심에 주택을 건설하는 중이다.
중국의 수도인 베이징과 항구도시인 천진에 건설될 징진천지라고 불리
는 132,000평방미터의 거대한 도시다. 이러한 스마트시티를 형성하려는
목적은 경제를 활성화하고 삶의 질을 향상시키는 데 있다. 200개가 넘는
중국의 스마트시티 중 하나인 인촨에서는 버스비를 내면 비웃음만 당할

뿐이다. 대신 카메라가 승객의 얼굴을 인식하고 버스비는 계좌에서 자동으로 인출된다. 집에서 택배를 기다릴 필요도 없다. 모든 택배는 스마트 금고로 배달되기 때문이다. 쓰레기는 시에서 관리하는 공기청정기가 달린 쓰레기통에 넣어 냄새 없이 처리할 수 있다. 쓰레기통의 수용량이 가득 차면 시청으로 자동 수거 요청이 전달된다.

인도는 이미 스마트시티 미션의 일부로 거의 100개의 도시를 스마트 도시화하는 중이다. 중국에서처럼 점점 더 많은 사람이 시내로 이사를 가고 있다. 더 나은 삶이 보장되기 때문이다. 스마트 기술을 결합한 스마트 시티는 더 진화된 대중교통, 훌륭한 주택, 끊임없는 에너지와 물을 공급할 것이다.

나오며

"우리는 사회적 동물이다. 그러므로 도시란 혁신, 예술, 문화와 경제 활동이 이루어지는 사회적 상호작용을 창조하는 물리적 공간이어야만 한다." 미국과 캐나다 국적을 가진 도시활동가 제인 제이콥스[Jane Jacobs]가 한 말이다. 거주자, 정치인과 관리자를 포함한 이해 당사자는 스마트 시티에 대한 비전을 공유해야 한다. 스마트시티란 건강, 깨끗한 환경, 삶의 질을 향상시키는 도시임을 이해하고 가장 중요한 것이 협동이라는 점을 인식하자. 공동 결정과 통찰력을 통해 더 많은 데이터의 창출이 가능하기 때문이다.

새로운 삶의 터전 :
수중, 지하, 다른 행성

  건축은 보통 지상에서 일어나는 행위다. 하지만 이제는 다르다. 지구
상의 폭발적 인구 증가, 그리고 그에 따른 심각한 환경오염과 기후변화
때문이다. 2050년에는 세계 인구의 2/3가 도시에 거주할 것이며 그로 인
해 가용 토지가 줄어들 것이다. 그러므로 넓은 건물이 아닌, 높은 건물을
지어야 한다. 1.6킬로미터가 넘는 높이의 마천루는 30년 이내에 건축이
가능해질 것이다. 하지만 인구가 과도하게 증가하고 다른 이유들로 지상
에서의 생활이 위협받는다면, 우리 모두 새로운 해답을 찾아 떠나야 한
다. 다른 행성을 찾아 떠나거나 지구에 남는 선택을 할 수도 있을 것이다.
후자의 경우 수중, 또는 지하에 거주하는 방법이 있을 것이다. 믿기 어렵
겠지만, 현재로서는 가장 그럴듯한 해결방식이다. 이러한 거주의 단점 중
하나는 태양빛을 받을 수 없다는 것이다. 하지만 장점도 있다. 지하도시
는 물속 도시와 마찬가지로 극단적인 날씨의 영향을 받거나 심각한 공해
의 위협을 받을 가능성이 낮다. 이번 장에서는 수중, 지하, 그리고 다른
행성에서의 거주를 탐험해보자.

수중 생활

대체 생활공간으로 수중 생활이 가능한지 여부를 알아보는 것은 조사할 만한 가치가 있다. 지구의 70퍼센트는 물로 이루어져 있기 때문이다. 그렇지만 우리는 지구의 물보다 달에 대해 알고 있는 것이 더 많다. 물뿐만 아니라 지도에서 보이는 대부분의 장소에 대한 지식이 부재한 것도 사실이다. 그래도 지금은 수중 생명체에 대해 연구하는 수중 연구소가 존재한다. 그중 하나는 콘치 코랄리프^{Conch Coral Reef} 옆 바다 19미터 아래에 위치한 아쿠아리우스 연구소^{Aquarius Reef Base}다. 이곳은 플로리다의 키라고 섬에서 19킬로미터 떨어져 있다. 산호초, 물고기, 수생식물을 연구하는 해양 생물학자들은 이 연구실을 베이스로 삼아 연구한다. 연구를 진행하는 특수잠수부들은 이곳에서 복잡한 기기와 컴퓨터를 비롯해 위생시설과 와이파이 같은 편의시설을 사용할 수 있다.

미국 우주항공국의 우주비행사들도 정기적으로 이곳에 머무른다. 수중은 우주와 매우 비슷해서 우주여행 준비에 적합한 장소이기 때문이다.

여기에 잠시라도 머물렀던 사람은 모두 수중 생활의 기술적 가능성을 긍정적으로 바라본다.

그럼에도 수중 실험실의 성공이 많은 사람이 더 오랫동안 편안하게 살 수 있는 시설로 검증받았다고 보기는 어렵다. 미래 생활 보고서에 따르면 과학자, 건축가, 삼성의 인터넷 회사인 스마트싱스SmartThings의 도시 계획자들은 100년 안에 바다 아래서 사는 것이 가능하다고 예측했다. "지금보다 더 효율적으로 개발된 태양광 전지는 구로 둘러싸인 수중 도시에 무료로 전력 공급이 가능하다. 또한 사람들이 호흡할 수 있도록 산소를 발전시킨다." 연구원들은 미래에는 모두가 수중에서 생활할 것이라고 덧붙였다. 또한 극단적인 기후를 피하기 위해 전 세계 바다를 돌아다니는 도시가 생성될 것이라고 예측했다.

수천 명의 사람들을 위한 심해도시

수중에서, 또는 수면을 여행하며 거주한다니. 공상과학소설처럼 느껴질지도 모르지만 이미 몰디브와 피지 섬 근처에는 고급스러운 심해 나이트클럽과 호텔이 있다. 심지어 레스토랑과 예식장을 갖춘 곳도 있다. 몇몇 기업들이 이미 대규모로 이런 사업을 진행하고 있다. 일본 기업인 시미즈Shimizu는 스마트싱스 연구원들이 생각하는 것과 다르게 수중 도시 건축에 필요한 기술은 향후 15년 안에 상용화될 것이라 믿었다. 시미즈는 새로운 심해에 대한 콘셉트를 개발했다. 5천 명이 거주하고, 일하며, 쇼핑을 하고 삶을 즐길 수 있는 자급자족형 심해도시인 오션스파이럴Ocean Spiral이다. 오션스파이럴에는 호텔도 있다. 식수는 역삼투압 현상을 통해 정수된 바닷물로 대신하고 전기는 심해와 수면의 기온 차이를 사용

© JTC Corporation

해 얻은 열에너지로 생성한다. 이 나선형 바다도시는 해저, 심해, 수면과 지상의 공기와 연결되고 직경이 500미터에 이르는 구형으로 마무리된다. 도시의 밑바닥에는 미네랄이나 다른 광석을 채굴한 후 분석할 수 있는 연구기관이 마련돼 있다.

어떤 시나리오에 따르면 향후 몇백 년 후, 해수면의 상승으로 뉴욕, 로스앤젤레스, 런던, 베니스, 상하이, 방콕, 뭄바이, 그리고 암스테르담까지 가라앉을 것이다. 그러니 시미즈가 향후 몇십 년 안에 이 계획을 현실화한다면 얼마나 좋을까?

지하 생활

앞으로 30년 안에 지구 주민의 2/3가 도시에 살게 된다면 엄청난 인구 증가로 가용 토지 면적이 줄어들 것으로 예상된다. 그 해결책은 지하 주택일 것이다. 사실 지하도시는 이미 존재한다. 2014년 고고학자들은 터키의 네베셰르에서 주택, 와인 저장고, 부엌, 기도실, 계단과 수로가 있는 5천 년 전의 지하도시를 발견했다. 도시에서 사용할 램프 오일을 제조하는 데 사용된 아마씨 프레스도 발견했다.

사실 터널, 주차장과 수질 정화시설은 이미 지하에 설치된 경우가 많다. 네덜란드의 지하 건축 중앙청 COB의 웹사이트에 따르면 지하 건축은 네덜란드나 벨기에와 같이 인구가 밀집된 국가에서 토지를 이용하는 데 따른 압박을 완화하는 장점을 가지고 있다. 지상은 공원 등을 위해 사용할 수 있으며 소음과 대기오염을 감소시킬 수도 있다. 기존의 케이블이나 상하수도관을 지하에 연결하는 일은 어렵지 않다. 또한 열 냉각 시스템은 안정적이고 지속 가능한 에너지 공급을 보장하며 식수 저장 공간을 제공한다. 물론 단점도 있다. COB는 지하 건축물의 건설은 일반적으로 건물과 주변 환경의 손상을 방지할 전문 지식을 요하고 비용이 많이 들며 위험부담도 크다고 설명했다.

완전히 새로운 지하도시 건설 계획은 아직 구체적으로 알려지지 않았다. 하지만 캐나다 퀘벡주의 수도 몬트리올에서는 이미 1960년대부터 지하도시가 존재했다. 프랑스어로 네트워크를 의미하는 'Réseau'라는 단어를 따서 이름을 붙인 '레소 Réso'는 12제곱킬로미터 면적의 몬트리올 지하 터널로 120개 이상의 외부 출입구를 통해 진입이 가능하다. 이 지하도시에는 주택, 상업 단지, 다층 쇼핑센터, 영화관, 은행, 호텔, 지하철역, 극장, 교육 기관, 나이트클럽, 갤러리, 레스토랑이 위치한다. 매년 50만 명이 넘는 사람들이 이곳을 방문한다. 너무나 추운 몬트리올의 겨울을 버티게 해주는 따뜻한 장소다.

호텔과 공원

하지만 이미 과거부터 지하시설의 건축이 이루어지고 있었다. 그 사례로 상해에서 50킬로미터 떨어진 곳에 버려진 채석장의 90미터 지하에 있는 시마오 원더랜드 인터컨티넨탈 호텔^{Shimao Wonderland Intercontinental Hotel}을 들 수 있다. 이 건물은 19층 높이에 300개의 객실로 이루어져 있다. 이 중 두 층은 지상에 있고 나머지 17개 층은 지하에 있다. 최근에 개장한 (2018년 말) 이 호텔은 웰빙 센터와 수영장을 포함한 모든 종류의 고급 편의 시설을 제공한다. 지하 생활도 녹지가 있어야만 쾌적하다. 뉴욕에서는 세계 최초의 지하 공원이 개장을 앞두고 있다. 70년 전에 버려진 지하 트램 정거장인 로우라인^{Lowline}이다. 이곳에서는 유리 광섬유와 태양빛 수집기에서 모은 빛을 거울의 반사광을 이용하여 천장으로 흩뿌린다. 그 덕분에 1헥타르의 공간에서 식물을 재배할 수 있다.

지금까지 지하에 사는 것은 상상 속에서만 가능한 일이었다. 쥘 베른 ^{Jules Verne}의 《지구 속 여행 ^{Voyage au centre de la Terre}》을 생각해보면 쉽다. 지하 생활을 경험할 수 있다면 그 경험을 화성에서 생활하는 데 유용하게 활용할 수 있을 것이다. 지하에서의 생활은 극단적 날씨에서 인간을 지켜주며 실내 온도를 일정하게 유지시켜 준다. 지상의 인구과밀화를 해결하기 위한 에너지 효율적이고 환경 친화적인 해결법이다. 위험 요소도 존재하지만, 미래의 지하공동체는 이에 대비할 수 있다. 예컨대 특수 펌프를 사용하면 극심한 강우로 인한 범람을 막을 수 있다. 지하 생활은 커다란 잠재력을 가지고 있다. 따라서 지하 생활에 대한 연구가 최우선적으로 이루어져야 한다.

다른 행성에서의 삶

다른 행성 역시 지구를 대신하는 생활공간이 될 수 있다. 미래에는 유일한 선택사항이 될 수도 있다. 인간은 빠른 속도로 지구를 파괴하고 있다. 과학자들과 환경운동가들에 따르면, 화석 연료의 사용으로 육지와 물이 오염되고 기후변화가 발생하며 생태계가 피해를 입는다. 수은, 메탄, 황, 질소와 이산화탄소는 대기를 뚫고 들어오며 환경적으로 커다란 영향을 미친다. 예컨대 수은은 땅에 머물며 우리의 먹이사슬을 위협한다. 인간의 파괴적인 행동은 지구의 기온을 상승시킨다. 과연 지구의 온도가 몇 도나 올라갈지에 대해서는 논의 중에 있다. 해수면 상승은 아직 우려할 정도가 아니라고 말하는 학자들도 있다. 2050년에는 지구 온도가 너무 높아져 그 어떤 생명체도 살 수 없는 환경으로 변할 것이라는 예상 때문이다.

미국의 독립적 비영리연구소 버클리 얼스$^{Berkeley\ Earth}$는 지난 250년 동안의 평균 육지 온도 상승을 섭씨 1.5도라고 계산했다. 그중 0.9도는 지난 50년간 상승했다. 온난화를 서둘러 막지 못한다면, 앞으로는 50년당 1도 이상 기온이 상승할 것이다. 더 이상 지구에서의 거주는 불가능에 가까워지는 것이다. 때문에 다른 행성에서 삶의 터전을 닦는 연구가 이루어져야 할 것이다.

극한 도전, 화성에서의 삶

화성은 극단적인 기후로 유명하다. 기온은 섭씨 −140도에서 +20도까지 오르내린다. 대기는 거의 독성 이산화탄소로 구성되어 있다. 그리고 위험한 방사선 때문에 지구에서의 생활을 그대로 유지하기란 어렵다. 하지만 전문가들은 올바른 방법과 기술만 사용하면 화성에서의 거주가 가능하다고 본다. 심지어는 이 붉은 행성을 자연으로 가득 찬 목적지라 부르며 화성에서의 거주가 수많은 장점을 제공할 거라고 주장한다. 예컨대 화성에는 건설용 원자재가 가득하다. 어디서든지 발견되는 표토(지표면을 이루는 토양)로 콘크리트를 만들 수 있다. 또한 화성의 동굴을 거주지로 탈

ⓒ 삼성 스마트싱스 캡처

바꿈시켜 방사선으로부터 보호받을 수도 있다. 보통은 얼어붙은 상태이지만 화성에는 물도 존재한다. 정말 특별한 기후를 지닌 아름다운 행성이다. 구름도 있고 오래되고 건조한 강바닥 위에 바람도 분다. 수증기, 일산화탄소, 산소와 수소의 미세한 흔적도 보인다. 하지만 화성에서의 거주는 기온이 상승해야만 가능해진다. 대기는 더 두꺼워야 하며 행성 주변을 둘러싸고 대기를 보호하는 오존층도 필요하다. 기온, 대기, 오존층은 서로 연결된 조건들이다. 때문에 이 중 한 가지 요건만 갖추어진다면 다른 두 가지는 절로 따라온다.

물론 자신만의 해결책을 제시하는 과학자들도 있다. 화성의 얇은 대기를 해결하는 방법으로 온실가스를 가득 불어넣으면 결과적으로 화성의 기온이 평균 4도 상승한다. 그러면 화성의 남극점 일부가 증발하면서 이산화탄소가 생성돼 공기로 들어오고 기온이 자동적으로 올라간다. 얼음이 녹으면 물이 되고, 공기압 또한 높아진다. 그러면 머지않은 미래에 화성에서의 삶이 가능해질 것이다. 하지만 펜실베이니아 주립대학교의 지구물리학자이자 교수인 제임스 캐스팅 James Kasting을 포함한 과학자들은 이를 의심한다. "화성을 거주 가능한 곳으로 만들다니, 거의 불가능한 일이다." 물론 그의 동료들은 이보다는 낙관적인 반응을 보이지만 역시 화성에서의 삶은 앞으로 몇천 년 후에야 가능할 것으로 본다.

낙관론자의 의견이 옳다 해도, 화성에 인간 사회를 건설하기란 쉽지 않아 보인다. 화성에 거주하려면 인공 대기 속에서 식량을 자급자족해야 한다. 화성의 토양은 독성 화학물질을 제거해야만 작물을 재배하는 데 적합해진다. 토양에서, 또는 화성의 극지방에서 녹아내린 물을 끌어올 수 있다면 식량 문제는 그렇게 심각하지 않을 것이다. 애리조나 대학교의 과

학자들은 중소 회사의 엔지니어와 함께 생물학적 재생 시스템을 개발했다. 이 시스템을 이용하면 작물이 자라면서 물과 폐기물을 재활용하고 공기를 정화시킬 수 있다. 수경재배법을 사용하므로 흙도 필요 없다. 또한 계속적으로 물을 공급해 뿌리를 항상 적셔야만 한다. 식물은 광합성을 통해 물과 이산화탄소를 포도당과 산소로 전환시키기 때문에 모든 거주자가 이 산소를 사용해 호흡할 수 있다.

우리가 항상 보호받는 제한적인 환경에서의 거주를 희망하는지도 생각해보아야 할 점이다. 일단 과학자들은 박테리아도 살지 못하는 화성의 독성 토양 문제를 해결해야만 한다. 심지어 화성에 거주하고 싶은 사람들은 유전자상으로 낮은 중력에 대한 저항력을 높여야 한다. 지구에서 체중이 80킬로그램인 사람이 화성에 가면 30킬로그램이 되기 때문이다. 그리고 낮은 기압에도 적응해야 한다. 인간은 적응하는 동물이라지만, 화성에 적응하기까진 더 오랜 시간이 걸릴 것으로 예상된다.

화성으로 떠날 준비

테슬라와 스페이스엑스^{SpaceX}의 CEO 엘론 머스크는 앞으로 50-100년 사이에 100만 명의 인구가 거주 가능한 도시를 화성에 건설할 수 있다고 믿는다. 그렇다면 화성을 거주에 적합한 환경으로 만들기 위해 더 노력해야 한다. 미국 항공우주국$^{National\ Aeronautics\ and\ Space\ Administration,\ NASA}$와 센트럴 플로리다 대학교의 연구진은 이미 화성에 3D 주택을 인쇄하려는 연구를 진행 중이다. 지구에서부터 건축 자재를 옮기는 것은 불가능에 가깝다. 특히 엘론 머스크가 생각하는 단시간 내에 행성을 이동하기란 더더욱 힘들다. 엘론 머스크에 따르면 행성 간 교통 시스템인 수천 대의 ITS 우주선 중 첫 번째가 10년 안에 화성으로 출발할 것이다. 정원이 100명인 이 우주선에 타기 위해서는 다들 20만 달러를 지불해야만 한다. 엘론 머스크 외에도 화성을 거주 가능한 행성으로 만들려고 노력하는 여러 과학자들이 있다. 네덜란드의 마르스원$^{Mars\ One}$은 2027년 화성에 영구적

NASA와 셰이크의 야심 찬 계획

NASA는 화성에 설치할 이글루를 개발 중이다. 화성에서 수집 가능한 재료로 만들어진 튜브가 이 얼음집을 이루고 있다. 집의 내부와 외부는 얼음벽으로 분리돼 있다. NASA가 얼음을 선택한 이유는 물이 소재를 보호하며 거주자를 방사능에서 지켜줄 수 있기 때문이다. NASA는 지하 거주지 건설도 고려 중이다. "우리가 이글루를 선호하는 이유는 소재 자체가 투명하여 거주자가 동굴이 아닌 집에 살고 있다는 느낌을 줄 수 있기 때문이다." NASA의 랭글리 연구소(Langley Research Center)에서 일하는 케빈 켐튼(Kevin Kempton)이 말했다.

아랍에미리트의 셰이크 모하메드 빈 라시드 알 막툼(Sjeik Mohammed bin Rashid Al Maktoum)은 오랫동안 다른 행성으로 사람들을 데려가기 위한 계획을 세우고 있다. 그는 5년 안에 화성에 도시를 세울 수 있는 자세한 계획을 제공할 연구 센터를 설립했다. 사실 이 도시는 앞으로 100년은 지나야 건설이 가능할 것이다.

인 식민기지를 건설하기 위한 준비 중이다. 특별히 선정된 요원들이 화성에 도착하기 전에, 로봇을 화성으로 보내 거주 가능한 곳으로 탈바꿈시켜야 한다. 사실 화성으로 떠나는 미션은 편도로 진행될 예정이다. 이미 2만 명의 후보가 지원했으며 그중 100명이 선발됐다.

미국 뉴스 전문지 〈뉴스위크Newsweek〉에 따르면 NASA가 진행하기에는 화성 유인 임무에 따른 비용이 너무 높다. 하지만 마르스원의 입장은 다르다. 참가자들의 기여로 총 60억 달러를 화성으로 가져갈 수 있으리라 예상한다. 현재 엘론 머스크는 참가자 1인당 100억 달러를 예상하고 있다. NASA와 마르스원 모두 자금 문제뿐 아니라 개척에 관련된 수많은 위협을 마주하고 있다. 일단은 화성의 대기에 안전하게 진입해야만 한다. 이 문제를 해결하려면 매우 어려운 계산이 필요하다.

© NASA/Clouds AO/Search

나오며

전 세계의 전문가들은 미래에 편안하고 쾌적하며 안전하게 거주하기 위한 연구를 거듭하고 있다. 지구 온난화, 대기·수질오염과 인구 증가가 초래할 결과가 너무 나쁘지만 않다면, 지구에서의 거주도 가능할 것이다. 그때가 오면 인간과 기계가 공생하고 인공지능이 우리를 지원해줄 것이다. 만약 지상 인구가 너무 많아진다면 지하, 수중, 그리고 수면 위의 도시를 건설할 수도 있다. 최악의 사태가 벌어져 지구에서의 거주가 불가능해진다면 다른 행성, 그러니까 화성 같은 곳으로 떠나야 한다. 다행히 우리는 모든 가능한 시나리오를 준비하고 있다. 사람들의 관심도 높아지고 있으며 이미 투자액도 상당하다. 지하, 수중, 그리고 화성에서의 삶을 가능하게 하는 기술의 양은 기하급수적으로 증가하고 있다. 물론 아직도 답하지 못한 수많은 의문이 있으며 해결하지 못한 문제도 있다. 앞으로 50-100년 후, 무엇이 가능하고 불가능할 것인지 예상하기는 어렵다. 그래도 긍정적으로 볼 수 있는 수많은 이유들이 존재한다.

PART 3 **교통**

자율주행차와 우주 버스

자율주행차가
세상을 인식하는 법

2040년 정도가 되면 모든 화석 연료의 사용이 금지될 것이다. 물론 2025년부터 전면 금지를 시행하는 국가도 있다. 이러한 변화의 일환으로 네덜란드의 몇몇 도시는 2020년대까지 모든 버스를 전기차량으로 바꾼다고 공언했다. 운전기사 없이 스스로 운전을 하는 차량도 있다. 하지만 사고 시 법적 책임 문제가 해결되지 않아 아직까지는 운전자가 앉아 있어야 한다. 이 장에서는 운송과 이동에 다가올 변화에 대해서 알아보도록 하겠다. 나는 자율주행 교통수단이 사람과 물품을 목적지로 완벽하게 이동시켜주길 바란다.

경험에 비추어볼 때, 자율주행차량은 수많은 이점을 가져올 것이다. 나는 운전을 좋아하지는 않지만 이동할 때는 어쩔 수 없이 운전을 해야만 한다. 암스테르담의 A2 고속도로를 통해 에인트호번까지 약 125킬로미터의 장거리를 가야 할 때는 내 테슬라 차량의 자율주행 모드를 가동시키면 된다. 차량의 센서는 도로를 스캔하고 주변 상황에 맞춰 속도를 조정한다. 주행하는 동안 나는 필립스에서 진행할 강의 자료를 정리한다. 전화가 오면 핸즈프리 기능을 사용해 통화를 하며 메모한다. 그동안 차량은 계속해서 주변 교통상황을 살핀다.

앞으로 15년 안에 주행 중 회의를 진행하거나 휴식을 취할 수 있을 것이다. 자율주행차량은 여러 가지 기능을 탑재할 것이다. 자율주행은 그러한 수많은 기능 중 하나로 차량 자체가 집이 될 것이다. 차량은 오락거리를 제공하고, 건강을 관리해주며 안정감을 주고 결국은 여행 가이드로 변모할 것이다.

모험을 좋아하는 당신이라면 창문에 가상현실 기능을 켤 수 있다. 그러면 로테르담부터 도른까지 가는 동안 사하라 사막을 여행하는 기분을 느낄 수 있다.

미래의 차에는 자가수리 기능을 갖춘 타이어와 자가도색 페인트 기능이 탑재될 것이다. 차는 항상 깨끗할 것이다. 2035년이 되면 차량이 시간당 4천만 메가바이트, 즉 40테라바이트의 데이터를 창출할 수 있다. 스마트 알고리즘이 차의 고장을 예측하고 미리 경고하기 때문에 절대 갑작스러운 고장이 날 리가 없다. 수리로봇은 고장 난 부분을 스스로 고치기도 한다. 차량에 설치된 나노봇은 차체에 남아 운전 중에도 모든 결함을 고칠 수 있도록 준비한다.

앞으로 몇 년 안에 고속도로 위의 차량이 증가하고 따라서 교통 체증도 늘어날 것이다. 그러면 환경뿐만 아니라 수도권 또는 산업 지역으로의 접근성이 떨어져 경제시장에도 문제가 생긴다. 도시에는 헬로 프레시HelloFresh 또는 미국의 아마존프레시 같은 배달 트럭들이 점점 더 늘고 있다. 청년들과 노년층이 계속해서 온라인으로 물건이나 신선식품을 배달해 먹을 것이기 때문에 교통 체증이 늘어날 것이다. 암스테르담에서만 해도 2020년까지 4만 건의 배달이 10만 건으로 상승할 것이다. 하지만 새로운 기술은 교통 체증과 정체를 해소하고 예방해 우리 모두 목적지에 제시간에 도착할 수 있을 것이다. 드론, 또는 서로 연결된 무인 트럭들이 점점 더 많은 택배를 배달해 교통 압박을 줄일 것이다. 또한 앞으로 20년 안에 개인차를 소유한 사람들이 줄어들 것이다. 공유경제 트렌드 때문이다. 교통수단이 필요하면 그저 원하는 차량을 골라 시동을 걸면 된다. 목적지에 도착해도 차량은 계속해서 택배를 배달하고 누군가를 이동시킬 것이다. 환경도 보호하고 지속 가능성도 있는 해결책이다. 오늘날에도 낮 시간에는 평균적으로 97퍼센트의 차량이 이용되지 않고 있기 때문이다. 자율주행차량을 점점 더 많이 사용할수록 전체 차량 숫자는 줄어들 것이고 길은 더 조용해질 것이다. 따라서 차량 제작업체들은 힘든 시간을 보낼 것이다. 또한 밴과 트럭, 그리고 심지어 도로까지도 스마트해진다. 이 중에서도 특히 도로는 인공지능을 통해 어떤 차량이 도로를 달리는지 파악하고 계속해서 소통한다.

자율주행차량이 늘어날수록 사고로 인한 교통 체증은 과거의 유산으로 사라질 것이다. 자율주행차는 주변 환경을 볼 수 있을 뿐만 아니라 (오른쪽의 그림을 보면 어떻게 환경을 보는지 알 수 있다) 주변 상황에 영향을 받지 않는다. 또한 스마트 도로와 소통하여 위험을 감지하고 사고를 피한다.

자율주행차량이 앞을 보는 방법

지난 10년 동안, 고가의 차에서만 쓰이는 순항제어 시스템에는 레이더 센서가 사용됐다. 그렇지만 지금은 저렴한 차량에도 사용된다. 이 센서들은 거리만 감지하기에 주변의 보행자를 감지하거나 교통 표지판을 읽기엔 충분하지 않다. 장거리 레이저 기능을 사용하면 되지만, 역시 다른 차량 운전자의 표정까지 인식할 수는 없다. 그래도 장거리 레이저는 상대방의 행동을 예측하기에는 충분하다.

도로와 운전 환경은 차량 운전자가 최적으로 주변의 상황을 목격할 수 있도록 변화할 것이다. 그에 따라 표지판과 교통 신호도 조정될 것이다. 사람들은 날씨에 따라 운전 방식을 바꾸기도 한다. 더 넓은 시각에서 환경을 감지하기 위해 자율주행차량의 카메라를 사용할 것이고 그 덕에 환경에 따라 대응할 수 있을 것이다. 계속되는 변화와 개발 덕분에 자율주행차량을 안전하게 운전할 수 있게 될 날까지는 얼마 남지 않았다는 예측이 나오고 있다.

장기적으로 보자면 현실감 있는 시뮬레이션이 교통 상황을 개선한다. 시스템 자체가 환경을 읽기 때문에 인간의 간섭은 불필요하다. 위의 이미지를 참고하면 미래 자율주행차량의 기능에 대해 알 수 있다. 물론 방해 요소가 없어야만 가능하다.

자동차의 자율주행은 어떻게 이루어질까?

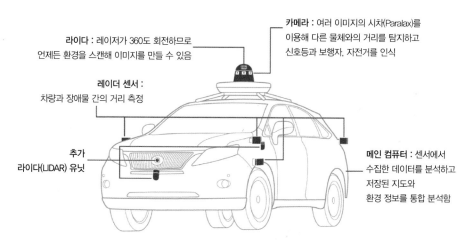

카메라 : 여러 이미지의 시차(Paralax)를 이용해 다른 물체와의 거리를 탐지하고 신호등과 보행자, 자전거를 인식

라이다 : 레이저가 360도 회전하므로 언제든 환경을 스캔해 이미지를 만들 수 있음

레이더 센서 : 차량과 장애물 간의 거리 측정

추가 라이다(LIDAR) 유닛

메인 컴퓨터 : 센서에서 수집한 데이터를 분석하고 저장된 지도와 환경 정보를 통합 분석함

© 길버트 게이츠(Guillbert Gates), 노트(Opmerking) : 구글에서 수정한 렉서스 모델 이미지

저렴한 센서가 가져올 미래

자율주행차량은 알고리즘과 인공지능 덕에 인간보다 운전 실력이 좋다. 자율주행차량에는 센서도 필요한데, 최근 몇 년 동안은 센서의 가격이 빠르게 하락하여 자율주행차량의 도입이 더욱 빨라질 전망이다. 자율주행차량에 사용하는 라이다 LIDAR, LIght Detection And Ranging 또는 Laser Imaging Detection And Ranging 는 레이저를 목표물에 비춰 사물과의 거리와 다양한 물성의 표면을 감지하는 센서 시스템이다. 실시간으로 환경을 인식하기 위해 필수적인 요소다. 여기서 말하는 환경이란 자동차, 보행자, 도로 위 장애물, 도로의 손상을 비롯한 모든 종류의 기상 조건을 의미한다. 물론 이 기술이 완벽해지려면 더 많은 시간이 필요하다. 라이다의 가격은 2012년 이후 15만 달러에서 15,000달러로 떨어졌다. 8만 달러가 채 넘지 않던 다른 센서들도 이제는 1만 달러까지 가격이 줄었다. 이런 추세라면 미래에는 가장 저렴한 차조차도 자율주행 옵션을 갖출 것이다.

미래를 결정하는 빅데이터

자율주행차량은 현재 위치, 속도, 방향과 브레이크의 상태에 대한 정보를 수집한다. 이때 사용되는 시스템은 표지판, 보행자와의 거리와 위험한 장애물을 인식한다. 이렇게 실시간으로 수집 · 계산된 빅데이터 덕택에 차량이 문제를 일으키기 전에 기계적 결함에 대해 스스로 빠르게 응답하거나 자동차 소유자에게 알릴 수 있다. 포드와 테슬라는 이미 고객 만족과 안전을 최적화하기 위해 빅데이터를 이용한다. 주행자의 간섭 없는 완벽한 자율주행의 토대는 빅데이터다. 이미 6만 명의 테슬라 운전자들이 자율주행 프로그램 업데이트를 받았고 그들의 차량은 독립적으로 속도를 조종하며 차선을 넘나든다. 자율주행차량은 약 8시간마다 40테라바이트의 데이터를 생성하고 사용한다. 다른 자동차 브랜드들 역시 빅데이터 생성에 우선순위를 부여한다. 2030년까지 자동차 산업에서 빅데이터 사용은 약 7,500억 달러의 가치를 창출할 것이다.

신기술로 가득 찬 자율주행차량

자율주행차량에는 다양한 기술이 사용된다. GPS 수신기, 무선 네트워크 인터페이스, 카메라와 다양한 센서까지, 이 모든 기술이 다른 차량과 인공위성, 그리고 도로와의 의사소통을 돕는다. 여기에 데이터마이닝^{Data mining}이라고 불리는 데이터 수집 방식과 기술의 통합, 그리고 기술 간의 연결고리까지 만들어지면 자율주행차량의 안전을 증진시킬 수 있다. 또한 센서는 운전자, 승객, 그리고 자동차 제조업체에 차량 결함 등의 정보를 실시간 제공한다. 상당한 경우에 결함이 일어나기도 전에 정보를 제공할 수 있다. 고장 난 부품의 재고 준비에 대한 정보도 이에 포함된다. 덕분에 공간과 비용을 절약할 수 있다.

내일의 자율주행차가 지닌 가능성은 무궁무진하다. 우리는 이제 집 안팎의 장비를 사용해 자동차에 앉아 다른 기기와 소통할 수 있을 것이다. 예를 들어 애플리케이션을 통해 집에 도착하기 전에 난방을 켜놓고, 커튼을 닫고 세탁을 시작할 수 있을 것이다. 자동차의 인포테인먼트Infortainment 화면에서 누가 부재중인 집의 초인종을 눌렀는지를 확인할 수도 있다. 만약 방문자가 신뢰할 수 있는 사람이라면 원격으로 현관문을 조종해 잠금을 풀 수 있다. 또한 스마트폰과 자동차 키가 결합되면 차량의 센서가 당신과 다른 기기들을 인식하고 좌석과 운전대의 위치, 실내조명이나 음악을 원하는 대로 조정할 수 있다. 본인이 아닌 다른 사람이 운전하려 할 때는 스마트폰을 통해 접근 권한을 부여할 수도 있다. 물리적으로 열쇠를 건네주는 절차는 더 이상 필요하지 않다. 같은 방식으로 택배기사가 당신의 트렁크를 열 수 있는 권한을 부여받아 택배를 차의 트렁크에 보관할 수 있다.

앞에서 말했듯이, 이제는 차의 소유권이 무의미한 시대가 다가온다. 그 전까지는 맞춤서비스가 가능한 인포테인먼트를 탑재한 차량을 구매하면 된다. 그러면 온라인으로 지도나 음악을 검색할 수 있는 시스템을 장착한 내비게이션을 추가할 수 있다. 또한 GPS와 블루투스를 통해 클라우드 서버 접속이 가능하다. 자율주행차량은 카메라에서 얻은 이미지 덕분에 빈 주차 공간이 어디에 있는지 정확히 안다. 시스템이 알려주는 대로 빈 주차장에 주차하면 되므로 불필요하게 운전해야 하는 상황이 줄어들 것이다.

자동차를 가르치는 알고리즘

자율주행차량은 교통 혼잡에 스트레스를 받지 않는다. 술에 취하거나 화를 내는 일도 없다. 얼마나 다행인가. 스트레스, 음주, 그리고 분노로 유발되는 사고로 전 세계적으로 매년 백만 명이 사망한다! 하지만 정말 다행일까? 삶과 죽음이 관련되어 있는 갑작스런 상황에서 자율주행차량이 올바른 결정을 내릴 수 있을까? 독일 오스나브뤼크 대학교에서 인지과학을 공부하는 학생인 레온 르네 쥐트펠트Leon René Sütfeld가 이끄는 연구팀은 스마트차량들 역시 사람처럼 교통 체증 속에서도 윤리적인 결정을 내릴 수 있다는 점을 밝혀냈다. 이 연구팀은 시뮬레이터를 활용해 여러 가지 시나리오로 실험을 시도했다. 교외에서 가상의 안개가 자욱한 2차선 도로에 사람, 동물, 사물과 같은 다양한 '장애물'이 발생하는 시나리오였다. 스마트차량은 각 시나리오에 따라 계속해서 운전을 할지, 아니면

멈춰서 생명을 살릴지를 결정해야 한다. 이 실험 결과 분석에 따르면 같은 장애물을 피해야만 하는 자율주행차량은 비교적 단순한 알고리즘을 사용해 사람들과 똑같은 결정을 내렸다. 우리는 여태껏 기계에게는 복잡한 윤리적 결정을 가르칠 수 없다고 주장해왔기 때문에 상당히 인상 깊었다.

생체인식 센서

자율주행차는 이제 현실이 됐다. 일부 자동차 제조업체는 차량에 생체인식 센서를 통합하는 방법을 찾고 있다. 이 센서는 거주자의 건강을 체크할 수 있다. 포드의 CEO 마크 필즈(Mark Fields)는 플렉스(Flex)라 불리는 기업에 이러한 가능성에 대한 조사를 부탁했다. 플렉스는 당뇨병 환자의 건강을 모니터링하는 휴대용 피트니스 추적기와 장비를 생산하는 기업이다. 포드 또한 이 센서를 가능한 빨리 차량에 설치하길 바란다. 만약 사람들이 졸음운전을 하는 시기를 측정할 수 있다면 차량은 이런 낌새가 보일 때마다 자율주행 기능을 실행하면 된다. 포드는 이산화탄소를 측정하는 센서를 설치해 아이나 애완동물이 차에 남겨졌을 때를 감지하는 기능을 탑재하려 한다. 이 기능은 늦기 전에 잠재적인 위험 상황에 대해 운전자에게 보고하고, 운전자나 차의 소유주는 그에 합당한 조치를 취할 수 있다. 스마트미러 또한 흥미롭다. 거울의 생체인식 센서가 얼굴의 이상을 감지하고 메시지를 보낸다.

예상되는 대규모 실직

Part 4 '일'에서는 로봇과 인공지능의 도래로 사라지는 직업에 대해 자세히 설명할 것이다. 물류 분야에서는 트럭 운전사와 택시 운전사 순으로 직업이 없어질 것이다. 투자은행 골드만삭스는 2025년까지 모든 자동차 판매량 중 약 20퍼센트를 반자동·완전자율주행차량이 차지할 것으로 예상한다. 20세기 초까지만 해도 자동차의 발명으로 제조공장 일자리뿐만 아니라 관련 일자리가 다양하게 창출됐다. 도로 건설, 도로 주변 숙소와 레스토랑의 일자리 창출에도 기여했다. 자동차의 발명으로 인해 교외 지역도 살아났다. 자동차 덕에 출퇴근이 한결 쉬워졌기 때문이다. 미래의 자동차 산업은 현재의 5배 이상 커질 것이다. 비즈니스 모델도 달라진다. 공장의 일자리들은 사라질 테지만 새로운 일자리도 생겨날 것이다. 그 예로 엔터테인먼트 시스템과 센서용 애플리케이션을 개발하는 프로그래머를 들 수 있다. 센서는 모든 인공지능 개발의 시작이다.

사이버 보안

운전자와 차량이 기본적인 운전을 수행하려면 외부와의 지속적인 연결이 필수적이다. 소프트웨어 업데이트, 실시간 교통 정보, 다른 차량이나 도로 센서로부터의 정보 수신뿐만 아니라 내비게이션 시스템을 사용하기 위해서도 필요하다. 이런 지속적인 네트워크의 장점은 무한하지만, 안타깝게도 단점 역시 존재한다. 해커가 승객 또는 다른 도로 사용자의 안전에 대한 모든 정보의 접근 권한을 얻을 수 있고, 그에 따른 좋지 않은 결과가 초래될 수 있기 때문이다. 인터넷에 연결되어 있는 동안에는 시스템을 아무리 보호한다 해도 해커가 언제든 정보를 무단으로 변경할 수 있다. 나쁜 의도를 가진 해커라면 당신의 위치, 목적지, 그리고 좋아하는 장소를 파악할 것이다. 일단 정보를 얻으면 오용은 시간문제. 최악의 경우에는 랜섬웨어로 당신의 자율주행차량을 감염시켜 보상을 지불할 때까지 협박할 것이다. 차량에 점점 더 많은 기술을 적용할수록 해커에게 공격당할 가능성이 더 높아진다. 사이버 보안은 자율주행차량에 커다란 문제가 될 수 있기에 주의를 기울여야 한다.

자동차와 사람의 상호작용

다행히 사이버 공격을 둘러싼 문제를 해결할 시간이 충분히 있다. 아직까지는 반자율주행차량만 출시됐기 때문이다. 완전자율주행차량이 개발되기 전까지는 법률책임에 대한 논의를 진행할 수 있다. 차량 운전의 책임이 있는 운전자가 산만해지거나 졸음운전을 할 경우, 자동차가 어떻게 빨리 개입할 수 있는지를 연구할 시간도 충분하다. 차량의 운전자가 시스템에 개입하기를 원할 때와 시스템의 의사에 상관없이 반드시 개입할 상황의 구분이 확실해야 한다.

"지금과 같이 반자율주행이 가능한 단계에서는 운전자가 여전히 운전에 집중해야 한다. 하지만 그렇지 않은 경우도 있다." 위트레흐트 대학교의 인지과학자인 크리스 얀슨Chris Janssen이 말했다. 그가 속한 연구소에

서는 주어진 시나리오에서 사람들이 언제 주의를 집중하는지 연구했다. "우리는 운전자가 수동적인 승객일 때, 그러니까 운전에 집중하지 않은 상태에서 경보음에 반응할 때의 뇌파검사와 뇌의 활동을 기록했다."

반자율주행을 하던 차량이 운전자에게 제어권을 돌려주는 상황에 대해서는 오랜 연구가 이루어졌다. 사우스햄튼 대학교의 네빌 스탠튼^Naville Stanton^ 교수에 따르면 운전자가 10분가량 책을 읽거나 텔레비전을 본 후 다시 운전에 집중할 때까지는 정확히 30초가 걸린다. 만약 운전 이외의 행동을 10분 이상 했다면 다시 집중하는 데 걸리는 시간은 30초 이상이다. 네빌 스탠튼은 이렇게 덧붙였다. "비행기의 추락이 예상되는 경우, 조종사가 자동 조종 장치에서 항공기 제어권을 넘겨받고 나서 비행기가 추락하기 전까지는 비교적 시간이 남아 있다. 하지만 러시아워의 운전자에게는 오직 몇 초밖에 대응할 시간이 없으므로 생과 사의 차이가 별로 없다." 지금과 같이 운전과 자율주행이 혼합된 시기에는 악천후로 인해 시야가 매우 나쁘거나 도로의 보행자를 발견했을 때 차에게서 제어권을 넘겨받을 것이다. 법적 책임문제가 해결될 때까지는 인간 운전자에게 책임이 가해진다. 따라서 카메라로 운전자가 교통상황에 집중하는지 잘 감시해야 한다.

법률상 딜레마

보험 회사와 변호사는 자율주행차량에 사고가 발생할 경우의 책임 여부를 놓고 고민이 많다. 사실 운전할 때 또는 도로 위에서 차량이 내리는 모든 결정은 소프트웨어, 그러니까 그 소프트웨어를 만든 프로그래머가 설정해놓은 것이다. 그렇지만 반자율주행차량은 도로주행 시, 필요한 경우엔 운전자가 직접 개입할 수 있도록 핸들과 브레이크 페달이 있다. 확실히 자율주행차량 도입의 초기 단계에서는 입법자나 보험회사가 운전자의 개입을 허락하는 차량을 선호할 수도 있다. 하지만 이미 구글은 운전 핸들, 브레이크, 기어 레버가 없는 차량의 도면을 선보였다. 구글이 소개한 이 모델에서는 더 이상 인간이 개입할 수 있는 방법이 없으므로 운전자의 책임이 없다. 이 경우는 차량을 디자인한 구글이 사고 시 법적 책임을 지게 되는 걸까? 보험회사들은 사고 시 법적 책임이 운전자에서 점점 더 소프트웨어, 또는 차량 제조업체로 옮겨갈 것으로 예상하고 있다. 과학자들과 전문가들은 대부분의 차량이 완전자율주행을 실행할 경우, 사고 발생 수는 줄어들고 책임 소재도 인간에서 차량으로 옮겨간다고 예

윤리적 딜레마

책임 소재를 결정할 때에는 윤리적인 측면 역시 고려해야 한다. 다음은 인간이 아직까지 주행에 개입할 수 있는 사례들이다. 자율주행차량 A와 B가 나란히 주행 중이다. 그러던 중, 한 부주의한 아이가 왼쪽 차선에서 운행 중인 A 앞으로 튀어나온다. 아이를 인식한 차량 A의 컴퓨터는 여러 가지 경우의 수를 계산한다.

- 옵션 1 : 왼쪽 도로 점유 신호를 보내놓고 오른쪽의 차량과 아이를 동시에 피한다. 이때, A 운전자의 생존 확률은 60퍼센트다.
- 옵션 2 : 어린이는 피하지만, 그로 인해 차량 B에 충돌한다. 그러면 A 운전자의 생존율은 80퍼센트지만 B 운전자의 생존율은 30퍼센트다.
- 옵션 3 : 인간 운전자가 재빨리 브레이크를 밟게 하여 차가 어느 차선으로도 옮겨가지 않게 한다. 이 경우, 어린이의 생존 확률은 1퍼센트이며 A 운전자의 생존 확률은 9퍼센트다. 자동차 B와의 충돌 가능성은 없다.

측했다.

이러한 윤리적 딜레마에 직면해도 인간 운전자는 경우의 수를 계산할 시간 없이 본능적으로 반응할 것이다. 반면, 자율주행차량은 다양한 가능성을 기반으로 짧은 시간 안에 결정을 내린다. 인공지능이 도덕적인 결정을 내릴 수 있는지 여부를 알아내려 진행했던 흥미로운 실험이 있다. 광차문제 또는 트롤리 문제로 불리기도 하는데, 상황은 이렇다. 기관사가 없는 광차(鑛車)가 점점 더 빠른 속도로 돌진한다. 레일에는 총 다섯 명이 묶여 있어 달리는 광차를 피할 수 없다. 이때 우리는 레버를 내려 광차를 다른 트랙으로 보낼 수 있지만, 그 레일에도 한 사람이 묶여 있다. 광차를 다른 트랙으로 보내지 않으면 다섯 명이 죽고, 한 사람을 희생하면 나머지 다섯 명을 살릴 수 있다. 어떤 결정을 내려야 할까? 이러한 유형의 문제는 결정하기도 어렵고 주관적인 판단이 개입된다. 많은 사람이 의견을 내놓길 주저할 것이다. 하지만 자율주행차량은 다르다. 적어도 한 사람이 죽는다는 가정하에 여러 가지 시나리오를 탐색한다. 그 과정은 다음과 같다. 차량은 일단 환경을 인식한다. 한 무리의 사람, 동물 또는 건물과 같은 '장애물'을 감지한다. 또한 차량이 처한 상황이나 위치를 인식한다. 외부 시스템^{GPS}(지도, 교통 표지판) 또는 지역 정보(속도와 방향 표지판)를 통해 감지할 수 있다. 모든 정보를 수집하기 위해서는 다양한 센서가 필요하다. 이 중 하나라도 빠지게 되면 사람이나 사물이 입을 피해를 최소화하는 결정을 내릴 수 없다. 컴퓨터 프로그램은 실행 가능한 대안과 최상의 결과를 계산하고 실행한다. 하지만 이런 결정을 내리기 위한 모든 데이터가 모이지 않으면 완전히 잘못된 분석이 나올 수 있다. 그러므로 자율주행차량이 실제로 완전자율주행을 시도하기 전까지 다양한 구성 요소, 시스템과 이해 관계자를 연결하는 윤리적 모델이 있어야 한다. 독일 연방 교통 및 디지털 인프라 자원부^{Ministry of Transport and Digital Infrastructure}는 2017년 6월 인터넷에 연결된 자율주행차량과 윤리에 대한 보고서를 발간했다. 이 부서는 자율주행차량이 안전을 증진시킨다는 점에서는 동의했지만 그 전에 사생활과 윤리적 문제가 해결돼야 한다고 말했다. 결국 사건의 발생 상황과 맥락에 크게 의존하는 도덕적 판단을 알고리즘으로 변환하는 건 쉬운 일이 아니다. 이에 대해 연구원 레온 르네 쥐트펠트가 이의를 제기했다. "도덕적 딜레마가 발생한 상황에서의 인간의 행동은 인간, 동물, 그리고 사물의 생명에 대한 가치에 기초한 단순한 모델로 분류할 수 있다." 이 말은 즉, 모든 인간의 도덕적 행동은 알고리즘으로 변환이 가능하며 기계가 이 알고리즘을 사용하는 것이 가능하다는 뜻이다.

소비자의 의구심

자율주행차량의 자율적인 결정 능력에 의구심을 표하는 것은 윤리학자, 변호사, 보험사, 그리고 정치인뿐만이 아니다. 소비자들 역시 자율주행차량의 안전에 대해 의심한다. 다음 차트에 따르면 총 50퍼센트의 소비자가 운전자가 없는 자율주행차량에 대해 안전하지 않다고 느끼며 45퍼센트의 소비자가 자율주행차량에 통제권을 주지 않겠다고 대답했다. 소비자 중 1/4은 자율주행차량과 통제자가 있는 차량이 도로를 공유하는 상황이 위험하다고 답했다.

이렇듯 소비자는 자율주행차량의 안전성을 의심한다. 하지만 그 외에도 해결할 문제들이 있다. 앞부분에서 언급했던 도덕적 · 법적 딜레마뿐 아니라 기술 · 사회적인 문제 역시 완전자율주행차량과 관련이 있다.

자율주행차량에 관한 소비자의 의견

이 설문의 응답자는 자율주행차량을 선호하지 않는 이유에 대해 다음과 같이 언급했다.

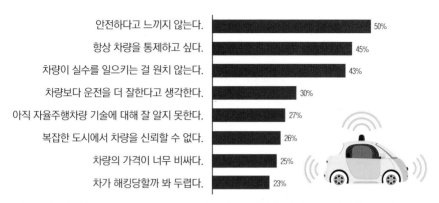

안전하다고 느끼지 않는다. 50%

항상 차량을 통제하고 싶다. 45%

차량이 실수를 일으키는 걸 원치 않는다. 43%

차량보다 운전을 더 잘한다고 생각한다. 30%

아직 자율주행차량 기술에 대해 잘 알지 못한다. 27%

복잡한 도시에서 차량을 신뢰할 수 없다. 26%

차량의 가격이 너무 비싸다. 25%

차가 해킹당할까 봐 두렵다. 23%

결론 : 설문에 답한 10개국의 소비자 1,260명은 자율주행차량을 아예, 또는 거의 운전할 가능성이 없다고 답했다.

© BCG, World Economic Forum

© Hadrian / Shutterstock.com

곧 완전자율주행차가 출시된다

세계의 모든 자동차 제작사들은 지금 현재 자율주행차량을 개발하고 있거나 이미 생산 중에 있다. 다음은 각 브랜드별 진행 상황을 보여준다.

- 테슬라 : 2017년 말부터 완전자율주행차량 도입. 2020년부터 더 높은 수준의 자율주행차량을 제시할 예정
- GM(General Motors, 제너럴 모터스) : 자율주행차량을 대량생산하는 첫 번째 업체. 2018년 이후부터 인도 예정
- 아우디 : 2020년부터 모델 도입 예정
- 포드 : 2021년부터 모델 도입 예정
- 볼보 : 2021년부터 고속도로에서 자율주행 예정
- 혼다 : 2021년부터 고속도로에서 자율주행 예정, 다른 도로에서도 2025년부터 도입 예정
- 도요타 : 2021년까지 모든 도로에서 자가 운전
- 르노 닛산 : 2025년부터 자율주행
- 현대 : 고속도로는 2020년부터 자율주행, 2030년부터 도심에서 자율주행(컴퓨터 기능이 적게 탑재돼 있어 저렴함)
- 다임러 : 2020년부터 거의 자율주행
- BMW : 2021년부터 완전자율주행 가능
- 피아트 크라이슬러 오토모빌스 : 2021년부터 자율주행 예상

자율주행 트럭

앞으로 자율주행 트럭이 자율주행 승용차보다 더 빨리 상용화될 가능성이 높다. 산업계의 수요에 따라 2년 안에 가능해질 것이다. 유럽이든 미국이든 경험 많은 트럭 운전사가 점점 더 부족해지고 있다. 이 때문에 2030년까지 미국 내 트럭 운전자의 50-70퍼센트가 기술로 대체될 것으로 보인다. 자율주행 트럭의 센서는 초당 수천 개의 환경 세부정보를 처리

할 수 있으므로 도로 사용자의 위치를 정확하게 파악할 수 있고 그 덕에 도로의 안전이 향상된다. 하지만 이번에도 기술이 상용화되기 전에 많은 책임 문제를 해결해야 한다. 당분간 국가마다 다른 정책을 적용할 것이다. 하지만 자율주행차와의 차이점이 있다. 자율주행차와 달리 트럭의 경우 사람들이 운전을 하지 않더라도 항상 트럭에 탑승해야 한다는 점이다. 물건을 적재하거나 내리고 행정적인 문제를 처리하기 위해서이다.

운전기사가 없는 세상

아침에 지각할 가능성이 크다는 것쯤은 다들 느끼고 있을 것이다. 일단 고속도로에 들어가면 갖가지 전광판이 교통 정체를 나타낸다. 하지만 이제는 운전기사, 신호등, 그리고 교통 체증이 없는 세상이 올 것이다. 전기차가 제시간에 당신 집 앞에서 기다릴 것이고, 일단 차에 타면 이웃의 차에 연결될 것이다. 이런 방식으로 모든 차가 연결되면 자율주행 기차가 탄생하고 다들 같은 도시로 출근할 수 있을 것이다. 또한 길의 정체도 사라진다. 항상 교통 애플리케이션이 알려주는 시간에 도착할 수 있기 때문이다. 당연히 직장에서 가까운 곳에 내릴 수도 있다.

미래의 자동차는 당신에 대한 수많은 정보를 가지고 있다. 아마 당신보다 더 많이 알지도 모른다. 인식 시스템 덕분에 당신이 차의 소유주가 아니더라도 자동차 좌석의 조정 여부, 당신이 좋아하는 음악, 보고 싶은 드라마와 영화를 이미 알고 있다. 일단 목적지를 인식하고 나면 다른 사람들에게 당신의 도착시간을 알린다. 주차를 할 필요도 없다. 차량이 다음 승객을 픽업하러 떠날 테니 말이다. 매력 없는 주차장, 거리의 주차 장소들, 도로·교통 표지가 사라지기 때문에 거리의 모습도 지금보다는 나아질 것이다. 내일의 도시는 오늘과는 다른 모습일 것이다. 공간도 넓어지고 녹지도 많아진다.

자율주행차량은 곧 현실이 된다. 만약 자신이 운전하는 것이 좋다면 운전면허를 따야겠지만, 운전을 즐기지 않는다면 면허는 더 이상 필요하지 않다. 초반에는 고속도로에 자율주행차량을 위한 차선이 존재할 것이다. 하지만 시간이 더 흐르고 나면 운전자가 탄 차량을 위한 한 개의 차선만이 남아 있을 것이다. 자율주행 기능은 자동차와 트럭뿐 아니라 트랙터, 버스, 잔디 깎는 기계, 지게차, 수상 택시, 제설기, 잠수함, 기차, 비행기에까지 적용할 수 있다.

기관사 없이 달리는 기차

기차의 기관사도 곧 사라진다. 2024년이 되면 인류 최초로 기관사가 없는 승객 탑승용 기차가 상용화될 것이다. 이 기차를 제어하는 인공지능은 승객들의 탑승과 하차 지점, 그리고 각 기차에 정차하는 시간을 계산한다. 또한 승객이 문이 닫히는 기차로 급하게 뛰어들 때 생길 수 있는 위험을 막기 위해 출입문이 안전하게 닫히는지 여부를 주시한다. 이 모든 것은 기차역의 센서와 기차가 연결돼 있어야만 가능한 일이다. 알

프로레일의 자율주행기차 시험 운전
네덜란드의 철도 운영 업체인 프로레일(ProRail)은 무인 기차 운행을 시험하려 계획 중이다. 어떤 노선을 대상으로 시험할지는 아직 알려지지 않았다. 승객을 태운 이 기차를 자동조종장치가 제어한다. 2017년 프로레일의 CEO인 피어르 에링어(Pier Eringa)는 "철도 회사들도 더 이상 미래의 기술적 가능성을 모른 척할 수는 없다"고 말했다. 피어르는 자율주행차량의 상용화가 가능하다면 자율주행기차 역시 가능하다고 생각한다. 기관차가 없는 기차 시스템은 벌써 파리, 뉘른베르크, 그리고 로마에 도입됐다. 피어르는 자율주행차량 기술을 기관차에도 적용할 수 있다고 믿지만 완전자율주행이 가능해질 때까지는 시간이 걸리리라는 것 역시 잘 알고 있다.

고리즘도 실시간으로 올바른 의사결정을 내려야 한다. 제너럴 일렉트릭 [GE]은 이미 일종의 모바일 센터라고 할 수 있는 기관차용 '슈퍼 트레인' 플랫폼을 개발 중이다. 이런 센터를 활용하면 기차들은 더 똑똑하고 빨라진다.

자율항해 선박

멀지 않은 미래에 자율항해 선박이 강과 바다를 항해할 것이다. 그 날이 온다면 수상 안전 역시 증진될 것이다. 해상보험회사의 연구에 따르면 해상 운송 사고의 3/4은 인적 오류로 인해 발생한다. 그런 이유로 해운 회사들이 앞장서서 부분·완전자율항해 선박을 개발 또는 테스트 중에 있다. 롤스로이스의 해상 부처 대표를 맡고 있는 미카엘 마키넨[Mikael Makinen]에 따르면, 스마트 선박의 시대가 도래하는 순간 모든 선박 시장의

판세가 뒤집어질 것이다. 마치 스마트폰이 세상을 바꿨던 것처럼 말이다. 예를 들어 미 해군은 몇 년 안에 테스트를 거칠 로봇 구동 군함을 개발 중이다. 또한 2018년과 2019년 승무원을 태울 최초의 전기 자율 선박 야라 버클랜드^{Yara Birkeland}는 2020년 이후에는 완전히 독립적인 항해를 할 수 있도록 준비 중이다. 롤스로이스 역시 2020년에 완전 무인선박을 도입할 예정이다. 암스테르담 근처에서는 로보트^{Roboat}라고 불리는 5년짜리 자율주행 보트 프로젝트가 진행 중이다. 대규모의 자율주행 선박을 배치하기 위해 중요한 것은 선박이 해적에게 저항할 수 있어야 하며 사이버 공격으로부터도 안전해야 한다는 점이다. 이를 준비하려면 오랜 시간이 걸릴 것이다.

무인항공기

승객들이 아직 무인비행 항공기를 받아들일 준비가 되지 않았음에도 관련 기술은 이미 비행 준비를 끝마쳤다. 전쟁 지역에서는 이미 승객을 태우는 항공기만큼 커다란 무인항공기를 사용 중에 있다. 이 항공기들은 원격조정을 받거나 미리 프로그램된 패턴대로 비행한다. 케이맥스^{K-Max}와 같은 헬리콥터 역시 무인비행이 가능하며 엄청난 정확도로 위험한 지역으로 수송을 한다. 여객기는 이미 비행시간의 95퍼센트 이상을 자동조종장치에 의존하고 있다. 오직 이착륙만이 조종사의 손을 거치고 있다. 아직까지는 여행객들도 그쪽을 더 선호한다.

우주여행으로
새로운 세상을 꿈꾸다

도널드 트럼프 미국 대통령은 미 항공우주국 NASA가 2033년까지 화성에 최초의 사람을 내려놓길 바라고 있다. 이에 NASA는 목표 달성을 위한 5단계 계획을 발표했다. 문제는 NASA의 계획이 엘론 머스크의 스페이스엑스와 같은 상업 기업에 밀려나지 않을까 하는 점이다. 스페이스엑스는 2020년이면 무인 임무를 시작하고 이후 6년이 지나면 사람들이 화성에 착륙할 수 있을 거라고 믿고 있다.

관광

엘론 머스크는 2018년 유료 우주 관광객 두 명과 함께 달 주위를 비행하기를 희망하고 있다. 그러기 위해서는 수많은 건강검진과 몇 달간의 훈련이 필요하다. 러시아 연방우주청의 우주여행을 계획하는 관광사 스페이스 어드벤처 ^{Space Adventures}는 국제 우주정거장 여행비가 승객 1인당 1억 7,500만 달러라고 명시했다. 러시아 연방우주청은 엘론 머스크가 적어도 그 두 배 이상은 지불해야 한다고 말하지만, 스페이스엑스는 아직 결정을 내리지 않았다. 리처드 브랜슨 ^{Richard Brandson} 버진그룹 회장이 설립한 버진갤럭틱 ^{Virgin Galactic}은 고객들이 무중력 상태를 6분 동안 느낄 수 있는 우주여행을 계획 중에 있다. (이미 승객을 태우고 우주를 왕복여행하는 데 성공했다.) 이미 600팀이 넘는 희망자가 여기에 서명했다. 이 중에는 레오나르도 디카프리오, 애쉬튼 커처, 케이티 페리, 그리고 과학자 스티븐 호킹도 있었다. 다들 기꺼이 25만 달러를 지불할 용의가 있다.

인터넷 억만장자 제프 베조스^{Jeffrey Preston Bezos}는 자신의 이상을 실현하기 위해 매년 수십억 달러의 아마존^{Amazon} 주식을 판매한다. 자신의 기업인 블루 오리진^{Blue Origin}을 통해 우주여행을 현실화하려는 목적이다. 이미 여러 테스트를 성공적으로 마쳤지만 그 여행이 언제 가능해질지는 아직 정해지지 않았다. 아시아의 경우, 일본 기업 PD Aerospace사와 중국의 광치 과학^{光启科学}에서 2023년부터 우주여행을 현실화할 예정이다. 특히 PD Aerospace(PDAS)사가 재사용 가능한 탄도비행선^{Suborbital flight}을 개발하기 위해 노력 중에 있다. 이 비행선은 로켓과 항공기를 결합한 모델로, 고도 100킬로미터까지 도달하지만 행성 주변의 경로를 돌기 전 지구로 돌아온다. PDAS사는 2명의 조종사를 포함해, 한번에 8명이 비행할 수 있을 것으로 기대한다. 첫 번째 시험 비행은 2020년으로 계획돼 있다. 이제 126,639달러를 지불하면 우주여행이 가능한 시대가 다가온다. 베이징에 위치한 중국운재화전기술연구원^{China Academy of Launch Vehicle Technology}에서는 이미 20명 정원의 간단한 우주선을 디자인했다. 사실은 날개를 단 로켓으로 독립적으로 이륙할 수 있는 스페이스십투^{SpaceShipTwo}의 변형인 셈이다. 아직 개발이 진행 중인 미국 회사 스케일드 콤퍼지츠^{Scaled Composites}의 상업용 우주선은 로켓 엔진을 점화하기 전, 비행기가 먼저 특정 고도까지 비행한다. 중국 우주선의 첫 상업용 발사 테스트는 2020년으로 예상되어 있다. 안전성이 확인되는 즉시 우주관광객들도 참여할 수 있다. 중국 우주선을 타고 떠나는 우주여행의 비용은 20-25만 달러이다.

가상현실로 떠나는
미래의 휴가

우리가 지금 살고 있는 2035년의 지구로 탐험을 떠나보자. 시속 7천 킬로미터의 자동조종 여객기를 타면 대서양을 건널 수 있다. 100개 이상의 언어를 구사할 수 있는 로봇 브렌다^{Brenda}는 당신의 체질에 적합한 맞춤 식사를 제공한다. 당신의 몸에 이식된 칩에 환경 설정이 되어 있기 때문에 가능하다. 식사가 끝나면 가상현실 속 열대해변에서 멋진 산책을 할 수 있다. 야자수 나뭇잎이 흔들거리고 바람이 머리칼을 스치는 느낌을 받는다. 목적지에 도착하면 전자식 세관을 통과하게 된다. 고도화 스캐닝

시스템을 통해 그냥 걸어가면 자동으로 필요한 절차가 마무리된다. 입국장에 도착하면 자율운전 로봇 카트가 와서 당신의 짐을 실어간다. 그리고 자율주행 택시를 타고 문을 들어서자마자 체크인이 가능한 호텔로 출발하면 된다.

캐나다의 한 디자인 회사는 이미 항공 호텔에 대해 구상 중이다. 널찍한 객실은 중앙 로비와 레스토랑으로 연결돼 있다. 항공 호텔이 이륙을 시작하면 방에 있는 채로 여행을 떠날 수 있다. 고급 무인항공기의 도움으로 가능한 일이다. 수중 호텔 역시 개발 중이다. 곧 첫 번째 항공 호텔이 두바이에서 개장할 예정이다. 완전히 새로운 경험이 가능한 곳이다. 글로벌 여행미디어이자 여행 관련 기술의 특허를 가진 Tnooz사의 케빈 메이[Kevin May]는 이렇게 말한다. "현대의 여행자는 최적의 필요한 지원을 바탕으로 한 모바일 기반의 원활한 경험을 원한다. 결국 열쇠가 필요 없는 호텔의 시대가 도래한다." 호텔 업계의 인적 지원이 더 이상 필요 없다고 생각하는 전문가들도 있다. 홀로그램이 리셉션 직원을, 그리고 로봇 집사는 웨이트리스와 웨이터 자리를 대신한다. 자금이 부족해 여행을 떠날 수 없는 사람들도 거실에 앉아 가상현실을 통해 휴가를 경험할 수 있다. 칩 제조업체 인텔의 CEO 브라이언 크르자니크[Brian Krzanich]는 앞으로 많은 사람이 실제로 휴가를 떠나지 않고 특수 헤드셋을 이용해 여행을 경험할 거라고 말한다. "디지털로도 경험이 가능한데, 여행을 떠날 이유가 있는가? 디지털과 현실을 연결하는 것이야말로 가장 아름다운 경험이라고 생각한다." 하지만 모두가 그 의견에 동의하지는 않는다. 미래관광학 교수 이안 여만[Ian Yeoman]은 가상여행을 근거 없는 믿음으로 여긴다. "전화가 발명되었을 때, 그리고 유성영화가 도입됐을 때 역시 여행의 종말이다가온다는 예측이 있었다. 하지만 그 누구도 여행을 포기하지는 않았다. 감정과 물리적 경험을 연결하는 것이야말로 가장 중요하다. 하지만 기술은 이를 충족시켜주지 않는다."

© Deep Ocean Technology

나오며

앞으로 몇 년 안에 자율주행차량과 인간이 운전하는 차량이 도로를 공유할 것이다. 물론 완전자율주행이 가능하다 해도 시행 초기에는 운전석에 사람이 앉아 언제든 차량에게서 제어권을 넘겨받을 수 있어야 한다. 이러한 전환은 책임 문제, 자동차의 기술적 가능성, 그리고 주변 시설의 스마트화가 얼마나 진행됐는지를 확인하기 위해 꼭 필요하다. 물론 정부가 새로운 기술 발전에 발맞춰 입법화하는 것 또한 중요하다. 이러한 모든 문제가 해결된다면 운전자는 더 이상 운전에 주의를 기울이지 않아도 되며 승객으로 차량에 탑승할 수 있다. 그리고 이동 시간 내내 신나고 유용한 일을 할 수 있다. 이는 30-50년 사이에 현실화될 것이다. 그렇게 되면 기차와 전철의 기관사도 없어질 테고, 선박도 선장과 선원 없이 항해할 것이며 항공기 역시 완전자동조종으로 비행할 것이다. 모든 교통수단이 완전자율화되는 것이다. 자율주행차량, 선박, 그리고 항공기는 육상, 해상과 공중의 안전을 증진시킨다. 자율주행을 담당하는 인공지능은 무슨 일이 있어도 흔들리지 않으며, 피로에 지치지도 않는다. 우리에게 남아 있는 단 한 가지의 문제는 이러한 자율주행 교통수단을 원격조종할 수 있는 해커의 존재와 그에 따른 피해이다. 이 문제를 해결하려면 해킹을 불가능하게 만들거나 사이버공격을 예방해야 한다. 가능하겠지만 결코 쉽지는 않을 것이다. 그럼에도 미래에는 어느 때보다 더 빠르고 안전하며 편안하게 여행할 수 있을 것이다.

PART 4 일

직업, 사라지거나 탄생하거나

뜨는 직업, 지는 직업

　기술은 점점 우리에게서 많은 일을 빼앗아가고 있다. 수많은 직업이 사라지는 한편 새로운 직장도 생길 것이다. 이 장에서는 앞으로 새롭게 생겨날 직업과 미래 산업에서 로봇의 역할에 대해 이야기할 것이다. 한 예로, 이제 교량경비원은 사라질 것이다. 센서와 카메라가 선박과 해상 교통을 관측해 교량이 자동으로 열고 닫히기 때문이다. 주차관리원 또한 사라질 직업 중 하나이다. 네덜란드의 대도시 로테르담이나 암스테르담의 경우는 이미 특수 자동차가 주변을 스캔하고 다니며 주차요금을 내지 않은 차량을 검색한다.

앞으로는 대금 지불이나 송금도 디지털 방식으로 진행된다. 은행은 문제 해결이나 조언을 위해서만 직원을 고용할 것이다. 공장에서는 이미 로봇이 업무를 처리하고 있다. 광범위한 자동화가 가능해지면 경비원, 정원사, 회계사, 비서 등은 필요 없어질 것이다. 이제는 무인비행기가 피자나 택배를 배달할 것이다. 또한 자율주행 트럭이 나타남에 따라 운송과 물류 부문에서 셀 수 없이 많은 일자리가 사라질 것이다.

여기서 끝이 아니다. 예측 가능하고 반복적인 업무를 진행하는 모든 직업에 변화가 나타날 것이다. 사무직이라고 안전하진 않다. 여태까지는 로봇이 더럽고, 어렵고, 재미없는 3D 업무만 맡아왔다면 이제는 그 이상을 해낼 것이다. Part 1 '건강'에서는 수많은 간병 관련 직업이 사라질 것이라고 예측했는데 공증인, 변호사와 판사도 안전하지 않다. IBM의 왓슨 같은 슈퍼컴퓨터가 인간이 처리할 수 없을 만큼 많은 소송과 그 배경을 변호사보다도 더 빨리 읽어내고 판결을 낼 것이기 때문이다. 물론 아직은 판사들이 인간적인 면모를 보여주기 위해 몇몇 판결에 참여하겠지만 얼마 지나지 않아 그 부분까지 기계가 맡아 진행할 것이다.

심리치료사, 심리학자, 무용 교사나 사회복지사는 아직까지는 안전한 직업에 속한다. 하지만 최근 로봇들은 사회적 공감에 대해서도 학습하고 있으며 물리적·광학적 특성에 기초하여 사람들을 감지한다. 몇몇 연구에 따르면 20-30년 안에 공감과 사회성 같은 인간의 특성을 필요로 하는 일자리 역시 거의 절반가량 사라질 것으로 보인다.

내 직업은 안전할까?
정확히 어떤 산업에서 어떤 직업이 사라지는지 이야기하기엔 아직 이

직업의 자동화 시기

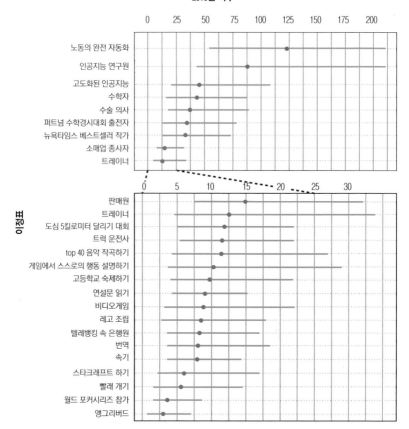

© gigazine.net/gsc_news/en/20170526-when-ai-exceed-human-performance

르다. 옥스퍼드 대학교 미래 인문학 교육원^{Future of Humanity Institute}은 카차 그레이스^{Katja Grace}의 주도 아래 인공지능 학자와 전문가들 1,634명에게 설문조사를 시행했다. 352명의 전문가는 2024년이 되면 인공지능이 번역 분야의 전문가들을 능가할 거라고 예측했다. 또한 2026년이 되면 중·고등학교 학생들보다 인공지능이 글을 더 잘 쓸 것이고 2027년이 되면 인간 운전자보다 더 안전하게 트럭을 운전할 것이라고 답했다.

왼쪽의 그래프는 인공지능과 로봇이 앞으로 200년 동안 인간의 능력을 능가할 수 있는 직업과 기술을 보여준다. 전문가들이 약 120년 안에 모든 직업이 자동화될 것을 예측했다는 점이 중요하다. 하지만 우리 중 거의 절반은 전문가들의 예상보다 훨씬 짧은 약 45년 안에 인공지능이 모든 일을 해낼 수 있을 거라 예상한다.

기술의 발전은 우리의 생각보다 빨리 진행되기 때문에 내 직업만은 안전할 거라 생각한다면 큰 오산이다. 의식하지 못하고 있지만 사실 우리가 사용하는 스마트폰 역시 인공지능 장치로, 인공지능은 이미 생각보다 우리 가까이에 존재한다. 2019년, 전 세계적으로 260만 대의 산업용 로봇이 가동될 것이다. 따라서 로봇, 무인항공기와 자가운전 차량으로 인해 수천만 개의 일자리가 사라질 것이라는 예측 역시 놀랍지는 않다. 왜냐하면 로봇들은 점점 더 복잡한 작업을 독립적으로 수행할 수 있기 때문이다. 가정용 로봇의 능력은 아직까지 잔디 깎기와 진공청소기 작동시키기 정도로 제한된다. 하지만 얼마 지나지 않아 칵테일을 만들고 음식을 서빙할 것이다. 로봇은 최고의 방사선 의사보다 더 빠르고 정확하게 엑스레이를 분석할 수 있다. 앞으로 15년 내에 로봇과 기계는 일상적인 작업을 수행하거나 지역 경제를 분석할 수 있다. 그러면 우리 모두 여태까지와는 다른 삶을 살게 될 것이다.

로봇이 전해주는 삶

1990년대 초반부터 로봇 덕분에 서구 17개 국가의 생산성이 증가, 번영하고 고용이 증가했다는 사실을 아는 사람은 많지 않다. 비즈니스 인사이더^{Business Insider}의 카디 톰슨^{Cadie Thompson}이 이를 뒷받침하는 사례를 제시했다. 포드, 제너럴 모터스, 그리고 크라이슬러와 같은 자동차 제조업체가 1990년에 100만 명이 넘는 직원을 고용했고 360억 달러의 공동이익을 창출했다. 약 20년 후 애플, 페이스북과 구글은 '고작' 13만 7천 명의 직원을 고용했지만 창출 이익은 30배나 높다. 이러한 결과는 대기업, 신생기업과 기타 중소기업에서도 자동화를 통해 이뤄낼 수 있다.

> "우리는 생활과 서로 간의 상호작용 방식을 근본적으로 변화시켜 줄 기술적 혁명의 기로에 놓여 있다. 그 순도와 복잡성의 규모로 보았을 때, 여태까지 인류가 경험했던 것 이상이 나타날 것이 분명하다."
>
> _클라우스 슈밥(Claus Schwab), 세계경제포럼 회장

5,800명의 직원을 기계로 대체한 네덜란드의 대형 은행

2016년 말, 네덜란드의 은행 ING는 네덜란드와 벨기에에 근무하는 5,800명의 직원을 포함한 7,000명(베네룩스 3국에서 근무하는 직원)의 직원을 기계로 대체할 것이라고 발표했다. 이러한 변화에는 8억 유로의 투자가 필요하며 2021년부터는 매년 약 9억 유로의 가치를 창출해야만 한다. 이 프로젝트는 ING 전략부서가 2016년 10월 3일 발표한 '더 빠르게 미래를 예견하기(Accelerating Think Forward)'의 일부로 볼 수 있다. 인터넷 뉴스 서비스를 제공하는 쿼츠(Quartz)는 은행 업무에 종사하는 사람들이 자동화로 인해 직장을 잃을 가능성이 90퍼센트 이상이라고 덧붙인다. 소위 핀테크 기업이라 불리는 몇몇 새로운 은행에서는 이미 애플리케이션을 통해서만 업무 진행이 가능하며 이러한 추세는 점진적으로 늘어나고 있다. 기술적 혁신에 천문학적인 금액을 쏟아 붓고 있는 기업은 ING만이 아니다. 독일의 코메르츠은행(Commerzbank)은 2020년까지 은행 업무를 80퍼센트 이상 전자화 · 자동화할 예정이다. 로열뱅크 오브 스코틀랜드(Royal Bank of Scotland)는 고객의 기분을 감지하고 그에 맞춘 응대를 하는 온라인 인공지능 고객 서비스를 시작할 것이라고 발표했다.

어떤 직업이 사라질까?

산업혁명 이후 많은 일자리가 사라지고 다른 일자리가 생겨났다. 기술적 진보, 값싼 노동력 유입 또는 세계화 등 변화의 이유는 다양하다. 현재 많은 산업과 일자리가 사라질 운명에 처해 있지만 미국을 비롯한 많은 국가의 CEO와 직원들은 아직도 무슨 일이 일어나고 있는지 깨닫지 못하고 있다. 다들 자동화와 로봇의 도래를 긍정적인 변화가 아닌 위협이라고 받아들인다. 이 장에서는 10-20년 안에 사라질 일자리를 언급했다. 그 직업들을 더 자세히 분류해보자.

운전기사

2020년이 되면 자연스레 완전자율주행차량이 도로를 채울 것이다. 승용차뿐 아니라 트럭과 버스도 마찬가지이다. 인공지능의 급속한 발전으

로 선박, 기차와 항공기에도 자동화가 이루어질 것이다. 동시에 운송·물류 분야의 수많은 직업이 사라질 것이다. 그래도 교통사고율이 감소하고 도로 위의 폭력성이 사라진다는 장점이 있다. 또한 사람보다 효율적으로 경로를 검색하고 상당한 연료를 절약할 수 있을 것이다.

농부

농부라는 직업이 10년 안에 완전히 사라지지는 않겠지만 그 수는 확실히 줄어들 것이다. 발전하는 기술 덕에 소수의 농부가 더 많은 양의 생산량과 이익을 얻을 수 있다. 늘어나는 온실 작물 재배로 효율성도 증가할 것이다. 내일의 농부는 생물학자나 과학자에 가깝다.

계산원

슈퍼마켓, 건축자재 상점과 꽃시장의 계산원 수는 이미 오래전부터 점진적으로 감소하는 중이다. 점점 더 많은 소비자들이 바코드를 스캔한 후 스스로 결제를 진행한다. 아마존도 이미 아마존 고^{Amazon Go}라고 불리는 계산원이 없는 상점을 운영하고 있다. 이곳에 위치한 카메라와 센서는 우리가 어떤 물품을 바구니에 넣는지를 주시한다. 우리가 계산 후 상점을 나갈 때, 휴대폰에 결제 청구서가 날아온다. 네덜란드의 슈퍼마켓 알버트 하인^{Albert Heijn} 역시 이런 변화에 서서히 동참하는 중이다. 하지만 모든 유인 카운터가 사라지기까지는 시간이 걸릴 것이다.

생산직

앞으로 생산직은 로봇으로 대체될 것이다. 이미 기계는 공장의 조립라인에서 수십 년간 업무를 진행하고 있다. 직업계의 변화가 가속화되면 로봇이 거의 모든 작업을 수행하는 날이 다가올 것이다. 애플과 삼성은 최근 직원 6만 명을 로봇으로 대체했으며 중국에서는 이미 90퍼센트의 직원들을 해고했다. 2016년 아디다스^{Adidas}는 실질적으로 로봇이 모든 신발 제작 공정을 진행하는 공장을 독일에 설립했다. 아디다스는 값싼 노동력 덕에 아시아에서 대다수의 신발을 생산하고 있다. 리코드넷^{Recode.net}에 따르면 매년 3억 개의 신발이 수작업으로 만들어진다. 하지만 그런 날도 곧 사라질 것이다.

인간을 대신하는 중국 공장의 로봇들
중국 동관에 있는 한 공장에서 생산직의 90퍼센트를 로봇으로 대체했다. 그 후, 2016년 생산량이 25퍼센트 증가했으며 오류는 80퍼센트 감소했다. 이 회사는 완전히 자동화된 생산 라인을 사용하여 휴대폰을 만든다. 로봇 덕에 예전에는 650명의 직원이 수행하던 일을 60명만으로도 해낼 수 있게 되었다. 이 회사의 책임자는 종국에는 20명의 직원만 남게 될 것이라고 말한다.

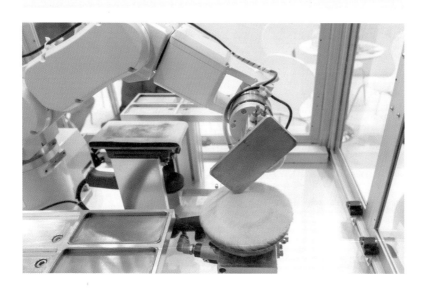

약사

앞으로 약사의 역할은 감독에 국한될 것이다. 처방전에 따른 조제와 포장 절차는 모두 자동화되기 때문이다. 덕분에 잘못된 조제로 매년 수천 명의 생명을 앗아가는 일이 없어질 것이다. 3D 프린터 또한 약사의 수많은 업무를 대신한다. 미국 식약청은 간질과 심장 문제에 필요한 의약품을 인쇄하는 3D 프린터를 승인했다. 이런 장치를 집이나 가정의 사무실에 설치하면 더 이상 약국에 가지 않아도 된다.

스포츠 관계자와 심판

스포츠 경기를 심판하는 역할은 로봇과 인공지능이 사람보다 훨씬 더 적합하다. 이들의 의사 결정은 항상 객관적인 센서 데이터를 기반으로 해 실수가 없다. 혹여 옐로카드나 레드카드에 동의하지 않는 관중, 선수나 코치가 이의를 제기해도 바뀌지 않는다. 어차피 로봇과는 아무런 논의를 할 수 없기 때문이다. 하지만 로봇 심판이 필드로 나오는 시기는 아직 확정되지 않았다.

택시 회사의 직원

우버Uber나 리프트Lyft 같은 택시 애플리케이션이 등장하면서 자동차나 자전거를 공유하는 일이 흔해졌다. 따라서 예전과 같은 택시 승차장이나, 승차장에서 택시 탑승을 안내하는 직원이 필요하지 않다. 이미 우버나 리프트에는 중앙 관리 직원이 존재하지 않는다.

양치기

양치기(유목업자)조차도 로봇이 대신할 수 있다. 호주의 필드로봇센터 Australian Centre for Field Robotics에서는 양과 가축을 기르고 농장을 운영하는 유목 로봇을 개발했다. 이 로봇들은 스마트센서를 사용해 동물을 한 군데로 모으고 건강상태를 체크하며 목초의 질을 확인한다.

외과의사

이제 수술실에도 로봇이 등장한다. 다빈치 서저리Da Vinci Surgery(다빈치 수술) 로봇은 이미 2000년부터 무릎 연골 대체술부터 시력 교정술에 이르기까지, 미세 정밀도를 요하는 수술 약 300만 건을 수행했다. 성공률은 인간 외과의사와 다르지 않다. 물론 아직도 의사의 감독이 필요하지만 장기적으로 보자면 인간의 감독 없이도 수술을 진행할 수 있을 것으로 보인다. 이에 대해서는 건강관리의 미래를 다룬 장에서 더 자세히 이야기하도록 하겠다.

파일럿

항공사는 앞으로 조종사가 필요 없는 항공기의 자동 이착륙 기술을 활용해 수십억 달러를 절약할 수 있다. 스위스 은행 UBS에 따르면 완전자동조종장치의 전 세계적인 도입으로 수십억 유로의 인건비를 절약하고 안전성이 상승할 것이다. 더 이상은 인적 오류 또한 일어나지 않는다. 영국의 파이낸셜 타임스Financial Times는 UBS의 보고서를 근거로, 천정부지로 올라가는 보험료와 연료비를 완전자동조종장치를 도입함으로써 해결할 수 있다고 말한다. 물론 완전무인항공기의 도입이 쉽지는 않을 것이다. 절반 이상의 승객들이 거부감을 가질 테니 말이다. 하지만 여태까지는 두 명의 파일럿이 탑승하던 것을 한 명의 감독 파일럿만 탑승하는 것으로 조정할 수 있을 것이다. 덧붙이자면, 이미 조종석에서 조종사의 역할은 최소화됐다. 한 조종사는 최근 이륙과 착륙 때 단 3분 동안만 조종석을 잡고 있다고 이야기했다.

기자

기자 또한 미래에는 직업이 사라질 수 있다. 미국의 기술회사인 내러티브 사이언스Narrative Science는 퀼Quill이라는 소프트웨어 실험에 성공했다. 이 소프트웨어는 기본 정보를 이해하기 쉬운 보고서나 기사로 변환할 수 있다. 통신사인 APAssociated Press는 이미 로봇이 작성한 재무 보고서와 스포츠 보고서를 사용한다. 물론 인공지능도 독자들이 실제로 기사가 흥미롭고 매력적이라고 느낄 수 있도록 기사에 창의성과 독창성을 통합하는 방법을 습득해야 한다.

군인

이미 무장 무인항공기는 분쟁 지역에서 지상군을 대신하고 있다. '테러와의 전쟁'에 깊이 관여 중인 미국의 로버트 코어Robert Core 장군은 2030년까지 군인의 1/4이 로봇과 무인비행기로 교체될 것이라고 예상한다. 사망자와 부상자 수를 현저하게 줄일 수 있는 엄청난 발전이다. 보스톤 다이나믹스Boston Dynamics는 이미 고급 휴머노이드로봇 아틀라스Atlas의 개발에 성공했다. 아틀라스는 인간의 체격을 가진 로봇으로, 특수 제어 시스템 덕분에 인간처럼 팔, 다리, 몸통을 움직일 수 있다. 또한 스테

딜로이트가 분석한 '더 이상 존재하지 않을 직업에 대한 보고서'

2016년 딜로이트(Deloitte)가 직업별로 데이터를 추출하고 해당 직업이 로봇화로 인해 사라질 가능성을 분석했다. 이에 따르면 현재 고등교육기관에 재학 중인 학생들은 얼마 지나지 않아 로봇으로 대체될 수 있는 직업을 갖기 위한 교육을 받는다. 현재 직업전문교육을 받고 있는 학생의 42.3퍼센트는 향후 몇 년 내에 사라질 직업을 가질 것이다. 고등직업교육을 받는 학생의 경우는 19.3퍼센트, 그리고 대학교육을 받는 학생의 경우는 10.4퍼센트가 미래에는 사라질 직업을 위한 교육을 받는다. 교육의 수준이 높을수록, 직업이 로봇화로 인해 사라질 가능성이 줄어든다. 2016년의 데이터에 따르면 총 28만 6천 명의 학생이 잘못된 과목을 수강했다. 미래의 변화에 가장 취약한 직업 관련 과목을 수강하는 학생 수 또한 지난 5년간 변하지 않았다. 이에 대해 딜로이트는 학생들이 과연 미래 직업의 취약점에 대해 인지하고 있는가에 대한 의문을 제기했다. 딜로이트의 'State of the State'에 속하는 로봇화 연구는 현재 네덜란드의 데이터를 분석하고 있다. 이러한 연구는 정책 입안자와 국가 기관이 다양한 사회적 주제에 관해 통찰력을 가지길 바라는 것이 최종 목표다. 사회보장과 안전에 관한 연구 또한 진행 중이다. 딜로이트는 각 부문에 대한 공개된 데이터를 분석하고 데이터의 상호 응집력을 조사한다. 다른 연구에 따르면 중등학교에 재학 중인 학생의 65퍼센트가 미래에 생겨날 새로운 직업을 가지게 될 것이라고 한다.

레오 시력과 많은 센서 덕분에 무엇이든 인간처럼 사용할 수 있으며 위험한 지형으로의 이동도 가능하다. 이런 특성 덕에 로봇은 군인이라는 직업에 적합하다. 하지만 아직까지는 소음 때문에 전면전에 로봇을 도입하기는 어려워 이 문제를 해결하기 위한 연구가 진행 중이다. 아틀라스는 곧 청소나 식사 배달과 같은 민간 업무 수행에 배치될 예정이다.

텔레마케터

텔레마케터 역시 미래에는 사라질 직업이다. 옥스퍼드 대학교와 딜로이트의 연구에 따르면, 소위 말하는 '챗봇Chatbot'이 이미 텔레마케터의 역할을 대신하고 있다. 인공지능이 정교화되면 점점 더 사람다운 대화를 나눌 수 있게 되고, 미래에 인간 텔레마케터를 완전히 대체하게 될 것이다.

건설 노동자

거대한 크기의 최신 3D 프린터를 사용하면 건물 전체를 건축할 수 있

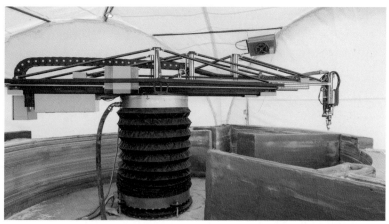

© Ranglen / Shutterstock. com

어 더 이상은 건설하는 데 사람이 필요 없을 것이다. 전 세계적으로 많은 회사가 이미 이 기술을 채택했으며 계속해서 많은 회사가 기술 개발에 참여하고 있다. 중국 부동산 중개업체 화상 텅다^{Huashang Tengda}는 1개월 반 만에 2층짜리 집을 프린트했다. 여기에 건설 노동자는 프레임을 만들고 전기배선과 배관작업만을 진행했다.

회계사

현재까지 회계사와 기타 재무 관리자는 모든 조직에서 중요한 역할을 맡고 있지만 10년 안에 컴퓨터 프로그램이 이들을 대신할 것이다. 기업은 더 이상 분석, 회계와 지불 절차를 진행하는 사람을 필요로 하지 않는다. 이제는 사람 없이도 재무 계획을 세우고 다양한 시나리오를 적용해볼 수 있기 때문이다. 금융 로봇은 데이터를 분석해 최종 결과에 부정적인 기여를 할 고객을 거부하라는 조언을 할 수 있다. 이에 따라 CFO^{Chief Financial Officer}(회사의 자금 전체를 담당하는 총괄책임자)의 역할도 변화할 것이다.

시장조사 연구원

지금은 시장조사를 하는 데 많은 시간과 자금이 든다. 때문에 미래에는 실시간 결과를 제공하는 소프트웨어 플랫폼으로 대체될 것이다. 자동화 시장조사는 디지털 데이터 수집뿐 아니라 구매자의 정서 분석까지 가능하다. 얼굴 표정을 통해 사람들의 정서를 측정할 수 있다면 면접관의 업무 또한 줄어들 것이다.

주택 전문가 9만 7천 명의 일자리를 위협하는 알고리즘

집의 특성과 건물이 있는 지역을 분석하는 알고리즘의 능력은 점점 더 발전하고 있으며 정확한 가치 분석이 가능하다. 보통 알고리즘의 예측은 최종 주택 판매 가격에서 5퍼센트 이상 벗어나지 않는다. 최근 미국의 한 대형 중개 회사는 사내 거래의 일부에 자동평가를 도입했다. 관련 업계에서는 컴퓨터에 전적으로 재정적 판단을 맡기는 것이 위험하다고 생각하지만, 일부 중개인들은 머지않은 미래에 통제권이 감소할 것으로 예상하고 있다. 결국은 중개인의 수요도 줄어들 것이다.

요리사

스타트업 기업 몰리 로보틱스^{Moley Robotics}는 푸드뉴트리션^{Food-nutrition.nl}에 따라 완전 자동 로봇 요리사를 발명했다. 이 로봇은 레시피와 요리법을 보고 고급 요리를 준비하며 주방 청소까지 해낸다. 로봇 셰프는 유명한 미슐랭 스타 요리사나 요리책을 신경도 쓰지 않는다.

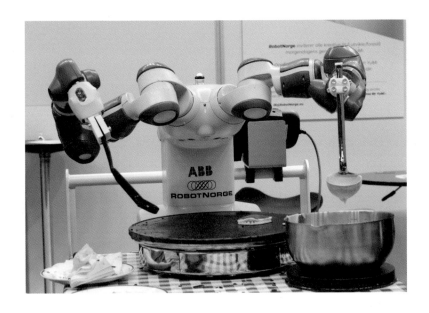

지금까지 언급한 사라지는 직업들은 단지 일부일 뿐이다. 변화는 우리 생각보다 빠르게 진행되고 있다. 맥킨지 앤 컴퍼니^{McKinsey & Company}의 연구에 따르면 60퍼센트의 직업에서 요구하는 과업의 30퍼센트가 곧 전산화될 것이다. 다른 기관이 진행한 연구에서도 이와 비슷한 결과가 나왔다.　아래의 그래프는 미래에 특정 직업이 로봇으로 대체될 확률을 나타낸다. 1에 가까울수록 '반드시 사라질' 직업이다. 그래프에 따르면 텔레마케터가 사라질 확률은 99퍼센트이다.

향후 20년간 로봇이 직업을 대체할 확률

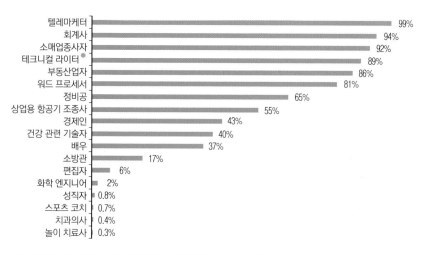

© 이코노미스트, "미래의 고용 : 전자화에 취약한 직업들(The Future of Employment : How susceptible are jobs to computerization?)"

● 어려운 기술문서를 사용자의 눈높이에 맞게 바꿔주는 사람

어떤 직업이
새로 생길까?

많은 직업이 자동화와 로봇화로 인해 사라진다는 점은 부인할 수 없지만 동시에 특정 기술을 가진 사람들을 위한 새로운 직업이 생겨나기도 한다. 물론 기술자들은 이에 미리 대비해야 한다. 이미 많은 교육기관이 앞으로 사라질 직업에 대한 교육이나 훈련을 진행하고 있기 때문에 새로이 생겨날 직업에 대한 준비는 쉽지 않아 보인다. 또한 어떤 직업이 생겨날지 아직 확실하지도 않다. 우리가 과거에서 배운 교훈은 새로운 직업을 가지려면 지금보다 높은 수준의 광범위한 교육을 받아야 한다는 점이다. 오늘날 대부분의 직업 훈련 과정은 너무 전문화돼 있다. 아직 예측된 것이 많진 않지만, 그래도 곧 생겨날 직업에 대해 알아보자.

디지털 장의사

디지털 장의사의 수요는 이미 있으며, 디지털 세상의 영혼들이 인터넷을 떠돌아다니고 있다. 당신이 혹시 기차에 치인다고 하면 삶은 그대로 끝나겠지만, 온라인상의 삶은 지속된다. 암호가 없으면 아무도 온라인 계정을 삭제할 수 없기 때문이다. 우리가 사망하고 나면 페이스북이나 링크드인LinkedIn, 그리고 하드드라이브의 백업 파일까지 대체 어떻게 처리해야 할까? 가장 가까운 사람에게 비밀번호를 넘기고 모든 데이터와 계정

을 삭제해달라고 요청하는 방법이 가장 빠르다. 그러면 그 사람은 사진과 기록 등을 저장해 당신의 친지에게 전달할 수 있다. 미래에는 '디지털 장의사'가 이 일을 맡아서 해줄 것이다.

로봇 심리학자

로봇 심리학자는 사람과 인공지능 사이에 다리를 놓는 역할을 한다. 이들은 인공지능의 정보 수집을 도와 더 나은 결정을 내릴 수 있도록 도와준다. 또한 학습과 의사결정 알고리즘을 분석해 실제 세계에서 발생하는 상황에 맞게 조정한다. 인공지능은 마치 아이처럼, 백지의 상태로 생성되지만 계속적으로 주변을 관찰하고 새로운 행동을 배운다. 로봇 심리학자는 이런 로봇의 학습 패턴을 다듬어 로봇이 궁극적으로 스스로를 교정할 수 있도록 돕는다. 사실 인간과 로봇의 심리학은 매우 유사하다. 로봇 심리학자 덕분에 더 효율적이고 훌륭한 기계를 만드는 것이 가능해졌다.

로봇 성격 디자이너

오늘날의 기계, 로봇과 컴퓨터에는 아직 감성지능이 부재하다. 그들은 인간이 아니라서 사랑, 유머감각, 그리고 공감을 모른다. 지난밤 악몽을 꾼 우리의 뇌를 스캔한 로봇이 안심하라며 포옹을 해주는 것도 아니니까 말이다. 심리학자와 사회복지사에 대한 수요는 아직 존재하지만, 2030년이 되면 상황이 달라진다. 기술의 개발이 빨라져 로봇도 감정을 표현할 수 있게 될 것이다. 이런 변화를 옳은 방향으로 이끌기 위해 새로운 직업, 바로 로봇 성격 디자이너가 탄생할 것이다.

인공지능 전문 법의학 심리학자

미래에 인공지능과 자가학습 기계는 더 이상 제작자가 제어할 수 없을 정도로 감정이 풍부해질 것이고 알고리즘 역시 복잡해질 것이다. 그러므로 로봇을 위한 법의학 심리학자가 나타나 기계의 결정을 분석하고 무언가 잘못됐다면 법정에서 증언을 할 수 있어야 한다. 사람·인공지능 변호사들도 지적 기능을 가진 기계의 증언을 채택할 것이다. 물론 그 증언이 얼마나 신뢰 가능한지를 평가하는 것도 중요하다.

뇌·기계 연결 기술자와 코치

테슬라와 스페이스엑스의 대표인 엘론 머스크는 뇌를 컴퓨터 인터페이스에 연결하는 임플란트에 '신경 레이스neural lace'라는 이름을 붙였다.

이 기능을 사용하려면 밀려들어오는 정보의 홍수 속에서 옳은 방향을 찾도록 도와주는 코치가 필요하다. 만약 기능이 제대로 작동하지 않는다면 모든 설정을 리셋하여 신경 통신을 재조정해야 하기 때문이다.

행성 보호자

아직 외계 생명체의 증거는 발견되지 않았지만 아폴로의 첫 비행 후, 과학자들은 다른 천체의 토양 샘플을 조심스럽게 채취했다. 하지만 이렇게 채취한 단세포 유기체는 지구상의 생명체에 심각한 위협이 될 수 있다. 그 때문에 우주 센터를 돌아다니며 다른 행성을 제어하는 로봇들을 조종하는 NASA의 행성 보호자라는 직업이 생겨날 것이다. 이들은 우주가 오염되지 않도록 지구를 지킬 것이다. 이 직업에는 국가 간의 합의가 필요하며 높은 비용을 분담할 의지가 있어야만 탄생할 것이다.

머신 트레이너와 분석가

앞으로는 더 많은 인공지능 코치, 트레이너, 정보 프로세서와 유지 보수 인력이 필요하다. 머신 트레이너와 분석가는 인간이 말하거나 쓰는 문자 이상의 의미를 인공지능 시스템을 상대로 교육한다. 예를 들어 풍자라는 표현의 의미를 인식할 수 있게 가르치는 것이다. 또한 인간의 행동을 따라하도록 가르치면 인공지능이 인간을 따라 정확한 금액과 송장을 대조하는 방법도 배울 것이다. 문화적 차이를 고려한 결정을 내리는 법도 가르쳐야 한다. 투명성 분석가는 일부 인공지능 알고리즘이 얼마나 불투명하고 비즈니스 운영에 어떤 영향을 미치는지 평가한다.

사람들이 항상 피해자인 것은 아니다

미국의 대형 온라인 슈퍼마켓의 완전 자동화된 창고에서 로봇은 3/4 이상의 업무를 수행한다. 하지만 인간 직원은 아무도 해고당하지 않았다. 모든 직원은 이전과는 다른 직책을 부여받았다. 예전 컨베이어 벨트 작업자 중 일부는 로봇 관리자가 돼 선반에서 꺼내야 하는 제품을 기계에 지시한다. 직원은 고객 지원 담당 또는 소프트웨어 테스터로 재교육받을 수도 있다. "자동화를 통해 절약할 뿐만 아니라 직원들에게 미칠 영향을 최소한으로 줄이는 데 초점을 맞춰야 한다." 회사 대표의 의견이다.

미래 직장인이
갖춰야 할 능력

    이번 장에서는 미래 사회에 필요한 사회적 기능, 즉 설득력, 감성 지능, 상대를 가르치는 능력에 대해 이야기한다. 사회적 기능은 효율성과 전문성을 높인다. 자동화가 빠르게 진행되므로 창의력, 협업 과 의사소통 능력 또한 중요하다. 로봇과 인공지능 영역이 확대될수록 사회적 기술은 더 빛을 발한다. 이는 모든 산업 노동시장에 공통적으로 적용되는 특성이다. 사회적 기능을 제외한 능력은 상대적으로 덜 중요해질 것이다. 한마

디로 공감, 긍정적인 자세, 계속해서 배우려는 의지, 그리고 새로운 상황에 적응하는 능력이 중요한 것이다. 세계는 빠르게 변화하므로 탄력성이나 유연성 역시 중요하다. 다음에서 사회적 기술 몇 가지를 살펴보도록 하자.

비판적 사고 능력

엄청난 양의 데이터에서 가장 관련성 높은 정보를 추출한 다음 신속하게 의사결정을 내릴 때 가장 필요한 능력은 비판적 사고 능력이다. 더 나은 결과를 얻거나 큰 그림을 보기 위해서는 전문성이나 회사의 한계를 넘어서야 한다. 지구 온난화와 정치, 군사 분쟁과 같은 문제들은 그 규모가 너무 크기 때문에 평가할 때 여러 분야에 대한 지식이 필요하다. 새로운 개발과 기술에 대한 많은 정보를 다양한 경로를 통해 받아볼 수 있지만, 그 모든 정보가 사실은 아니다. 그 때문에 비판적 사고 능력이 중요하다.

적응력

요즘 모든 조직이 당면한 어려움은 그 어느 때보다도 복잡하므로 다재다능할 필요가 있다. 개념을 이해하는 능력, 다양한 상황에서의 아이디어와 문제 해결 능력은 업무의 성공을 결정하는 요소이다. 이게 바로 학교, 기업, 교육 기관이 리더십, 유연성과 협력에 대한 교육을 실시해야만 하는 이유이다. 물론 혁신과 협력만으로는 부족하다. 스스로가 가진 가치를 활용하는 능력, 시기, 그리고 비즈니스적 맥락을 읽는 능력이 필요하다. 결국은 미래에 대한 전망을 가지고 훌륭하게 적응하는 사람이 생존한다. 업무 방식이 근본적으로 바뀐다면, 오직 변화 가능하고 다재다능함을 요구하는 직업만 남게 될 것이다. 모든 직장인이 이 변화에 대처해야 한다. 2050년까지 끊임없이 노력해야 새로운 직업을 가질 수 있다.

협동능력

앞으로는 목표 달성이라는 공동 목적을 가지고 서로 협력하는 능력이 중요해진다. 개인적으로나 비즈니스적으로나 성공할 수 있는 유일한 방법이다. 고용주와 동료, 그리고 당신이 서로의 일하는 방식에 의지하는 것은 지식이 중요한 역할을 하는 작업에서 더 강조된다. 아이디어의 공유, 창의력, 지식을 적용하는 특별한 능력이 없으면 업무를 진행하기가 어려운 세상이 다가온다. 인터넷을 통해 전 세계의 전문가, 조직과 연락을 취할 수도 있다. 국제적 협력이야말로 새로운 스킬이다. 훌륭한 팀플레이어라면 자신과는 다른 배경을 가진 사람들과도 효율적으로 협동해

야 한다. 출신, 연령, 정치적 · 종교적 신념에 관계없이 모두와 의미 있는 의사소통을 해야만 가능한 일이다. 미래에는 가장 강하고 똑똑한 사람이 아니라 기계와 함께 일할 수 있는 인재가 필요하다. 만약 기계에게 직업을 빼앗기는 게 싫다면, 지금부터라도 사회적 능력을 갈고닦자.

사회적 지능

소셜미디어는 인간의 상호작용 방식의 변화를 가져왔다. 새로운 방식에 적응하려면 타인과 물리적인 관계뿐 아니라 디지털 관계도 동시에 유지해야 한다. 일상적인 작업이 점점 자동화되기 때문에, 성공하기 위해서는 타인과 계속해서 접촉해야 한다. 감정 · 사회적 지능 지수는 수천 년에 걸쳐 형성됐으며, 앞으로의 기술발전에도 무한 동력으로 기능할 것이다. 이 능력은 기계를 능가하는 장점을 사람에게 심어줄 것이다.

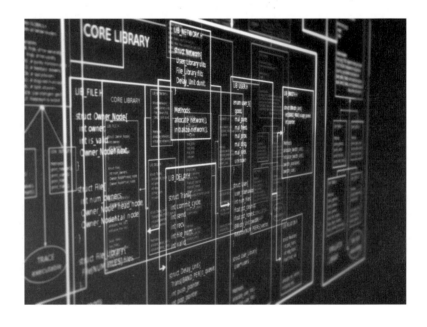

새로운 미디어의 이해

오늘날에는 위키 백과, 블로그, 브이로그, 팟캐스트, 페이스북, 트위터 같은 새로운 미디어가 많은 사람의 사회생활을 잠식하고 있다. 주변만 둘러봐도 SNS를 하느라 핸드폰에만 열중하고 있는 사람들을 흔히 목격할 수 있다. 이에 따라 지속적으로 처리해야 하는 정보의 흐름이 증가하고 있다. 우리는 이미 스마트폰 애플리케이션에 익숙하지만, 그래픽이나 게임과 같은 전통적 미디어를 다루는 방법도 알아야 한다.

스마트 컴퓨터로 투명하게 구직하기

사람이 이력서를 확인하는 한, 구직은 여전히 주관적인 시각이 개입될 수밖에 없다. 고용주가 주로 성, 성별 또는 나이를 기준으로 지원자를 거부하기 때문에 고용 과정이 불공평하게 이루어진다. 시드링크(Seedlink)는 인공지능으로 1차 지원자를 선발하는 중국 기업으로, 누군가를 제대로 알아볼 통찰력은 이력서를 통해 얻을 수 없다고 믿는다. 대신 구직자들에게 세 가지 질문을 던진 후 얻은 답변을 사내에서 일을 잘하는 직원의 답변과 비교한다. 그러면 85퍼센트의 확률로 어떤 구직자가 직책에 알맞은지와 업무의 성공 여부에 대한 결론이 나온다. 다농(Danone), 액센츄어(Accentur), 로레알(L'Oréal)과 딜로이트(deloitte)가 이런 방식으로 선발을 진행한다.

로봇,
인간을 꿈꾸다

로봇은 물리적인 기술 외에도 인지 기술을 습득한다. 우리는 항상 로봇에 많은 것을 기대해왔다. 1964년 영국의 미래학자 메레디스 스링 Meredith Thring, 1915-2006 은 〈뉴 사이언티스트 New Scientist〉에서 모든 가정주부가 20년 안에 로봇 가사도우미를 둘 것이라고 예측했다. 진공청소기를 돌리고, 침대를 정리하며 테이블 위에 커버를 씌우는 그런 로봇 말이다. 1984년에도 로봇 가사도우미는 등장하지 않았고, 아직도 존재하지 않는다. 하지만 지금도 잔디 깎기나 진공청소기 로봇이 존재하므로 가사도우미 로봇의 등장도 시간문제라고 할 수 있다.

사람들은 로봇이 우리보다 똑똑해지려면 한참 멀었다고 생각한다. 하지만 새로운 기술은 계속해서 자주적으로 과업을 해결하는 로봇을 개발해내고 있다.

증진된 센서와 레이저 기능으로 매우 민감한 작업을 수행하는 소프트 로봇을 생각해보자. 내가 4년 전에 구입한 무인비행기는 주의를 기울이지 않으면 멀리 날아가버린다. 하지만 작년에 산 새 모델은 모든 종류의 장애물을 넘어 길을 찾아낸다. 테슬라 역시 점점 더 부드럽게 작동하고 교통 체증을 빠져나간다. ABB 슈퍼마켓 로봇은 사과와 포도를 구분하여 가방에 넣을 정도로 세련되고 섬세하며, 혈액을 채취하는 로봇도 있다.

보통 단조롭고 반복적인 작업이 많은 산업 환경에서 로봇의 도입은 이미 큰 비용 절감 효과가 있다.

우리가 목격해온 로봇

공장에는 단조롭고 반복적인 업무를 진행하는 커다랗고 둔탁한 기계만 있는 건 아니다. 정교한 작업을 수행하는 로봇도 있다. 이러한 로봇은 '소프트로봇'이라고 불리며 업무에 적합한 다양한 겉모습을 하고 있다. 소프트로봇은 하드로봇보다 유연하며 업무 환경에 쉽게 적응한다. 또한 부드러운 소재와 의료, 레크리에이션과 제조산업에 적합하게 설계된 덕분에 안전하게 사용할 수 있다. 소프트로봇의 업무는 다리미질, 도보 깔기, 주택 방열 공사와 요리까지 그 범위가 다양하다. 캘리포니아의 한 레

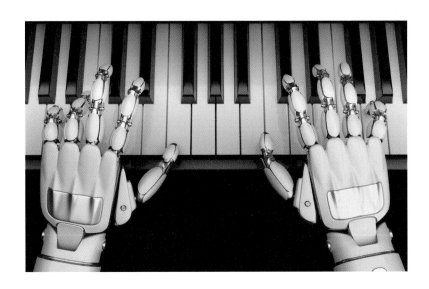

스토랑에서는 로봇이 피자를 만들기도 한다. 이곳에서는 소프트로봇을 사용함으로써 인건비가 획기적으로 감소하고 보다 효율적인 작업이 가능해졌다. 로봇은 피자 도우 위에 토마토소스와 다른 재료를 골고루 뿌려 놓고 위험할 정도로 뜨거운 오븐에 피자를 굽는다. 이 회사는 심지어 주방이 포함된 배달 차량을 소유하고 있어 배달을 하는 동안 로봇이 56판의 피자를 구울 수도 있다. 그 덕에 고객들은 금방 만들어진 따끈따끈한 피자를 받아볼 수 있다.

물류창고에서 일하는 소프트로봇도 잘 알려져 있다. 아마존은 이미 4만 5천 대가 넘는 로봇을 고용했다. 인간 직원들은 더 이상 무거운 팔레트를 옮기며 작업을 할 필요가 없으며 더 빠른 업무 진행도 가능하다. 런던에서는 스타십테크놀로지Starship Technologies의 쇼핑로봇을 찾아볼 수 있다. 이 로봇들은 9대의 카메라와 초음파 센서를 장착하고 있어 쇼핑 택배 배달 중에 만나는 장애물을 피할 수 있다.

케어 로봇

2035년에는 전 세계적으로 8천만 명의 노인들이 의료 · 케어 서비스를 필요로 할 것이다. 하지만 증가하는 수요를 충족시킬 만한 인원이 충분하지 않다. 여기서 말하는 수요는 수술부터 간병까지 모든 수준의 의료 행위를 포함한다. 하지만 다행히 다빈치의 수술로봇이 있다. 우리가 알고 있는 레오나르도 다빈치의 이름을 딴 로봇이다. 이 로봇은 환자가 감염, 흉터, 출혈이나 통증을 겪지 않도록 돕는다. 또한 인간 의사가 수술하는 경우에는 보통 절개가 크지만 로봇은 작은 절개만으로도 수술을 진행할 수 있다. 다빈치 로봇에게서 수술을 받은 환자들은 수술 후 며칠 만에 집으로 돌아올 수 있지만 전통적인 방식의 수술 환자들은 회복기간이 그보다 더디다.

비봇^{Veebot}이라는 로봇은 인간 대신 채혈을 하거나 수액을 주입한다. 환자가 일종의 팽창식 통로에 팔을 넣으면 적외선램프가 팔꿈치 안쪽을 비추어 특수 소프트웨어가 설치된 카메라가 채혈에 적합한 정맥을 찾는다. 그러면 초음파가 정맥 내에 충분한 혈액이 흐르는지를 알리고, 마지

쓰레기를 분류하는 로봇

2017년, 델프트 공대(TU Delft) 학생들이 9대의 수제 로봇을 선보였다. 이 로봇들은 코트를 받아들어 옷걸이에 걸고 옷장에 넣는 업무를 수행했다. 연구비용을 지원한 투자자에게 오이를 따서 선물하기도 했다. 이 중 후자는 로봇에게는 상당히 어려운 과제이다. 오이를 따기까지 잎이나 가지 같은 장애물이 많기 때문이다. 팔, 그랩, 그리고 3D 카메라로 이루어져 있는 이 로봇은 오이를 발견하고, 쥐고 자르는 임무를 수행한다. 또한 학생들은 쓰레기 로봇 오스카(Oscar)도 소개했다. 전기공학을 전공한 퀸턴 브라윈스마(Quinten Bruinsma)가 디자인하고 기계공학과, 컴퓨터공학과 학생들이 협력하여 개발한 로봇이다. "발표를 진행하는 교내 사이언스센터(Science center)의 창턱이나 테이블에 빈 컵이 놓여 있는 경우가 많은데, 이 문제를 해결하여 이곳을 깔끔하게 유지하고 싶었다. 이를 위해 청소를 하는 로봇이 아닌, 사람들이 청소를 하도록 장려하는 로봇을 제작했다. 로봇 안으로 쓰레기를 던져 넣으면 놀이공원의 쓰레기통처럼 노래를 부른다. 로봇은 카메라로 쓰레기가 들어오는 모습을 '관찰'하여 플라스틱, 커피컵, 또는 나머지 쓰레기로 분류한다. 당신이 버린 쓰레기가 어떻게 분류됐는지 로봇에 뜨는 이미지로 확인할 수 있다."

© Michiel Wijnbergh

막으로 로봇이 바늘을 꽂기 위해 올바른 위치로 이동한다. 물론 수액 주입 시에는 수액주머니를 채우고 환자를 안심시킬 인간 간호사가 필요하다. 현재까지 비봇의 혈관 발견 정확도는 83퍼센트에 불과해 아직도 기술을 갈고 닦는 중에 있다.

보안 로봇

K5는 주차장, 홀, 사무실, 경기장 휴게실과 쇼핑몰을 순찰하고 의심스러운 활동을 감시하는 무게 181킬로그램, 신장 1.80미터의 보안 로봇이다. 빛을 감지하고 거리를 결정하는 센서 덕분에 K5는 평범한 통행인과 잠재적 범죄자를 구분한다. 로봇이 수집한 데이터는 모두 클라우드로 전송된다.

농업 로봇

로보비전^{Robovision}의 창립자인 조나단 베르터^{Jonathan Berte}는 2009년 Iso 그룹 피트 오먼^{Piet Oomen}의 요청에 따라 농작물을 절단하여 올바른 화분에 심을 수 있는 알고리즘을 개발했다. 이제 슈퍼마켓과 꽃시장에서 로봇의 관리를 받지 않는 화초를 찾아보기 어렵게 되었다. 네덜란드 림부르흐주 틴로이에 위치한 아스파라거스 농장 역시 더 이상 계절노동자를 고용하지 않을 예정이다. 수확할 아스파라거스를 솎기 위해 길이를 재고 아스파라거스를 잘라내 묻은 먼지를 터는 일은 로봇을 위한 업무가 됐다. 40만 제곱미터 넓이의 농장에서 로봇 한 대가 60-75명분을 수확한다.

선박 청소 로봇

선박의 화물을 싣거나 짐을 싣고 내리는 동안 배의 외부를 청소하는 플리트 클리너 ^Fleet Cleaner^ 또한 특별한 로봇이다. 2016년, 네덜란드에서 가장 커다란 선박인 왕립 해군 카렐 도어만 ^Zr. Ms. Karel Doorman^ 선을 수중과 수면에서 성공적으로 청소했다. 또한 선박 청소 중 발생한 오수는 자체 정화 시스템을 통해 친환경적으로 세척했다.

로봇의 긍정적 측면

로봇은 제조업계뿐만 아니라 수많은 경영 과정에 활용될 수 있다. 인공지능의 기적이 가져올 미래는 긍정적이다. 로봇이 문제를 검토하고 팀의 활동을 평가하며 목표를 정하는 관리자의 역할을 넘겨받는다고 상상해보자. 빠르진 않지만 경영계에서 로봇이 활동하는 시대는 분명히 다가

오고 있다. 물론 인공지능 시대에는 창의력이 중요한 위치를 차지한다. 모든 일을 훌륭하게 해내는 기계라도 아직까지는 개념적인 측면을 이해하거나 발명을 하기는 어렵기 때문이다. 그러므로 당분간은 인간이 로봇보다는 우월한 위치를 차지할 수 있다.

모두가 일을 해야 할까?

반복적인 업무가 자동화로 인해 사라진다면 많은 이의 수입이 줄어 사회 불평등과 빈곤을 야기할 것이다. 삶을 유지하는 필수 요소인 식량, 물, 그리고 안전이 자동적으로 보장돼 취미나 사업에 모든 열정을 쏟아 부을 수 있다면 얼마나 좋을까. 앞으로는 모두가 일해야 한다는 생각을 버려야 한다. 그런 점에서 나는 보편적인 기본 소득 도입에 찬성한다. 기본 소득을 도입하면 모두의 기본적인 욕구가 충족된다. 노동 소득은 별개의 수입

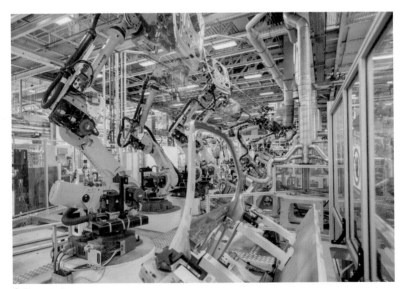

© Shutterstock.com

이다. 이 제도를 도입하면 언젠가 지구상에서 빈곤을 몰아낼 수 있을 것이다.

급여비용 절감

로봇을 작업 현장에 도입할 때 얻을 수 있는 가장 큰 장점은 급여비용의 절감이다. 월급을 주지 않아도 되기에 인간을 고용할 때보다 훨씬 저렴하다. 로봇은 사람보다 활동적이고 정확하며 피로를 느끼지도 않는다. 또한 일하는 노동자들을 돌보기 때문에 인간 직원들이 질병을 앓는 경우도 줄어든다. 따라서 의료보험에 드는 비용 또한 절감할 수 있다. 현실적으로 사람의 업무 속도는 지금보다 빨라지기 어려운데, 로봇을 도입하면 회사 전체의 생산량이 증가할 것이다.

인력부족의 해결책

미래에는 많은 산업 분야에서 인력부족 현상이 나타날 것이다. 예컨대 의료 분야에서는 향후 5만 명 이상의 수요가 있지만 공급은 충분하지 않을 것이다. 건축업계에서도 인력이 부족해질 것이다. 이러한 문제를 해결

인간을 훈련시키는 로봇 파견업소

네덜란드 최초의 로봇 파견업소인 스마트 로보틱스(Smart Robotics)는 사람들에게 인공지능과의 협업과 처리 방법을 훈련시킨다. 스마트 로보틱스의 공동설립자 헤이코 산데이(Heico Sandee)는 뉴스 사이트인 'nu.nl'과의 인터뷰에서 다음과 같이 말했다. "우리는 로봇의 도입으로 실직한 사람들을 훈련시켜 미래에는 기계들과 함께 일하는 환경을 만들고 싶다." 이 기업은 현재까지는 한 달에 3백 명을 훈련할 예정이며, 장차 매달 3천 명씩 교육시킬 계획이다.

하기 위해서는 로봇과 기계의 도입이 시급하다. 자동화는 미래의 번영을 약속할 뿐만 아니라 현재의 번영이 유지될 수 있도록 보장하는 것이다.

인간에게 안전한 작업환경을 보장하는 로봇

로봇은 장소에 구애받지 않는다. 우주, 수중, 극한의 더위와 추위, 또는 자연재해나 핵 재해가 발생한 장소라도 상관없다. 사실 인간이라면 어딜 가든 위험을 마주하기 마련이다. 그러므로 로봇을 전쟁터에 도입시키기만 해도 수많은 인명을 살릴 수 있다.

로봇의 부정적 측면

자동화의 부정적 측면 중 하나는 로봇이 직접 사업을 책임지거나 제품을 발명하는 것과 같은 몇몇 중요한 기능을 수행할 수 없다는 점이다. 이 문제를 해결하기 위해서는 알고리즘을 발전시켜야 한다. 고 스티븐 호킹의 말을 빌리자면 자동화와 인공지능이 중산층의 일자리를 뺏고 노동을 대체할 것이다. 비즈니스 인사이더의 웹사이트에 따르면 로봇을 통해 업계 효율성이 증가할 수 있지만, 그에 반하는 엄청난 실업률을 대가로 지불해야 한다. 그리고 인공지능, 즉 로봇들은 인간만큼 지능이 높지 않으며 예상치 못한 상황을 처리할 수 없다. 표준 자동화 기계는 화석 연료 엔진에 의지하는 경우가 많기 때문에 인간보다 더 높은 환경오염을 유발하기도 한다.

예측할 수 없고 알려지지 않은 비용

흔한 로봇 도입의 단점 중 하나는 공장의 자동화가 숨겨진 운영비용을 수반한다는 점이다. 비스타 인터내셔널^{Vista International}에 따르면 중소기업처럼 생산한도가 낮은 경우, 전면 자동화에서 이득을 보기 어렵다. 반면 직원이 많은 대기업은 이득을 볼 수 있다. 많은 기업이 이제야 막 대규모로 자동화를 도입 중이다. 여태까지는 자동화의 유지·보수, 수리, 감독, 교육을 포함하여 신기술 도입과 관련된 비용에 대한 정확한 수치 정산이 어려웠기 때문이다. 자동 의존도가 너무 높아지면 투자 회수가 어려워질 가능성이 있다. 로봇은 봉급을 줄 필요가 없더라도 인간 직원들보다 더 높은 별도의 비용을 수반하기 때문이다. 또한 로봇을 작동하기 위한 인간 노동력의 필요성은 여전히 존재한다.

인공지능의 결정도 틀릴 수 있다

알고리즘은 우리를 대신해 수많은 결정을 내린다. 어떤 우버 운전사를

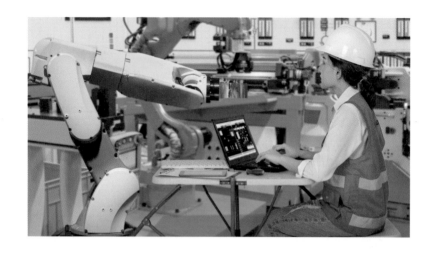

피해야 하는지, 아마존에서 신뢰할 수 있는 판매자는 누구인지, 또는 페이스북에 올라오는 어떤 기사를 믿어야 하는지를 알려준다. 하지만 이런 인공지능에도 오류가 존재한다. 예컨대, 인공지능은 상급 임원직에는 여성이 드물고, 경찰이 백인보다 흑인을 먼저 체포한다는 점을 인식한다. 때문에 좋은 직장이 있어도 여성보다 남성에게 먼저 선택권이 주어지고, 백인이 다른 인종보다 더 많은 혜택을 받는다. 인공지능은 특정 정치신념을 지지하지는 않지만, 그 결정은 차별적일 수 있다. 또한 인간의 선입견에 따른 결정을 내리기도 한다.

사람은 사람을 필요로 한다

로봇은 인간의 감정을 인식할 정도로 정교하지 않으며 양심 또한 없다. 로봇 상사는 당신의 업무실적이 어떤 이유에서 하락했는지 이해하려 하지 않는다. 추위 때문에, 또는 애완견이 죽어서 심리적 충격을 받았을지라도 신경 쓰지 않는다. 반면 인간 관리자들에게는 약간의 동정을 바랄 수 있다. 우리는 인정받았을 때 비로소 업무능력을 발휘할 수 있지만 인공지능은 심리적이고 긍정적인 피드백을 제공하지 않는다. 또한 로봇이 쉴 틈도 주지 않은 채 우리의 업무를 감시한다면, 장기적으로는 건강에도 좋지 않을 것이다.

경제를 부흥시키는 로봇의 도입

이 장에서는 자동화로 인해 사라지는 직업과 생겨날 직업들을 살펴보았다. 머지않은 미래에 발생할 문제점들이다. 많은 분야에서 우수한 인력을 찾고 있지만, 이것도 쉽지만은 않다. 로봇 역시 당장 그 해결책이 되지는 못한다.

지금 외식업계는 경제발전으로 인해 11퍼센트의 추가 인력이 필요하

다. 네덜란드의 고용보험공사^{UWV}는 수천 가지의 일자리 보장을 약속했고 농업계의 일자리 또한 증가하고 있다. 보육 센터에서는 대기자 명단을 없애기 위해 7천 명의 직원을 추가 모집 중이다. 이런 직장에 지원하는 사람들은 직장이 사라질까 겁내지 않아도 괜찮다. 아직은 로봇들에게 기회가 주어지지 않았다. 디지털화와 경제성장 덕에 프로그래머, IT 엔지니어, 네트워크 관리자와 코드 전문가에 대한 수요는 전례 없이 상승했지만, 공급이 턱없이 부족해 관련 기업들은 밀려들어오는 업무를 감당할 수 없을 지경이다. IT 분야만 해도 수십만 명의 수요가 존재한다. 홈케어 부문과 가정의학과 역시 성장하고 있지만 이 역시 공석이 너무 많다. 금융계에서는 자동화와 기계화 때문에 일자리가 사라진 것이 사실이지만, 예외도 존재한다. 금융 전문가에 대한 수요는 점점 상승했는데 이 공석들을 채우지 못한다면 경제 성장이 저해될 것이다. 로봇과 기계는 이런 공석을 채우는 데에 안성맞춤이라 공급이 점진적으로 늘어나고 있다. 결국 로봇과 기계는 더욱 발전할 예정이고, 사람들이 이를 받아들일 시간도 필요하다.

긱 경제 _{Gig economy}

긱 경제란 사람들이 더 이상 고정적으로 일하지 않고 단기적으로, 또는 일시적으로 일을 하는 경제상황을 의미한다. 자유경제, 또는 플랫폼 경제로 불리기도 하는 긱 경제는 기하급수적으로 성장하고 있다.

'긱^{Gig}'이라는 용어는 음악공연을 일컫는 미국의 속어이다. 인터넷과 디지털 플랫폼의 편재 같은 급격한 기술 변화로 인해 프리랜서들은 일을 찾기가 더욱 쉬워지고 정규직은 단기 계약직으로 교체되고 있다. 새로운 비즈니스 모델은 전통적인 업무 형태를 우버나 에어비앤비^{AirBnB}처럼 변화시키고 있다. 프리랜서와 개인사업자들은 홈메이드 액세서리를 에트시^{Etsy}에서 판매하는 것에서부터 스팀잇^{Steemit}, 피플퍼아워^{PeoplePerHour} 또는 업워크^{Upwork}를 통한 글쓰기와 번역 일까지 다양한 업무를 선택할 수 있다. 이더리움^{Etherium}과 같은 플랫폼 덕에 거의 모든 산업에서 긱 업무가 가능하다. 암스테르담에 앉아 전 세계 기업의 업무를 처리할 수도 있다. 직무 코칭 플랫폼인 라이즈스마트^{RiseSmart}의 CEO 샌제이 새더^{Sanjay Sathe}는 긱 경제의 규모를 이렇게 설명한다. "과거에는 '프리랜싱'이란 단어가 창조적인 업무나 IT 관련 업무에 국한됐다. 편집자, 그래픽 디자이너, 웹디자이너, 또는 프로그래머와 프로젝트 매니저 말이다. 하지만 지금은 모든 종류의 일자리를 포함한다."

긱 경제는 사실 수요와 공급 경제학의 일부이다. 네덜란드의 노동시장에서는 이미 1/7 이상의 근로자가 긱 경제에 참여 중이다. 전 세계적으로 보면 더 많은 수의 근로자가 긱 경제에 참여한다. 프리랜싱의 큰 장점은 직장을 원하는 대로 가질 수 있다는 점이다. 스스로 일과 삶의 균형을 잡을 수 있다. '2017년 유럽의 노동력'이라는 ADP Research의 연구에 따르면 이미 유럽 인구의 1/4이 개인 사업이나 프리랜싱을 고려 중이다. 유연한 업무시간의 조정이 가능하기 때문이다. 또한 절반 이상의 유럽인들이 업무 장소를 스스로 선택하는 것을 선호한다. 1/3은 유연근무제를 선호하거나 스스로 업무시간을 결정하고 싶어 한다. 결국 긱 경제의 성장은 자신이 일한 만큼만 급여를 지급받는다는 점에 연관돼 있다. 또한 이차적인 고용조건도 존재하지 않는다. 기업 측에서도 장점으로 작용하는 부분이다. 페이스북, IBM, BBC가 이런 장점 때문에 긱 경제의 일부로 활동한다.

긱 경제를 지지하는 사람들은 더 나은 업무 환경, 유연성, 자유와 자율성을 그 장점으로 뽑는다. 이들에게 전일 근무란 이미 촌스러운 형태의 업무에 불과하다. 사실 젊은 세대는 업무 방식과 환경을 스스로 통제하길 원한다. 만약 업무가 자신을 거부한다면, 그들 역시 업무를 거부하고 다른 직업을 찾는 쪽을 선호한다. 아마존이나 구글 같은 다국적기업이 프리랜서와 개인사업자의 고용을 선호한다는 점 역시 긱 경제의 무시할 수 없는 성장세를 대변한다. 네덜란드의 유명한 프리랜서 파견업체인 란드스타트 Randstad는 2017년 트바고 Twago와 통합했다. 이로써 란드스타트는 세계 200개 이상 국가에서 온 50만 명 이상의 프리랜서가 활동하는 유럽 최대의 온라인 고용시장이 됐다.

긱 경제의 규모를 자세히 알아보기 위해 몇 가지 통계를 준비했다. 네덜란드에서만 해도 활동 중인 프리랜서의 숫자는 110만 명이나 된다. 국가의 규모가 커지면 그 인원은 더 늘어난다. 영국에서는 140만 명의 개인사업자들이 활동 중이다. 미국에서는 1/3 이상의 성인 거주자들이 프리랜서 활동으로 돈을 번다고 대답했다. 많은 사람이 독립적으로 일하기 위해 정규직을 떠나는 선택지를 고려한다. 유연한 근무가 생활의 질을 높여준다고 생각하기 때문이다. 하지만 모든 나라에서 긱 경제가 활성화된 것은 아니다. 네덜란드의 수많은 개인사업자와 프리랜서들은 모두 힘든 시기를 겪었다. 경제위기가 그 이유 중 일부였다. 영국의 신문 〈인디펜던트 The Independent〉의 기사를 빌리면, 영국 내 개인사업자의 80퍼센트가 빈곤을 겪고 있다.

자유가 항상 더 많은 수입을 의미하지는 않는다

자영업자가 스스로 업무시간을 정하고 자신이 좋아하거나 재능을 살릴 수 있는 일을 선택하더라도, 그 자유에는 커다란 대가가 존재한다. 노동조합의 가입이 어렵다는 점은 일부 산업에서 단점으로 작용한다. 스스로 연금을 마련해야 한다거나 회사의 의료보험 지원, 그리고 유급 육아휴가의 수급이 불가능하다는 단점도 있다. 또한 자영업자는 업무에 따른 법적 책임 문제를 스스로 처리해야 한다. 자택근무를 하는 프리랜서나 개인사업자는 동료들과의 사회 교류를 놓치는 경우도 많다. 급료가 항상 충분한 것도 아니다. 그리고 긱 경제의 책임자들은 소득이 불규칙하기 때문에 급료가 낮은 업무라도 하는 경우가 많다.

우버 운전자들이 이런 문제로 여러 번 뉴스에 등장했다. 영국 신문 〈가디언 Guardian〉는 빅토리아 시대의 보수와 노동조건을 우버 운전자들의 경우와 비교했다. "우버 운전자의 보수는 적디 적다. 또한 업무 시간이 얼마나 긴지, 인생이 운전으로 가득 차 있다. 이런 노동조건은 건강에 해로울 뿐 아니라 대중에게 크나큰 위험을 초래한다."

대부분의 프리랜서가 시간당 보수가 아닌 업무당 보수를 받기 때문에 정규직에 종사하는 사람들보다 적은 보수를 받는 경우가 상당하다. 예를 들어 음식배달업체 딜리버루 Deliveroo는 배달부들에게 건당 4유로가 안 되는 금액을 지불한다. 이에 정부는 의무적인 급료 지불 조건을 만들고 시간당 최저임금을 인상하여 각종 인권침해를 막고 있다. 하지만 많은 프리랜서들은 이런 규정들에 회의적이다. 자신들의 자유가 침해당한다는 생각 때문이다.

세계화

세계화는 수많은 노동자들에게 고문과도 같다. 높은 급료를 보장하는 현지 일자리의 대부분이 사라졌기 때문이다. 많은 기업이 해외에서 저렴한 가격으로 제품을 제작할 수 있다. 따라서 대부분의 비즈니스에서 정규

긱 경제의 이면

우버와 리프트는 수익성이 높던 전통적인 택시 시장에 혼란을 가중시켰다. 유럽의 정부들은 이런 기업들에게 수많은 제재를 가했지만 미국은 다르다. 특히 로스앤젤레스와 뉴욕의 전통적인 택시 요금은 이전과 비교해 30퍼센트나 하락했다. 이제는 타인과 통화하고 택시를 공유하는 일이 흔하다. 공유경제로 인해 숙박산업 역시 혼란에 빠졌다. 에어비앤비 덕에 집주인이 직접 관광객을 상대로 임대업을 진행할 수 있기 때문이다. 이러한 긱 경제활동 덕에 미국에서만 호텔 산업이 연간 수억 달러의 수입 손실을 기록했다. 앞으로 손실금액은 점점 증가할 것으로 보인다.

직이란 더 이상 유리한 조건이 아니다. 만약 기업에서 1년에 3달씩만 경리직원이 필요한 경우, 규모가 작은 전문가 팀을 고용한다. 기술의 발전 덕에 모두가 실시간으로 연결되어 팀의 업무 장소도 중요하지 않게 되었다. 결과적으로는 고도로 숙련된 전문가들이 프리랜서처럼 가격 경쟁을 하게 될 것이다. 경쟁이 심해서 기본 가격보다 낮은 가격에 맞춰 주려는 곳도 있을 것이다. 이런 현상이 계속되면 제조업에 영향을 주었던 경우와 같은 경제 위기가 찾아올 수 있다. 세계화는 구직 중인 사람들에게 엄청난 압박을 가하는 동시에 평균 임금을 감소시킨다. 이처럼 자동화와 인공지능뿐 아니라 세계화도 중산층의 일자리에 압박을 가하고 있다.

긱 경제와 블록체인

블록체인^{Blockchain}은 증가하는 데이터를 유지하고 조작과 위조로부터 보호하는 분산형 데이터베이스로, 가상화폐 비트코인을 위한 온라인 거래장부로 잘 알려져 있다. 사실 블록체인은 암호기술, 알고리즘, 검사숫자^{Check digits}를 조합한 것이다. 이 조합 덕에 여러 컴퓨터가 독립적으로 운용돼도 동일한 결과를 얻을 수 있다. 블록체인은 사람의 간섭 없이도 모든 거래 내역을 문서화하고 추적 가능하게 한다. 긱 경제의 맥락에서 보자면 블록체인을 통해 연결된 컴퓨터가 서로 통신할 수 있다는 점이 중요하다. 이를 통해 비즈니스의 형태가 변화할 것이다. 블록체인에서는 사람의 간섭 없이도 모든 것이 검증 가능하고, 공개적이며 투명하다. 신뢰는 블록체인에서 아무 역할도 하지 않는다. 누구나 거래에 접근할 수 있으며 아무것도 숨길 것이 없다. 오직 중앙관리기업이 공동 작업하는 회사의 컴퓨터를 포함해 연결된 모든 컴퓨터의 통신을 가능하게 하는 것이 중요하다. 또

나오며

　기술의 진보는 노동시장을 축소시킬 것이다. 로봇은 이미 생산직부터 시작해 변호사에 이르기까지 수많은 업무를 진행하고 있다. 물론 인간보다 높은 효율성과 빠른 속도를 보장할 것이다. 로봇 외과의사는 흉터 없이 보다 정확하게 수술하기 때문에 환자의 회복이 더 빠르다. 전쟁 지역에서는 로봇이 여러 가지 전투 작업을 수행할 수 있으므로 군인의 사망률이 낮아진다. 궁극적으로 사이버 공간에서 전쟁이 벌어진다면 군인은 더 이상 필요 없어질지도 모른다. 새로운 직업도 늘어난다. 감정, 공감이나 이해와 같은 인간적인 측면을 요구하는 직업들 말이다. 로봇의 특정 결정의 배경을 조사하는 법의학 과학자가 그러한 직업 중 하나이다.

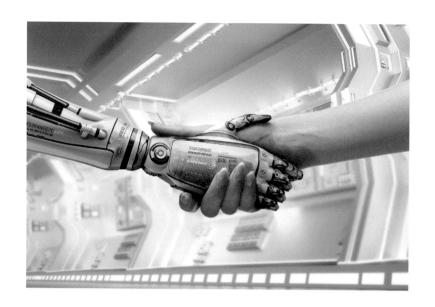

전일근무자들은 개인사업자와 프리랜서로 탈바꿈할 것이다. 노동시장은 예전과 확연히 달라질 텐데 우리는 아직도 미래의 노동시장을 받아들일 준비가 되어 있지 않다. 이제는 구직 시 달성 목표와 그 직업을 위해 필요한 교육과정에 대해 잘 고민해보아야 한다. 세상은 생각보다 빨리 변화하고 있고, 그 변화는 업무뿐 아니라 당신 인생을 바꿀 거라는 점을 명심하라.

PART 5 교육

교실로 찾아온 인공지능

교육은 어떻게
바뀔까?

　좋은 교육은 건강한 경제의 기반이 된다. 대학, 학교, 그리고 교육 프로그램까지, 모두가 먼 미래를 바라보고 수준을 높여야 하며 정부 수준에서 변화를 주도해야 한다. 또한 단기간에 새로운 비전과 계획을 제시해야한다. 이제 장기간의 목표를 세우는 시대는 지났다. 변화와 융통성이 규범이 돼 경제와 기술의 급속한 발전에 발맞춘 사고방식을 가져야 할 때가온다.

　교육 기관은 협력, 창의력, 유연성을 통해 시간과 비용 부족을 보완하는 스타트업 기업으로 변모해야 한다. 학생들은 수업시간뿐만 아니라 졸업 후에도 시간과 장소에 따라 유연하게 적응하는 방법을 배워야 한다. 현재 구직 시 필요한 기술의 1/3이 필요 없어지는 시대가 5년 안에 찾아온다. 그리고 4차 산업혁명의 도래로 우리 삶과 업무 방식이 크게 변화할것이다. 수많은 직업이 사라지지만, 또 다른 직업들이 생겨날 것이다. 이는 높은 수준의 로봇공학, 자율주행 교통수단, 인공지능, 생명공학과 유전체학(인간, 동물, 식물과 미생물의 유전에 대한 연구)의 발전 덕분이다. 세계화와 지능형 시스템은 빠르고 급진적이며 예측 불가능한 변화를 계속해서유지하는 두 가지 동력이다. 기술의 발명은 전례 없는 속도로 성공하며새로운 정보가 계속해서 유입되는데, 이것이 바로 변화에 적응하는 학습

경제의 기초이다. 노동자들은 계속해서 기술과 지식을 가다듬어 전 세계적으로 연결된 업무 환경에서 일할 수 있어야 한다. 이때 인지유연성과 기술에 대한 지식은 필수이다.

우리는 학교 밖에서도 학습을 지속하며, 사회에서는 점점 더 많은 지식을 요구하기 때문에 교육비는 증가할 것이다. 40년 전과 비교하면 교육받는 사람의 수요가 거의 2배 이상 증가하고 임금은 거의 3배 이상 상승했다. 하지만 오랜 시간 합당한 급료를 받지 못했던 초등교육자의 연봉이 올라간다 한들, 곧 그들의 연봉은 다시 감소할 것이다. 기업에서와 마찬가지로 로봇과 기기들이 몇몇 교육자를 대체할 것이기 때문이다. 그러나 건물에서 수업을 진행하는 강사의 역할을 대신하는 이러닝^{E-Learning} 덕분에 이런 문제는 곧 해결될 것이다. 이러닝이란 자유롭게 참여 가능한 온라인 강좌, 디지털 대학교, 인터넷 교육프로그램을 의미한다. 교육은 요람에서 시작해 무덤까지 계속돼야 한다. 교사가 짠 커리큘럼은 더 이상 절대적이지 않으며 학습자의 성격에 맞춘 교육이 훨씬 중요하다. 교육자들은 계속해서 변화하는 환경에서 학생들을 위한 최선의 방법을 찾아내야 한다. 대부분의 교육은 집에서, 길에서, 그리고 온라인에서 이루어질 것이며 우리가 학교라고 부르는 건물은 이제 뒤로 밀려날 것이다.

고용주의 니즈를 충족시키지 못하는 교육

교육은 사회의 니즈^{Needs}에 응답해야 한다. 학생들도 마찬가지이다. 변화는 학교 안팎에서 일어난다. 오늘날 지나치게 표준화된 교육이 현대와 미래 산업의 니즈에 답하지 못한다는 것은 이미 분명하다. 사회는 우리에게 창의력, 혁신, 협력과 문제 해결 능력을 요구한다. 하지만 이런 것들은 교육과정에 포함돼 있지 않는 경우가 대부분이다. 교육기관은 고용주의 요구에 응답해야 하고 젊은이들은 고용주의 사업 성장에 필요한 기술을 익혀야 한다. 하지만 아직까지도 많은 사람이 졸업장만이 구직시장의 문을 여는 열쇠라고 믿고 있다. 그런 믿음이 경영에도 적용되고 있다. 훈련 결과가 좋아야만 직장을 얻을 가능성이 높아진다는 믿음 말이다. 하지만 그런 시대는 지나갔다. 대학원을 졸업한 심리학자와 수학자가 프로젝트 매니저로 일하거나 소매점에서 일하는 모습이 점점 더 많이 눈에 띈다. 교육과 고용주의 니즈를 잇는 무언가가 잘못된 것이다. 별로 놀라운 일도 아니다. 세계가 격렬한 속도로 변화하고 있기 때문이다. 경리직원, 세무사, 비서, 창고 관리인, 공증인, 변호사, 회계사 같은 직업들은 대부분 15년 내에 사라진다. 로봇과 인공지능 기기가 이들을 대신할 준비를 완료했다. 당연히 새로운 직업도 생겨날 것이다. 어떤 경우라도, 자녀들을 위해 변화를 받아들일 준비를 해야 한다. 기업들도 마찬가지이다. 여태까지의 방식을 유지한다면 앞으로 10년 안에 찾아올 변화를 따라가지 못할 것이다.

코딩과 프로그래밍으로 시작하는 미래

누구든 초등학교에서부터 미래를 대비하기 시작한다. 하지만 아이들은 수학, 언어, 지리, 그리고 컴퓨터 이용법 같은 기본적인 과목만 배우는 경우가 많다. 이 과목들만으로는 구직이 어렵다. 전 유럽연합 위원이자 스타트업 앰버서더인 네일리 크루스^{Neelie Kroes}는 네덜란드 방송사 NOS와의 인터뷰에서 어린이들이 코딩과 프로그래밍을 배워야 한다고 주장했다. "모든 어린이가 코딩과 프로그래밍 교육을 받아야 한다. 코딩은 새로운 방법의 작문법이자 계산법이다." 여기서 문제는, 에스토니아와 인도 같은 국가와는 달리 네덜란드에서는 코딩과 프로그래밍이 필수 과목이 아니라는 점이다. 비즈니스계에서는 이런 기술을 보유한 인재의 수요가 높음에도 불구하고 말이다. 캐나다, 아일랜드, 뉴질랜드, 루마니아, 말레이시아, 스웨덴에서는 최근 교육과정에 컴퓨터 공학 과목을 추가했다. 이 과목 없이는 21세기의 디지털 세계 경제에서 충분한 경쟁력을 얻기 어렵다고 믿고 있다.

비즈니스 커뮤니티는 정부의 결단을 촉구하고 있다. 덴마크의 장난감 제조업체인 레고Lego는 2016년에 이미 레고블록을 활용한 전통적인 건물 짓기와 애플리케이션을 활용한 코딩을 결합해 하이브리드 빌딩을 짓는 장난감 레고 부스트Lego Boost를 선보였다. 만 7세 이상의 어린이들은 재미있는 놀이를 통해 코딩과 프로그래밍의 원리를 배운다.

소니 또한 만 7-14세 사이의 미래 디자이너를 위한 로봇 프로그래밍 키트를 개발했다. 쿱^{Koov}이라 불리는 이 키트는 센서, 움직임을 만드는 액추에이터, 모터, 그리고 색색의 블록으로 이루어져 있다. 어린이와 청

라틴어를 배우는 맥스

내게는 특별한 이웃이 있다. 바로 맥스이다. 맥스는 다른 사람들과 잘 지내지 못하지만, 나와 맥스는 통하는 게 있다. 맥스는 로봇과 사물인터넷을 사랑하며 빅데이터를 이해한다. 미래를 맞을 준비가 된 똑똑한 신세대이다. 맥스는 라틴어를 가르치는 고등학교에 다닌다. 라틴어를 배우려면 단순 기억력이 좋아야 한다. 기억력이 좋다면 과학자가 되기엔 유리할지 모르지만, 온라인상에서 수많은 정보를 얻을 수 있는 시대에 단어와 행을 암기하는 게 대체 무슨 의미가 있을까? 변호사도 마찬가지이다. IBM의 슈퍼컴퓨터 왓슨은 몇몇 변수만 익힌다면 향후 10년 안에 법조문과 판례를 그 어떤 변호사보다 더 뛰어나게 찾아낼 수 있을 것이다. 왓슨과 같은 슈퍼시스템은 이미 날씨, 암의 징후를 담은 사진, 그리고 교통 노선도까지 분석한다. 언어 학습, 타인에게 당신의 언어를 이해시키는 것, 그리고 과학 텍스트를 이해하는 것은 곧 불필요한 일이 될 것이다.

스카이프(Skype)는 이미 음성이나 텍스트를 50개의 다양한 언어로 번역하는 프로그램을 개발했다. 또한 앞으로 10년 안에 스마트홈, 자율주행차량, 도시에 100개의 언어와 방언을 직접 번역할 수 있는 시스템이 설치될 것이다. 맥스는 과연 라틴어나 그리스어를 계속 배워야 할까? 아니면 그가 원하는 대로 더 위대한 도전을 위해 그의 재능을 사용해야 할까? 물론 상식은 필요하겠지만, 인간은 모든 것을 알 수는 없다.

수많은 지식을 인터넷에서 찾을 수 있다는 점이 얼마나 다행스러운지. 이 맥락에서 빔 베인(Wim Veen)이 쓴 《호모 자피엔스, 새로운 세대를 위한 교훈(*Homo Zappiens, leren van een nieuwe generatie*)》은 꽤 읽어볼 만하다. 저자는 컴퓨터 시대에 자라난 디지털 호모 자피엔스가 사회에 꼭 필요한 기술을 습득하는 데 집중한다고 설명한다. 신세대들은 게임 속 문제를 해결하고, 실수에서 교훈을 얻으며 스스로 세운 가설을 검증한다. 이러한 과정을 통해 특정 결정과 가정이 가져오는 결과에 대해 배울 수 있어 일상생활에 대한 빠른 통찰력을 얻을 수 있다. 또한 게임을 통해 타인과 동시에 정보 흐름을 관리하고 공유할 수 있는 전략 개발법 또한 배운다. 호모 자피엔스는 협력과 상호작용의 유용성을 믿는다.

소년은 302개의 블록으로 구성된 고급 키트와 함께 제공되는 모바일 앱 23을 사용하여 다양한 디자인으로 제작할 수 있다. 또한 앱셰어 ^{AppShare} 를 통해 자신이 개발한 코드를 전 세계 사용자와 공유할 수 있다. 제작한 로봇과 코드를 담은 온라인 데이터베이스인 쿱스 로봇 레시피 셰어링 ^{Koovs Robot Recipe Sharing}을 사용할 수도 있다. 소니는 코딩, 로봇, 디자인에 대한 30시간 이상의 종합 교육 과정을 쿱에 담았다. 아이들은 이를 통해 로봇 제작에 대해 배울 뿐만 아니라 로봇의 작동 방식을 이해하고 아이디어를 실현하는 데 필요한 과정을 알게 된다.

미래의 인재가 키워야 할
소프트 스킬

　상위 관리자들은 과거 어느 때보다 광범위한 기술의 필요성을 느끼고 있으며, 이전 기술의 수명은 점점 짧아지고 있다. 앞으로 10년 내에 대학 교육을 받은 직원이 지닌 기술의 절반이 구식이 될 것이다. 세계 대기업의 CEO들, 정치인, 그리고 지식인들이 매년 만나 이야기를 나누는 세계 경제포럼World Economic Form에서는 수많은 국가와 산업에서 현재 요구하는 직업과 전문성이 약 5-10년 전까지만 해도 존재하지 않았으며 변화는 더 빠르게 찾아오고 있다는 내용을 담은 보고서를 발간했다. 이는 미래의 노동자들이 영속적인 수요가 있는 기술 습득에 초점을 맞춰야 한다는 것을 의미한다. 미래에 성공하고 싶은 고용주라면 전문지식, 수치화되고 기능적이며 기술적인 하드 스킬뿐 아니라 소프트 스킬을 가진 사람들을 뽑아야 한다.

　소프트 스킬이란 개인적, 감정적, 사회적, 지적 능력을 의미한다. 다시 말해 미래의 인재상은 지속적인 학습욕구, 적응력, 적응하려는 욕구, 리더십, 사회성, 그리고 탄력을 갖춰야 한다. 한마디로 다재다능해야 하는 것이다! 미래의 인재상은 아이디어를 팔고 문제를 분석·해결할 줄 알아야 하는데, 인간적인 면을 놓치지 않으면서도 데이터를 잘 관찰해야 한다.

"끝까지 살아남는 종은 가장 강하거나 똑똑한 종이 아니라 변화에 가장 잘 적응하는 종이다." _찰스 다윈(Charles Darwin)

탄력성

미래의 인재상이 가져야 할 가장 중요한 특성은 탄력성이다. 우리는 서로를 존중하고 자신의 일을 사랑하며, 계속해서 새로이 도전하고 책임을 회피하지 않으면서도 적응력과 전문성을 갖추어야 한다. 이런 자세를 갖춰야만 불확실하고 복잡한 상황에 대처할 수 있다. 한 가지 확실한 점은 세상의 변화 속도가 점점 빨라진다는 것이다.

사고방식

탄력성은 사고방식과 관련이 있다. 스탠포드 대학교의 심리학자인 캐롤 드웩Carol Dweck은 '이상적인 세계 모델'에 대한 연구를 수십 년 동안 진행했다. 고정된 사고방식을 지닌 사람들은 지적 능력과 재능 같은 개인의 기본 자질이 이미 고정됐다고 생각해 자신들이 이러한 자질을 개발할 수 있다는 점을 잊어버린다.

이들은 노력이 아닌 '재능'만으로 성공이 가능하다고 믿는다. 하지만 이는 틀린 생각이다! 사고방식의 변화 가능성을 믿는 사람들은 노력으로 기본 자질을 바꿀 수 있다고 생각한다. 지적 능력과 재능은 그저 시작점에 불과할 뿐이다. 이들은 항상 의욕이 넘치며 생산적이고 쉽게 연결고리를 찾는다. 또한 학습과 중대한 목적을 달성하기 위해 탄력성을 강화하곤 한다.

사회 지능

사회 지능이라는 소프트 스킬도 있다. 소셜미디어는 사람들의 상호작용 방식을 근본적으로 변화시켰다. 미래의 인재는 스마트폰과 인터넷을 사용해 온라인 네트워크상에서 팀의 고문으로서 원격으로 업무를 진행하는 팀원들 사이를 부드럽게 넘나들어야 한다. 일상적인 작업이 자동화됨에 따라 사람들 사이의 연결고리를 만드는 일이 어느 때보다 중요해지고 있다. 로봇이 이러한 사회기술을 습득해 인간을 대체하려면 오랜 시간이 필요하다. 로봇의 무감정은 쉽게 변하지 않는 반면 사회 지능을 갖춘 인간은 주변 인물들의 감정을 빠르게 평가하여 그에 맞춰 반응한다. 감정 지능과 사회 지능은 수천 년 동안 발전해왔으며 현대에 와서는 기계가 영원히 뛰어넘을 수 없는 우리만의 특별한 가치가 됐다.

다문화와 공생

성공하기 위해서는 출신, 종교, 종교적 신념, 또는 성별에 영향을 받지 않는 팀플레이어가 돼야 한다. 앞에서 언급한 사회적 지능뿐만 아니라 다

문화와 국제팀과의 협력 역시 필수적이다. 향후 10년간 다양성은 기업에서 필요로 하는 핵심 역량이 될 것이다. 다양성을 받아들일 수 있어야만 업무의 효율성이 올라간다.

호기심과 상상력

새로운 지식과 혁신의 또 다른 강력한 동력은 어린 시절의 호기심에서 비롯된 진정한 상상력이다. 이는 곧 현실 세계의 돌파구로 이어진다. 앨버트 아인슈타인Albert Einstein에 따르면 상상력은 지식보다 중요하며, 이 말은 아직까지 유효하다. 중·고등학교 학생들은 점점 더 많은 정보를 처리할 수 있으며 처리한 정보를 또다시 검색해볼 수 있다. 그러므로 우리는 그들의 호기심을 계속해서 자극해야 한다. 직장생활을 시작한다 하더라도 젊은 세대는 더 이상 하나의 분야에만 머무르지 않고 혁신적이고 진취적이며 열린 사고방식으로 연결고리를 만들어 한계를 넘어설 것이다. 또한 도전과 기회를 피하지 않을 것이다. 때때로 최적의 결과를 얻어내기 위해 전통적이지 않은 방식으로 다학문적 탐구를 멈추지 않을 것이다. 미래의 인재상은 전문 분야에서 많은 지식을 보유해야 할 뿐만 아니라 다른 분야에 존재하는 기회를 폭넓게 이해해야 한다. 이미 다학문적 접근법을 이용하는 학문들이 존재한다. 분자 생물학, 생화학, 단백질 화학, 기타 전문 분야가 합쳐진 나노기술이 그 예이다.

> "21세기의 문맹자들은 읽고 쓰지 못하는 사람이 아니라 배운 것을 잊으며, 다시 배우는 것을 할 수 없는 사람들이다." _앨빈 토플러(Alvin Toffler)

인공지능 시대에 필요한
하드 스킬

　타이핑, 글쓰기, 계산, 차량 운전, 장비 조작, 소프트웨어 개발, 특정 컴퓨터 프로그램 사용, 외국어 말하기에 이르기까지. 이 모든 것은 측정 가능하며 일반적으로 정의할 수 있는 하드 스킬들이다. 앞으로 가장 필요한 하드 스킬, 그리고 현재와 미래에 이런 스킬을 배울 수 있는 프로그램에 대해 알아보겠다.

유연한 교육

　각종 기술을 지속적으로 학습하고 업데이트하는 일은 매우 중요하다. 하지만 어린이와 청소년들이 미래에 대비할 수 있도록 도울 때는 이들의 흥미를 돋워주어야 한다. 이를 위해서는 현재의 경직된 교육 시스템이 유연해질 필요가 있다. 아랍 에미리트 대학교 총장 나기 와킴 Nagi Wakim 은 그의 대학이 교실에서 강의되는 수학이나 물리학이 아닌 핵물리학이나 천체물리학 온라인 코스를 제공한다고 말했다. "교육의 변화 속도는 미래 세계의 니즈를 따라잡지 못한다. 지금의 교육은 어제를 위한 학문만을 가르치고 있다. 이제는 미래에 필요한 과목을 가르쳐야 한다." 지구 온난화, 에너지 문제, 기후 변화와 같이 현재의 세계가 직면한 문제에 대한 해결책을 교육 내용에 포함시켜야 한다. 기업가 정신, 환경, 지속성, 소셜미디어, 시사 상식, 자선사업에 관한 내용도 다루어져야 한다는 의견도 있다.

스타트업 기업이 된 고등학교

점점 더 많은 미국의 고등학교가 스타트업 기업으로 변모하는 중이다. 이 학교들은 미래의 커리어와 학생을 연결하는 다리가 되길 바라고 있다. 학교는 학생들이 비즈니스 계획을 세우고 교내 시설을 사용하여 비즈니스 세계의 멘토와 화상회의를 하도록 권장한다. "적응력 있고 유연한 교육 공간을 보장하는 훈련 시스템이 있다면 바로 이용할 계획이다." 에듀케이션 리이매진(Education Reimagined)의 켈리 영(Kelly Young)이 했던 말이다. "지금 우리가 직면한 문제는 항상 해왔던 방식을 버리고 표준 교육과 아무 관련 없는 청소년들을 위한 새로운 시스템을 개발하는 것이다. 유연하고 적용 가능한 교육이 필요하다."

기계처럼 생각하는 능력

기계에 인공지능을 통합하면 기계가 사람처럼 '생각'하도록 만드는 것이 중요하지만, 그 반대 역시 중요하다. 이용 가능한 데이터의 양은 기하급수적으로 늘어나기에 컴퓨터의 방식으로 정보의 의미를 찾아보는 법을 알아야 한다. 접근 가능한 프로그래밍 언어와 기술의 도움을 받아 가상현실과 실제 현실 속 프로그래밍의 기초를 알아야 한다. 또한 환경을 조정하여 효율적으로 상호작용해야 한다. 컴퓨터처럼 생각하는 능력은 유연성과 적응력을 비롯해 점점 더 많은 기업이 인재들에게 원하는 스킬 중 하나이다. 언제나 지식을 업데이트해야 하며, 대용량의 정보를 처리하기 위해서는 인지부하를 저장하는 최적의 방법을 알아야 한다. 이를 잘 활용한다면 생산성이 증가할 것이다. 새로운 도구와 스킬을 터득한 사람들은 스스로 주변세계를 형성할 것이다. 지금까지는 가능하지 않은 일이었다.

'컴퓨터처럼 논리적으로 생각하기'는 말레이시아 1만 173개 초등학교의 필수 교육 내용으로 선정됐다. 총 120만 명의 학생들이 이 학교들에 재학 중이다. 물론 '컴퓨터처럼 생각하기'라는 과목이 따로 있지는 않지만, 모든 중요 과목에는 이 주제가 녹아들어 있다. 말레이시아의 교육 관계자는 다음과 같이 말했다. "우리는 학생들에게 놀이를 통해 논리적 사고를 하고 코딩하는 법을 가르친다. 논리 기반 게임을 통해 학생들은 알고리즘이 무엇이며 어떻게 문제를 해결할 수 있는지를 배운다."

알고리즘이란?
컴퓨터는 컴퓨터만을 위한 특정 명령을 담은 '알고리즘'을 통해 대용량의 데이터에 포함된 정보를 빠르게 처리한다. 알고리즘 덕에 컴퓨터는 시간이 오래 걸리는 문제나 풀이가 불가능했던 문제들을 풀어낸다. 소수점 이하 만 자릿수로 이루어진 '파이'를 찾을 수도 있고 인터넷에서 당신의 이름이 적혀 있는 엄청난 양의 웹페이지를 찾을 수도 있다. 구글과 페이스북 또한 알고리즘을 사용한다. 만약 당신이 특정 친구의 여러 게시물에 응답하면 페이스북은 그 친구의 업데이트를 자주 표시한다. 반면 오랫동안 연락하지 않은 친구의 업데이트는 표시되지 않는다. 만약 페이스북 친구들의 대부분이 특정 게시물에 '좋아요'를 눌렀다면 페이스북은 우리도 흥미를 가질 거라 생각하며, 특정 주제에 관련된 비디오를 보거나 기사를 읽게 되면 비슷한 비디오와 기사가 계정에 표시된다. 페이스북은 마지막으로 사용했던 애플리케이션을 확인하고 그에 맞춘 알고리즘으로 우리가 흥미를 가질 주제를 찾는다.

기계와 사람을 위한 '딥러닝'

이 책에서 자주 언급되는 용어 중 하나는 '딥러닝 Deep learning'이다. 이는 머신러닝의 한 종류로 컴퓨터가 패턴과 알고리즘을 학습한다. 인간의 두뇌 신경망을 본떴기 때문에 이론적으로는 학습에 제한이 없다. 딥러닝

이란 기계뿐 아니라 인간에게도 도움이 된다. 읽고 쓰며 숫자를 세는 능력이 바로 딥러닝의 핵심이다. 만약 이 세 가지 능력이 부재한다면 높은 수준의 학습과 복잡한 기술 습득은 불가능하다. 하지만 현대 사회에서는 이 세 기술만으로는 부족하다. 지금의 생활수준을 유지하면서 복잡한 현대사회의 일부가 되기 위해서는 계속적인 학습이 필요하다. 교육은 기본적인 사실을 전하는 것에 국한하지 않고 학생들의 깊은 이해를 돕는 틀을 제공해야 하며, 학생들은 지식을 창의적이고 효과적으로 적용하는 법을 배워야 한다. 그래야만 현명한 비판적 사고가로 성장할 수 있다. 교육이란 젊은이들에게 역동적인 자세와 통찰력으로 미래에 접근할 수 있도록 도와주는 수단이다. 전통적인 '지혜'에 도전하고 문제를 해결할 수 있는 자신감과 능력을 길러주는 것이다. 스스로 생각하는 법이라고 표현할 수도 있겠다.

  미국 교육 당국은 컴퓨터를 사용하지 않고 흥미도 없는 젊은이들에게

해킹을 배우는 아이들

보안 전문가 배리 반 캄펀(Barry van Kampen)은 헤임스테더(Heemstede)에 위치한 하허벨드 학교(Hageveld College)에서 해킹의 첫 번째 원칙을 가르쳤다. 세계가 기술을 이해하고 비판적 사고가 가능한 인재를 원하기 때문에 해킹의 기본 원칙을 배우는 것은 상당히 중요하다. 반 캄펀은 '교실 속의 해킹(Hack in the Class)'이라는 단체를 창설했다. 위트레흐트의 해커 클럽 란돔다타(Randomdata)와 암스테르담에서 처음 개최된 국제 보안 컨퍼런스 '핵인더박스(Hack in the Box)'가 함께 주도했다. 그는 열정적인 해커와 특별히 훈련된 교사가 일할 수 있도록 해킹 관련 교육 자료를 무료로 공유할 예정이다. 해킹 관련 교육에는 사이버 위생, 올바른 암호에 관한 질문에 대한 답변, 합법적이고 불법적인 해킹, 해커 윤리가 다루어질 예정이다.

그는 자신의 아이가 다니던 유치원에서의 경험을 바탕으로 이런 일을 기획했다. "그곳에는 구석에 두 대의 컴퓨터가 있었다. 그중 한 컴퓨터에 오류가 났는데 교사가 문제를 해결하기 위해 무엇을 해야 하는지 전혀 모르는 게 아닌가."

그의 수업에서 학생들은 첫 시간부터 무선 경보 시스템을 해킹한다. 매우 간단하다. 학생들은 공기를 통과하는 수많은 신호가 있다는 점과 그중 특정 8비트 신호를 수신할 때 원격제어를 통해 경보시스템이 꺼진다는 점을 이해한다. 학습속도가 유난히 빠른 학생들은 이 신호는 8번의 0 또는 1에 해당하므로 256가지 가능성이 있다고 경우의 수를 계산해낸다. 그런 다음 256비트의 코드를 경보 시스템에 보내는 프로그램을 설계하고 올바른 신호가 도착했을 때, 알람이 꺼진다.

해커 윤리에 대해 이야기해 보자. 과연 해커는 윤리적일 수 있을까? 사이버 보안 업계는 윤리적 해커라고 불리는 컴퓨터·네트워크 전문가를 필요로 한다. 이들은 보안이 취약한 곳을 찾기 위해 시스템에 침투한다. CEH(Certified Ethical Hacker), 또는 인증된 윤리적 해커는 침입자를 추적하고 바이러스를 생성하며 네트워크 정책을 개발하는 전문가이다. 전문성을 남용할 수 있으리라는 우려 때문에 널리 알려진 직업은 아니다. 사생활 보호와 투명성에 대한 논쟁은 아직도 진행 중으로, 구체적인 법률과 규정이 필요하다.

올바른 지식과 태도를 심어주려 노력하고 있다. 2016년에는 '컴퓨터 공학 원리 Computer Science Principles'라는 과목이 미국의 2,500개 고등학교에 도입됐고 상당히 인기를 끌었다. 2016년에 5만 명의 젊은이들이 이 과목

시험에 응시했고, 2017년에는 여학생들과 라틴 아메리카, 아프리카 태생(흑인) 학생을 포함, 응시 학생 수가 전해의 두 배 이상 늘어났다. 2017-2018학년도에 이미 400개의 학교가 과목 신설을 예고했다.

가짜 뉴스를 잡아내는 법

인터넷을 통하면 누구든 뉴스가 담긴 메시지를 주고받을 수 있다. 하지만 이러한 메시지가 모두 사실은 아니며 그로 인해 바람직하지 않은 결과를 초래할 수도 있다. 예를 들어 자신도 모르게 하지 않은 일에 대한 처벌을 받는 사람들도 있다. 따라서 내일의 아이들은 진짜 뉴스와 가짜 뉴스를 구분하는 법을 배워 책임감 있는 어른으로 자라나야 한다. 이런 과정을 정규 교육과정에 도입할 수도 있겠지만, 교사들에겐 여간내기가 아니다. 학생들은 수업 중 셀카를 찍고 서로에게 전송한다. 트위터 메시지 등 셀 수 없이 많은 SNS 메시지로 서로를 폭격하고 스마트폰 속 소셜미디어에서 경험한 방식으로 세상을 바라본다. 하지만 스마트폰 속의 이미지가 현실과 항상 일치하지는 않기 때문에 가짜 뉴스를 알아보지 못하는 경우도 있다. 미국의 스탠포드 역사 교육 그룹^{Stanford History Education Group}

은 학생들을 위해 휴대폰으로 얻은 정보의 신뢰성을 평가하는 법과 책임 있고 안전한 방식으로 인터넷을 사용하는 방법을 담은 온라인 코스를 개발 중이다. 네덜란드에서는 이미 비슷한 내용의 교육을 진행 중이다. 이런 교육을 받으면 학생들 스스로도 공신력 있는 정보를 얻을 수 있을 뿐만 아니라 허위 정보를 전달한 후 발생할 갈등을 예방할 수 있다.

교실로 찾아온 아이패드와 노트북

아이들은 교실에서 스마트폰을 사용한다. 내 딸 스테러는 최근 새로운 초등학교로 전학했다. 스테러는 이제 책으로 가득 찬 가방이 아니라 아이패드^{iPad}만 들고 다닌다. 이 아이패드로는 교과서를 저장하고 정보를 검색할 수 있을 뿐만 아니라 이전보다 쉽게 수업내용을 필기할 수도 있어 편리해 보인다. 딸이 다니는 학교뿐 아니라 46곳의 학교에서 스티브 잡스 스쿨$^{Steve Jobs School}$이란 이름으로 4년 전부터 아이패드를 사용한 수업을 진행하기 시작했다. 마우리스 드 혼트$^{Maurice de Hond}$의 주도로 이루어진 결과이다. 하지만 연구에 따르면 스티브 잡스 스쿨 중 절반이 프로그램을 중단했다. 값비싼 수업비용과 부수비용 때문이었다. 일부 학교는 이 교수법이 학생들에게 적합하지 않거나 현재의 교육과정에 끼워 넣기 어렵다는 의견을 내놓았다. 아이패드를 수업에 사용한 아이의 성취도에 만족하지 못하는 부모들도 있었다.

미래의 가능성

아이패드와 노트북은 물론 유용한 학습도구이다. 하지만 그게 전부가 아니다. 아이들은 초등학교에서부터 신기술을 배워야 한다. 예를 들어 데스크톱 컴퓨터나 노트북을 사용해 3D 프린터와 통신하는 방법 말이다. 또한 자신이 디자인한 제품을 수정하고 3차원으로 인쇄하는 법을 알아야 하며 가상현실^{VR}과 증강현실^{AR}의 가능성도 발견해야 한다. 증강현실 에서는 컴퓨터가 모든 종류의 디지털 요소를 현실 속 살아 있는 이미지에 추가한다. 여기서 말하는 디지털 요소란 센서가 수집한 환경정보이다. 증강현실이 상용화된 미래를 상상해보자. 아이들이 책을 열고 지구 그림을 볼 때, 특수 안경을 착용하면 평평했던 그림이 3차원 이미지로 바뀐다. 이렇게 다양한 형태의 풍경이나 지구의 횡단면을 통해 행성의 핵부터 지층면까지 어떻게 만들어졌는지 직접 볼 수 있다. 미래의 교실에서 반드시 나타날 가상현실과 증강현실의 결합이다. 또 다른 예도 있다. 시골 학교 아이들이 과학박물관을 방문하려 해도 가장 가까운 도시는 160킬로미터나 떨어져 있고 그곳까지 갈 교통수단 또한 없는 경우가 많다. 이런 경우 모든 학생은 저렴한 가상현실 헤드셋과 특수 장갑을 착용한다. 이 두 기기를 사용하면 가상의 박물관을 관람하고 다양한 각도에서 모든 전시물을 보고 만질 수 있다. 젊은 세대들에게 문화유산과 기타 중요한 쟁점들에 관한 수업을 하기에 돈과 시간이 부족하다는 말은 이제 핑계에 불과한 세상이 다가온다.

집으로 찾아오는 가상 (피아노) 선생님

마이크로 홀로렌즈(Microsoft HoloLens)의 새로운 응용 프로그램인 테오먼(Teomirn)은 세계 최초의 가상 피아노 선생이다. 악기가 있는 모든 공간에서 홀로그램으로 나타난다. 전용 헤드폰과 안경을 착용한 학생들은 옆에 앉아 함께 피아노를 가르쳐주는 선생님을 볼 수 있다. 테오먼은 학생들이 연마한 기술도 체크할 수 있다. 또한 (홀로그램) 몸에서 분리된 손이 피아노를 가르치며 학생의 동작을 검사하고 다시 시험연주를 보일 수도 있다.

미래의 교사는 공간에 구애받지 않는다. 홀로그램으로 나타나 언제 어디서나 가르칠 수 있다. 런던에 머무르는 선생님이 호주 시드니에서 실시간으로 수업을 진행할 수도 있다. 하지만 아직까지도 많은 사람이 기술은 교육을 지원하는 도구일 뿐, 교사를 완전하게 대체할 수는 없다고 생각한다.

© Teomirn

교육은 재미있어야 한다

인디애나 대학교는 265개 도시 110개 학교의 고등학생 81,000명을 대상으로 조사를 했는데 예상치 못한 결과가 나왔다. 학생들의 3/4은 수업과 커리큘럼이 흥미롭다고 느끼지 않았다. 또한 거의 1/3이 수업을 지루하다고 느꼈고 2/3는 숙제를 할 필요가 없다고 생각했다. 자퇴생의 60퍼센트가 이와 같은 이유로 학교를 그만두었다고 답했다. 이렇게 부정적인 조사 결과가 나온 이유는 무엇일까? 학생들은 교사와의 상호작용 부재를 원인으로 들었다. 2014년 네덜란드 교육 감사 기관^{Nederlandse} ^{onderwijsinspectie}은 교육이 학생들에게 동기를 부여하지 못한다는 결론을 내렸다. 또한 수업이 지루하고 학생들의 관심사와도 일치하지 않는다고 발표했다. 교육은 재미있어야 한다. 그게 바로 우리 아이들이, 항상 보상을 바라는 10대들이 원하는 점이다. 나는 아직도 역사를 톨킨의 작품 《반지의 제왕^{The Lord Of The Rings}》 시리즈와 엮어서 수업했던 베르케르크 ^{Verkerk} 선생님을 기억한다. 선생님의 수업이 얼마나 재미있던지 주말을 앞둔 금요일 오후에도 수업이 전혀 지루하게 느껴지지 않았다. 물론 베르케르크 선생님 외에도 재미있게 수업하는 교육자들이 있다. 그렇지만 아이들을 수업에 집중하게 만들어줄 더 많은 선생님이 필요하다.

창의력에 신경 쓰지 마라

종종 간혹 만 5세인 아들 젠의 예상치 못한 말 때문에 놀라곤 한다. 아이는 "아빠는 똑똑해요. 장도 잘 보는 것 같아요." "엄마, 젊을 때 예뻤어요?" "어른들은 다들 입 냄새가 나요?" "아빠는 어른치고는 좋은 사람 같아요." 같은 말을 던진다. 아이들은 눈치 보지 않고 언제 무슨 말을 해야 하며, 어느 때 말해서는 안 되는지 알지 못한다. 미취학 아동들은 그저 물건을 가지고 놀고 싶어 할 뿐이다. 호기심이 많고 운동장에 나가 노는 것도 좋아한다. 망치와 블록만 주어도 몇 시간을 놀 수 있다. 세상 모든 걸 알고 싶어서 "왜요?"라는 질문과 "그건 뭐예요?"라는 질문을 반복한다. 젠도 하루에 적어도 50가지 질문을 던진다. 연구에 따르면 3-5세 사이의 어린아이 중 90퍼센트가 천재적으로 사고한다. 하지만 10년이 지나면 그중 10퍼센트만 천재로 남아 있다. 즐겁고 다양하며 창조적인 어린이들이 공통교육과정을 거치고 나면 지루한 회색군중의 일원으로 자라난다. 현 교육 시스템은 여전히 그저 모든 시험을 통과하고 졸업장을 받는 것을 궁극적인 목표로 삼고 있다.

우리는 아이들에게 팔방미인이 되라며 가르치지만 사실 팔방미인들은 많다. 앞으로는 오히려 미래의 새로운 문제를 해결할 수 있는 전문가들이 필요하다. 디즈니 만화 속의 발명가 자이로 기어루스처럼 말이다. 똑똑한 아이들은 창의적이고 지적인 방식으로 어른이 될 수 있다. 아이들이 자라서 할 일은 많다. 케어로봇의 프로그래밍과 훈련, 우주여행 준비, 스마

재능을 고려하지 않는 네덜란드의 중 · 고등학교 입학시험

네덜란드에서는 8학년이 되면 모든 학생이 시토(Cito)라고 불리는 중 · 고등학교 입학시험을 치른다. 이 시험 결과에 따라 어떤 종류의 중 · 고등학교에 입학할지가 결정된다. 하지만 시토 시험은 창의적인 재능, 스포츠맨 정신이나 기술적 통찰력을 다루지는 않는다. 문제는 확실하다. 정규 수업시간에 잘 참여하는 학생들도 시험 결과가 좋지 않을 때가 있기 때문이다. 네덜란드의 만 12세 아이들 중 70퍼센트는 시토 시험에 스트레스를 받지만 시험 결과는 종종 아이들의 실제 재능을 반영하지도 않고 표준화되지도 않았다. 시험 결과에 따라 진학할 학교를 선택해도 오직 30퍼센트만이 시험 전 교사들의 진학 지도와 일치한다는 점 또한 문제가 된다.

트시티 건축, 해커범죄자와의 전쟁, 그리고 영원히 살 수 있는 법도 탐구해야 한다. 매우 중요하고 규모가 큰 임무들이다. 그 때문에 더 이상 높은 시험 점수로 아이들을 보상해줄 것이 아니라 이들의 헌신, 열정과 호기심을 만족시킬 교육을 제공해야 한다.

앞으로의 교육은 아이들의 재능과 기술을 최대한 활용할 수 있도록 맞춤형으로 진행돼야 한다. 과연 아이들에게 도움이 될지 우려를 표하는 사람들도 있지만 맞춤형 접근방식이 효과를 보인 산업들을 살펴보면 이 우려가 사라질 것이다.

교사가 없는 세상

선생님이 가장 오랜 직업이란 걸 인지하고 있는 사람들이 있다. 하지만 요즘처럼 개인주의 세상의 교육은 개별 학생에 맞춰 제공돼야 한다. 뉴욕에 위치한 '한 명을 위한 학교(The School of One)'에서는 매일 모든 학생에게 개별 학습과 맞춤 교육계획을 제공한다. 이는 전날 배웠던 과목과 수업 내용에 따라 오늘의 수업내용을 자동으로 조정하는 알고리즘에 따라 이루어진다. 전 세계 사람들은 이제 온라인 공개수업(MOOC, Massive Open Online Courses)을 통해 원하는 과목의 온라인 수업을 수강할 수 있다. 어린이와 청소년들이 유튜브 비디오를 보고 새로운 기술을 빠르게 습득한다는 점도 이미 널리 알려져 있다. 많은 노인들 역시 교사 없는 방식을 선택하기도 한다. 하지만 이 방식에도 제약이 있다는 의견도 존재한다. 예술교육을 하는 한 교사가 이렇게 말했다. "궁극적인 교육이란 선생님과 학생, 그리고 수업 내용의 상호작용을 의미한다." 이 교사의 말도 맞다. 유능한 교사들은 도저히 따라할 수 없는 방식으로 아이들에게 셰익스피어나 과학에 대한 경이로움이라는 영감을 제공한다. 좋은 교사란 학생의 니즈를 평가하고 꼭 배워야 하는 내용을 쉽게 흡수할 수 있도록 도움을 줘야 한다.

앞으로는 어떻게 해야 할까?

내 아이들이 다니는 초등학교에는 고정석이 없다. 학생들은 원하는 대로 교실 내 어디에서든 서 있거나, 앉거나, 또는 매달려 있을 수 있다. 만

5-6세인 2학년생들은 이미 철학 수업을 듣고, 다음 단계에서는 원하는 수행평가를 스스로 결정한다. 마치 구글이나 아마존의 직장인들이 자신이 원하는 주제를 골라서 일주일에 하루씩 업무시간을 할애해 공부하는 것처럼 말이다. 저학년생들에겐 어려운 선택이지만, 고학년생들은 자신들이 원하는 과목을 고를 수 있다. 여기서 교사는 단순한 교사가 아니라, 그저 영감을 주는 코치일 뿐이다. 이야기를 들려줄 뿐만 아니라〈세상은 교육을 중심으로 돌아간다De Wereld Draait Door Academy〉와 같은 프로그램을 보여줄 수도 있다. 미래의 교육은 아이들의 자주성을 길러주어야 한다. 해야 할 일을 알려주는 선생님에게 교육받은 아이들은 상사가 할 일을 알려줄 때까지 기다리는 직원으로 자라날 것이다. 하지만 미래에는 독립적으로 일할 수 있고, 스스로 결정을 내릴 수 있으며 팀플레이어로 기능할 수 있는 인재가 필요하다. 또한 상사는 직원을 더 높은 수준으로 끌어들이는 고무적인 지도자가 돼야 한다.

사회, 노동시장, 그리고 아동들이 서로 다른 요구를 하는 현 시대에 기존의 교육과 같은 방식은 사라질 것이다. 하지만 교육의 형태가 완전히 바뀌기 전까지는 부모로서 자녀들의 미래를 준비하는 데 필요한 중요한 주제를 찾아보아야 한다. 강연을 진행하면서 아이들을 위해 공부하는 부

숙제를 독서로 대체한 미국의 초등학교

미국 플로리다의 한 교육구에서는 초등학교 숙제를 폐지하는 대신, 매일 20분 동안 독서를 제안했다. 이런 결정은 독서를 통해 더 나은 시간을 보낼 수 있고 성공적인 미래를 보낼 기회가 더 많다는 배경에서 나왔다. "읽을 수만 있다면, 나머지는 자연스럽게 따라온다"라는 말은 이들의 모토이다.

모들을 점점 더 많이 찾아볼 수 있었다. 그들 중 일부는 자녀와 함께 비디오나 텔레비전을 시청하고, 내일의 세상에 대한 책을 읽거나 우주비행사 안드레이 카위퍼르스^{André Kuipers}의 토크쇼에도 참여한다.

젊은 교사들은 이런 방식의 교육에 동의하지만, "우리는 이렇게 교육할 수 없다"고 말한다. 이 말이 안타까울 따름이다. 그 때문에 젊은 교사들을 도와야 한다. 작년에 몇몇 부모들과 나눈 대담에서 학교가 미래를 보장하는 교육을 제공해야 한다는 점에 동의했다. 젊고 활발한 교사들이야말로 학생들을 자극하고 동기부여를 할 수 있기 때문이다. 네덜란드에서 이런 '자유로운' 학교는 이미 2016년부터 개교했고 앞으로도 자유로

성적이 오르는 홈스쿨링

호주의 연구에 따르면, 홈스쿨링을 경험한 아이들이 정규교육을 받은 아이들보다 성적이 좋다. 홈스쿨링을 받은 아이들은 읽기, 문법, 게임, 작문, 수학 시험 결과에서 두각을 나타냈다.

70 홈스쿨링 학생의 평균 NAPLAN 점수는 뉴사우스웨일스 전체 평균보다 약 70점 높았다.

40 홈스쿨링 학생들은 철자법에서 약 40점을 더 득점했다.

3343 작년 뉴사우스웨일스의 홈스쿨링 학생 수

20 홈스쿨링 학생들은 작문 과목에서 약 20점을 더 득점했다.

운 학교들이 더 많이 생길 예정이다. 정부는 이러한 학교를 사전에 차단하지 않겠다고 약속했다.

9 Skills for teachers
21세기의 교사들을 위한 웹사이트

오디오 클립 녹화와 편집
1. Soundcloud.com
2. Audioboom.com
3. Vacaroo.com
4. Clyp.it

인터렉티브 비디오 콘텐츠 제작
1. Youtube Video Editor
2. Wevideo.com
3. Magisto.com
4. Animato.com

인포그래픽과 포스터 만들기
1. Piktochart.com
2. Canva.com
3. Drawings.google.com
4. Thinglink.com

수업 계획 짜기, 소셜미디어, 새로운 콘텐츠 발견, 직업적 성장
1. Twitter.com
2. Facebook.com
3. Plus.google.com
4. Linkedin.com

블로그와 위키를 통한 학생들의 협력 도모 ●
1. Blogger.com
2. Wordpress.com
3. Edublogs.org
4. wikispaces.com

흥미로운 프레젠테이션 만들기
1. Docs.google.com/ presentation
2. Haikudeck.com
3. Zoho.com/docs/ show.html
4. Prezi.com

디지털 포트폴리오 만들기
1. Web.seesaw.me
2. Silk.co
3. Sites.google.com
4. Weebly.com

디지털 소스 선택, 구성, 공유
1. Diigo.com
2. Scoop.it
3. Educlipper.net
4. Edshelf.com

디지털 퀴즈 만들기
1. Flipquiz.me
2. Riddle.com
3. Quizalize.com
4. Testmoz.com

● 인터넷 사용자들이 내용을 수정. 편집할 수 있는 웹사이트

© educatorstechnology.com

내일의 교실

미래에는 전통적인 학습방법과 교육기관이 사라지고 학생들이 교실 밖에서 학습할 것이다. 맞춤형 학습 시스템, 증강현실, 클라우드 컴퓨팅과 소셜네트워크는 상호작용을 촉진하고 학습과정에 긍정적인 영향을 미친다. 컴퓨터와 인터넷만 있다면 전 세계 사람들이 흥미로운 수업을 들을 수 있다. 교사들은 하얀 도화지 같은 학생들에게 정보만을 주입하지 않고 문화, 학문과 가능성에 대해 소개하고 학생의 평생 교육을 지지해야 한다. 미래의 우리는 더 이상 한 명의 상사를 위해 일하지 않고 계속해서 직업을 바꿀 것이다. 따라서 교육은 융통성, 적응력과 같은 자질을 장려하고 학생들이 실수로부터 배울 수 있음을 확신시켜야 한다. 게임 기반 학습과 3D 프린팅과 같은 학습법을 통하면 가능하다. 테스트의 세상에서 일어나는 실수는 실제 삶에 아무런 영향을 미치지 않으니까. 앞으로의 교육은 귀찮거나 짜증 나는 것이 아닌, 적극적으로 참여해야 하는 삶의 중요한 부분이다.

새로운
교육 시스템이 온다

앞으로는 교육뿐 아니라 교수법과 교육 시스템도 변화할 것이다. 이미 변화한 분야도 있고, 계속해서 발전하는 분야도 있다.

플립 러닝

네덜란드에서는 '플립 러닝 Flipped learning', 즉 역순학습이 보편화됐다. 고등학생들은 집에서 새로운 내용을 배우고 비디오 강연을 보며 온라인 교재를 통해 학습한다. 그런 다음 학교에서 선생님들과 함께 숙제를 한다. 이 교육법의 장점은 학생들이 훨씬 더 편안히 학습할 수 있고 숙제에 어려움이 있을 경우 토론이 가능하다는 점이다. 또한 우선 한 주제에 대한 집중적인 학습을 거치면 그 주제에 대한 자신의 관점을 형성할 수 있다. 아이들은 더 이상 선생님의 의견에 의존하지 않는다.

게임

아이들은 게임을 좋아한다. 미래에는 게임을 통한 학습이 흔해질 것이므로 게임을 좋아하는 게 나쁜 것은 아니다. 네덜란드의 경우 성적에서 가장 높은 점수는 10이며, 가장 낮은 점수는 1이다. 여기에서 1은 수업에 참여하려는 노력을 의미한다. 그런데 게임의 경우는 그 반대이다. 게임은

0으로 시작해 계속해서 점수를 올릴 수 있다. 게임을 하는 동안 모든 종류의 수식을 응용할 수 있는 문제가 튀어나온다. 통찰력에 도달하는 과학적 방법과 유사하다. 게임에 중독되는 것처럼 학습에 중독될 수 있다면, 이미 성공한 것이다. 연구 결과에 따르면 비디오 게임을 즐기는 조종사는 더 나은 직업적 역량을 보인다고 한다. 게임은 공간·전략적 통찰력을 개발하는 데 유용한 미래형 교육의 일종이다. 학생 스스로 게임을 디자인하도록 함으로써 언어 사용, 체계적인 사고능력, 시뮬레이션과 오류 학습을 통한 문제 해결법, 예술성, 그리고 스토리텔링과 같은 다양한 기술을 배울 수 있다. 또한 게임을 다른 학생들과 공유함으로써 서로에게서 배울 수도 있다.

아이디어의 자유로운 흐름

아이디어의 자유로운 흐름에 대한 상호 자극은 협력이 일반적인 오늘날의 세계관과 일치하며 학생들은 이를 미리 준비할 수 있다. 물론 교사와 교수는 교육에서 제외되지 않는 대신 유용한 정보를 클라우드 커뮤니티에 업로드하는 역할을 맡고 포럼에 대한 지침을 제공할 수도 있다. 이런 사회적 플랫폼은 수업과 훈련의 질을 높이는 귀중한 피드백 역할을 한다.

실험적 교육

드렌터 컬리지^{Derente College}의 기술학과와 스텐던 엠먼 응용과학대학교^{Stenden Hoge school of Emmen}의 Green PAC는 한 학회에서 실험을 통해 아이들이 미래의 노동 시장을 준비한다고 발표했다. 바르허르 오스터베르

트Barger-Oosterveld 출신의 19세 안투안 복셈Antoine Boxem은 학교 실험실에서 미래의 교각을 개발하고 3D 프린터로 바이오 부품을 인쇄했다. 이 다리에는 직원이 필요하지 않으며 선박이 도착하자마자 센서 구동 전자 프로그램이 작동하여 다리를 올라가게 한다. 물론 교각 위 도로와 수상 안전을 고려해야 한다.

또 다른 예로 물을 최대 90퍼센트까지 절약하는 거꾸로 샤워기가 있다. 몸에서 가장 나쁜 먼지를 씻어낸 물만 하수처리가 되고, 나머지 물은 재사용할 수 있다. 이때 남은 물에 자외선 소독을 하면 모든 박테리아가 박멸된다. 지금은 천연가스를 통해 온수를 제공받을 수 있다. 미래에는 지속 가능 발전으로 만들어진 전기를 사용해 물을 데울 수 있을 것이다.

가상비서

많은 학생이 이미 시리와 코타나 같은 가상비서를 사용해 온라인으로 연구를 하고 글을 쓰며 숙제 제출 알림을 받는다. 온라인 애플리케이션을 사용하면 언어를 배울 수도 있다. 미래에는 인공지능이 질문자의 나이와 기술에 맞게 특정 주제와 개념에 대한 질문을 던지고 그에 응답하는 교육이 진행될 것이다. 인공지능은 교사와 함께 학생에게 맞는 교육방법을 탐색하고 결정하는 데 필요한 모든 데이터를 분석할 수 있다. 학습을 가로막는 장애물이 생긴다면 그에 대한 대안을 제시할 수도 있다. 교육자들은 이미 교육과 학습을 지원하는 기술을 도입하고 있다. 향후 10년 안에 학생들은 가상현실 안경, 게임, 그리고 인공지능에 이르기까지 모든 신기술을 사용할 수 있다. 우리는 이 놀라운 변화의 시작을 목격하고 있다.

온라인 공개수업 : 미래의 학교

누구나 온라인 공개수업에 무료로 참여할 수 있다. 대학에서는 온라인으로 강의를 하고 유튜브에도 무료 공개강좌가 넘쳐난다. 하버드 대학교와 MIT는 이미 24만 5천 개의 온라인 공개수업 수강 인증서를 발급했다. 심지어 하버드 대학교는 다른 많은 교육기관과 마찬가지로 10억 명의 학생들이 온라인 시험 비용만 지불하면 되는 수업을 진행할 예정이다. 이 수익금을 통해 수업을 계속해서 무료로 들을 수 있다. 그 덕분에 모든 사람이 최상의 교육을 받을 수 있다.

아프리카 케냐에서는 지난 10년 동안 단 10퍼센트에 불과했던 인터넷 접속 인구가 80퍼센트로 늘어났다. 따라서 거의 모든 케냐 사람들이 저렴한 스마트폰이나 태블릿을 통해 우수한 교육을 받을 수 있다. 디지털 학습 시스템과 교육용 애플리케이션을 사용하면 세상은 더욱 스마트해진다!

몇 가지 사례가 더 있다. 벨기에의 미래학자 피터 힌센[Peter Hinsen]은 2012년 인공지능에 관한 첫 번째 온라인 공개수업에 북한을 제외한 전세계 16만 명의 학생들이 참여했다고 설명했다. 스탠포드 대학교 교수인 세바스찬 스런[Sebastian Thrun]은 2011년 자신의 실물 강의에 고작 200명의 학생만 참여할 수 있다는 데에 안타까움을 드러내기도 했다. 바로 그가 지금 전 세계를 정복한 새로운 학교 개념을 개발했다. 스런은 스탠포드 대학교를 떠나 조지아 공과대학교와 함께 컴퓨터 과학 분야의 온라인 석사 과정을 제공하는 교육 플랫폼 유다시티[Udacity]를 설립했다. 이 과정은 무료는 아니지만 실비의 일부인 6,600유로만 내면 된다. 덕분에 더 많은 사람이 이용할 수 있게 됐다.

로봇이 교사를
대신할 수 있을까?

많은 교사가 앞으로 교실에 사람이 앉아 있을지, 로봇이 결국 모든 교사와 보조교사를 대신할 것인지에 대한 의문을 가진다. 아직은 그 질문의 답을 확실히 알 수 없지만, 로봇이 교실에서 중요한 역할을 할 것임은 분명하다.

로봇이 교사 부족을 해결할까?

네덜란드 교사들은 지난 10년 동안 새로운 기술을 다루는 데 어려움을 겪었다. 그래서 네덜란드의 미디어 코치 트레이닝^{Nationale Opleiding} ^{MediaCoach}은 천 명 이상의 교사에게 새로운 기술을 훈련시켰다. 교사들은

이제 3D 프린팅, 로봇, 인공지능과 학생들이 미래에 알아야 하는 기술의 모든 것을 알지만 그 숫자는 25만 명의 교사 중 단지 천 명에 불과하다. 또한 교사 수가 부족하다는, 단기간에 해결할 수 없는 문제가 존재한다. 그렇기 때문에 중·고등 교육에 인공지능이 지원하는 디지털 학습 방법을 적용하고 로봇을 중등교육에 도입할 필요성이 절실하다. 경제적으로 막대한 피해를 입기 전에 서둘러야 한다. 로봇이 모든 교사를 대신할 수는 없다. 대신 보조교사 역할을 하며 교사의 일손을 덜어줄 수는 있다. 따라서 교사들이 학생 개개인에게 더 많은 시간을 할애할 수 있는 여건이 조성될 것이다.

로봇과 성장하는 Z세대

Z세대란 1992년부터 현재 사이에 태어난 어린이, 청소년과 성인을 의미한다. 로봇과 함께 성장한 Z세대는 이미 안면·음성인식기술뿐 아니라 모든 종류의 장치에 익숙하다. Y세대(1981-1992년생)와는 다르게 기술을 인식하며 오락뿐만 아니라 학습, 의사소통 도구로 기계를 사용한다.

로봇으로 인해 올라가는 학업성취도

예일 대학교의 컴퓨터, 인지과학, 기계공학과 교수이자 NSF 사회지원 로봇연구소의 수장 브라이언 스카셀라티(Brian Scassellati)는 놀이 친구뿐만 아니라 아이들의 사회적·정서적·인지적 성장을 자극하는 로봇 디자인용 컴퓨터 기술을 개발 중이다. 이 로봇은 개별 어린이의 동기를 유발하는 요소를 인식하기 때문에 수업 자료를 아이에게 맞춰 조정할 수 있다. 스카셀라티 교수는 이렇게 말한다. "선생님의 질문에 바로 대답 못 하는 아이는 바보 취급을 받을까 걱정하지만, 로봇을 상대로는 실수를 무서워하지 않는다. 이를 통해 로봇은 아이의 성취도를 정확하게 판단하여 그에 적합한 맞춤 교육을 제공할 수 있다."

보스턴의 래티튜드 Latitude 소속 연구원들은 어린이들에게 로봇세계를 상상할 수 있는지 물어봤다. 질문을 받은 아이들의 절반이 함께 놀 수 있는 사회적·인간적인 로봇을 상상하고 있었다. 그 예로 전자 디지털 놀이 친구인 퍼비 Furby를 들 수 있다. 퍼비는 아이가 자신을 어떻게 다루는지 데이터를 수집해 그에 따라 반응한다. 다른 로봇 놀이 친구는 안면 인식 기능이 있는 스마트폰을 사용하여 반응 방식을 결정한다.

서로 가르치는 교실

아이들은 서로 가르치면 성취도가 올라간다. 대학교 연구원들은 가상의 학생들을 창조해 우리 아이들이 지리나 역사를 가르치게 했다. 그중 하나가 베티의 브레인 Betty's Brain이다. 베티는 실제 학생이 가르쳐준 것을 토대로 그녀가 생각하고 이해하는 것을 화면에 표시한다.

베티가 수업을 이해했는지 확인함으로써 학생들은 자신의 성취도와 사고과정을 즉시 평가할 수 있다. 이를 통해 아이들은 더 나은 방법

으로 교재를 이해하고 사고한다. 스위스 교육 기술 그룹^{Swedish Education} Technology Group은 타임 엘프^{Time Elf}라고 불리는 새로운 역사의 수호신을 창조해냈다. 타임 엘프는 아이들에게 역사를 가르친다. 그리고 아이가 과목을 이해했는지 확인하기 위해 11개의 질문을 던진다. 정답을 선택해도 그에 즉시 반응하지 않는다. 그래서 아이들이 망설이며 정답을 바꾸는 경우도 있다. 타임 엘프의 다음 버전은 모든 것을 아는 프로그램이 아니라, 학생들이 이들에게 가르친 내용만 이해하는 형식으로 변할 것이다. 또한 개발자들은 타임 엘프가 학생들과 소통하는 방식을 개선하기를 원한다. 만약 타임 엘프가 더 친숙하게 다가온다면 학생들은 이에 접근하기가 쉬워지며 가르치는 일을 좋아하게 될지도 모른다. 여러 연구에 따르면 글씨체를 알아보기 힘든 학생들이 더 빨리 학습 의욕을 잃고 다시 시도하거나 연습하기를 꺼린다고 한다. 이런 아이들을 돕기 위해 코라이터^{CoWriter}의 제작자는 필체가 끔찍한 로봇을 설계했다. 이 로봇은 어린이들에게 자신의 글씨 연습을 도와달라고 요청한다. 아이들은 로봇을 위해 편지를 쓰고, 로봇은 이를 따라 적는다. 자체 학습기계인 덕에 로봇은 글씨체를 조금씩 바꿀 수 있다. 선생님 역할을 함으로써 아이들은 자신감을 되찾고 더 나은 글씨체로 글을 쓰기 시작한다.

아이들과 바깥에서 놀아주는 로봇

태블릿, 게임 콘솔이나 컴퓨터 게임은 아이들을 앉아 있게 만들어 신체 발달과 운동능력 향상을 저해한다. 요즘 많은 아이가 크레용으로 그림을 그리거나 블록을 가지고 노는 법을 모른다. 하지만 부모들 역시 자녀의 기술 사용을 제한하는 것이 의미가 없다는 사실을 알고 있다. 다행히도 이를 해결할 수 있는 기술을 개발 중에 있다. 앞으로 물리적인 놀이에 적합한 동시에 창의력을 자극하는 새로운 교육용 로봇이 상용화될 예정이다. 만 10세 이상의 어린이들은 쉽게 장난감을 조립하고 자신이 원하는 대로 로봇을 프로그래밍할 수 있으며, 실내외에서 로봇과 함께 놀 수도 있다. 로봇에게 신체 활동 숙제를 내주며 함께 활동할 수도 있을 것이다.

우리의 개인 교사 '아인슈타인 교수'
'아인슈타인 교수'는 무선인터넷을 통해 아이패드 또는 안드로이드 태블릿에 연결된 249달러짜리 개인교육 로봇이다. 아인슈타인 교수는 다양한 표정을 지을 수 있고 사용자가 수학과 과학에 관련된 게임을 하는지를 표시한다. 물론 수학이나 과학뿐만 아니라 날씨, 또는 연예인의 사생활에 대한 질문에도 대답할 수 있으며 스케줄을 관리해줄 수 있다.

아인슈타인 교수님은 당신의 가정교사
아인슈타인 교수(앱 명칭)는 와이파이를 통해 아이패드나 안드로이드 태블릿에 연결하여 개인 교습을 받을 수 있는 로봇이다.
영상 주소 : https://www.youtube.com/watch?v=AS0hJlWzNSk

나오며

교사는 학생들에게 최선을 다하지만 업무 강도가 높고, 예산은 제한돼 있으며 법률과 규정이 너무 엄격할 때도 있다. 현재와 과거를 동시에 수용하는 일은 쉽지 않다. 나는 최근 몇 년간 학생들에게 최선을 다하고 야심 차며 긍지를 가진 수백 명의 교사와 교수, 교장들과 이야기를 나누었다. 이들의 업무를 어렵게 만드는 건 교육 자체가 아니라 이를 둘러싼 다양한 상황들이었다. 교사들의 사고방식 전환만이 중요한 게 아니라 변화를 만들어내고 촉진하는 정부와 기관 역시 현명한 계획을 세워야 한다. 나는 이번 장을 쓰며 그 필요성을 더욱 절감했다. 아직까지도 교육을 대변하는 비전이 부족하기 때문이다. 이상한 일이다. 교육은 번영과 경제부터 시작해서 건강과 행복까지를 아우르는 모든 것의 기반인데 말이다. 교육이 얼마나 중요한지 이 주제로만 이미 책 한 권을 쓸 수 있을 정도이다. 그것만으로도 별도의 책을 쓸 가치가 있다!

자라나는 아이들이 행복하게 살 수 있도록 미래를 보장하기 위해서는 미래를 읽을 줄 알아야 한다. 기술의 발전 덕에 2050년이 되면 지구상에 사는 약 10억 명의 평균수명이 120세까지 늘어날 것이다. 67세가 돼도 은퇴하지 않을 것이며, 그때에도 직업을 바꾸거나 새로운 무언가를 시작할 수 있다. 이를 위해 직업훈련을 받을 수도 있다. 주변 세계의 빠른 변화속도 때문에 아직도 삶에 대해 배울 것이 남아 있을 것이다. 우리 모두 지금 바로 시작해야 한다.

이 장에서는 미래에 대한 여러 가지 예측과 트렌드에 대해 언급했다. 학부모, 교육 기관, 회사와 정부의 공동 구상이 필요한 상황이다. 학교와 교육자들은 최선을 다하고 있지만 간혹 의도치 않게 진부한 시스템 때문에 고생하기도 한다.

장기적 비전의 부재와 함께 인력, 예산, 학교 제도의 부재 또한 진보를 저해하는 요소이다. 현재의 학교 시스템은 아이들에게 모든 과목을 통과하도록 장려하고 있지만 내일의 세상에서는 팔방미인에 만족하지 않고 해당 분야의 전문가를 필요로 할 것이다. 모든 과목을 통과한 '어중간한 학생들'보다 영어과목에서 낙제점을 받았지만 수학이나 철학 과목에서 좋은 성적을 낸 학생들이 우리 사회에 보탬이 될 수도 있다. 점수는 그저 단편적일 기록일 뿐으로 종종 아이들의 재능을 제대로 반영하지 못한다. 따라서 다른 평가기준이 필요하지만 정부가 계속해서 구식의 가치에 집착한다면 결과물은 변화하지 않을 것이다.

컴퓨터 프로그래밍과 로봇공학을 배우는 데 이른 시기란 없다. 공대 이외의 과목을 가르치는 대학들은 이미 현실과 멀어졌고 정부는 현재의 변화와 미래의 니즈에 답하지 못한다. 기업은 자원을 보유하고 있지만 열정적이고 숙련된 젊은 직원이 부족하다. 스타트업 기업과 젊은 기업은 기업가와 혁신적인 힘을 모두 갖추고 있다. 이 기업들은 이미 세상을 개선하기 시작했지만 적절한 인재를 찾는 데 어려움을 겪고 있다. 따라서 학교, 대학, 스타트업 기업이나 일반 기업이 창조한 시스템이 일반화되어야 한다. 정부는 이런 시도를 하는 기업들에게 초기 창업 보조금을 제공함으로써 변화를 촉진시켜야 할 것이다. 나는 이러닝을 신뢰하지만 사람들이 함께 모여 해결책을 찾는 순간 진정한 기적이 나타난다고 믿는다. 내일의 세계를 건설하는 데 꼭 필요한 기적이다.

PART 6 에너지

천연 에너지원, 도시의 운명을 바꾸다

과학기술이 에너지 문제를
해결해줄까?

유엔의 보고에 따르면 현재 75억인 세계 인구는 2030년까지 85억으
로 증가할 것이다. 2100년이 되면 지구는 112억 인구로 가득 찰 것이다.
대부분의 증가량은 개발도상국에서 일어나겠지만, 부유한 국가도 인구가 늘어날 것이다. 인구 과잉과 기후 변화로 인해 미래에는 식수가 부족해질 위험이 있고, 에너지 수요는 기하급수적으로 증가할 것이다. 뿐만 아니라 경제와 기술 활동으로 점점 더 많은 에너지를 소비하기 때문에 앞으로 몇 년 동안 화석 연료는 전 세계적으로 주요 에너지원이 될 것이고 석유, 가스와 석탄 수요가 상당히 증가할 것이다. 하지만 매장량은 한정돼 있다. 이에 따라 지속 가능하고 자유로운 태양열, 풍력과 수력 에너지에 점점 더 집중해야 할 것이다.

물과 에너지 역시 경제적으로 사용해야 한다. 정부는 에너지의 경제적 사용을 권장하고 환경을 지키는 신기술에 대한 연구를 지속적으로 수행해야 할 것이다. 우리가 화석 연료를 사용하는 한 오염은 계속 존재할 테니까. 매사추세츠 주 보스턴의 건강 영향 연구소[HEI]는 2017년 인간의 건강에 영향을 미치는 오염을 측정한 보고서를 발표했다. 이 보고서에 따르면 175개국의 연구 대상 국가 중 중국과 인도의 대기오염 정도가 최악을 기록했다. 2015년 전 세계에서 조기 사망한 420만 명 중 25.7퍼센트는 중국에서, 26.1퍼센트는 중국에서 사망했다. HEI는 공기 중 가장 작은 유해 입자까지도 제거할 수 있는 솔루션을 개발 중이다. 그리고 2017년, 대도시와 그 주변에서 이산화탄소를 흡수하는 진공청소기의 일종인 '이산화탄소 세정기'를 실험했다.

이 장에서는 환경오염 문제뿐만 아니라 원재료와 금속의 위협적인 희소성 또한 다루고 있다. 원료의 재사용과 우주채굴[Space mining]이 이 문제에 대한 해결책이 될 수 있다. 다음 그래프는 에너지 수요의 증가율을 보여준다.

인구의 세계적인 추세, 에너지와 물 사용에 대한 수요

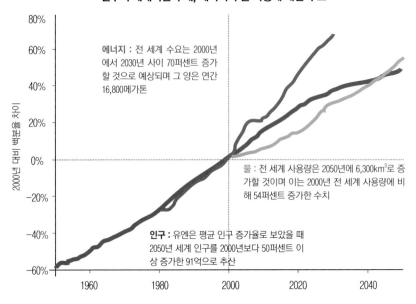

에너지 : 전 세계 수요는 2000년에서 2030년 사이 70퍼센트 증가할 것으로 예상되며 그 양은 연간 16,800메가톤

물 : 전 세계 사용량은 2050년에 6,300km³로 증가할 것이며 이는 2000년 전 세계 사용량에 비해 54퍼센트 증가한 수치

인구 : 유엔은 평균 인구 증가율로 보았을 때 2050년 세계 인구를 2000년보다 50퍼센트 이상 증가한 91억으로 추산

© Population ; United Nations | Energy ; International Energy Agency | Water ; Organization for Economic Cooperation and Development

　　다음의 두 번째 그래프를 보면 석유, 석탄과 가스 사용이 1965년에서 2015년 사이에 계속적인 증가세를 보인다. 재생 가능 에너지의 비율이 매우 낮은 수준이지만 안정적으로 유지됐음에도 불구하고 말이다. 최근 수년간 더 증가한 풍력발전기가 눈에 띈다. 주택이나 기타 건물에 설치된 태양전지판의 수 역시 빠르게 증가했다. 이 그래프의 녹색 선을 참고하면 알 수 있듯, 향후 수년 동안 지속 가능한 에너지의 발전량은 계속 증가할 것이다.

에너지 소비량 (테라와트/시간)

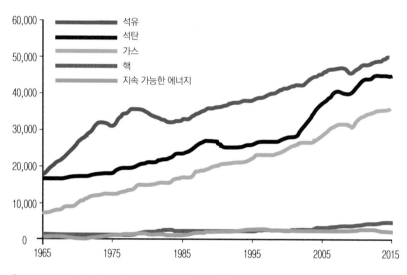

범례:
- 석유
- 석탄
- 가스
- 핵
- 지속 가능한 에너지

© bp-statistical-review-of-world-energy-2016-full-report.pdf

2017년의 첫 7개월 동안, 지구는 삼림과 해양이 흡수할 수 있는 것보다 더 많은 이산화탄소를 방출했다. 그 속도는 매년 더 빨라지고 있어 우려 역시 높아지고 있다. 더 많은 어획이 진행됐고 산림은 더 많이 채벌됐

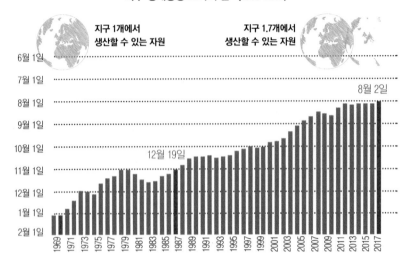

지구 생태용량 초과의 날●(1969-2017)

지구 1개에서
생산할 수 있는 자원

지구 1.7개에서
생산할 수 있는 자원

8월 2일

12월 19일

© Global Footprint Network National Footprint Accounts 201

●지구 생태용량 초과의 날은 지구가 1년 내에 생산할 수 있는 만큼의 원료와 식량 등을 다 써버린 날이다. 매년 1월 1일에 업데이트된다.

으며 농업도 계속됐다. 지구의 생산량보다 훨씬 더 많이. 환경학적으로 말하면, 사람은 계속해서 지구에 빚을 지고 있다.

현재 세계는 생산 속도보다 1.7배 빠른 속도로 자원을 소비 중이지만 다행히도 지난 5년간 소모 속도는 감소했다.

물이 부족해지고 있다

지표면의 약 70퍼센트, 약 3억 6,500만 제곱킬로미터(Km²)가 물로 이루어져 있지만 그중 단 2.5-3퍼센트만이 민물이고 식수로 사용 가능하다. 지구 물 전체의 3/4이 빙하라는 걸 생각하면 비교적 적은 양이다. 우리는 사용 가능한 물을 점점 더 많은 사람과 공유해야 할 것이다. 2050년까지 전 세계적으로 민물 수요는 55퍼센트 증가할 것으로 예상된다. 농업에서 물을 가장 많이 사용할 것이며 늘어나는 세계 인구를 위해 충분한 식량을 경작하려면 2035년까지 지금보다 20퍼센트 이상의 물을 더 사용해야 한다. 또한 발전소의 냉각을 위해서도 물 사용량이 지금보다 20퍼센트 이상 늘어날 것이다. 국제 수자원 관리기구International Water Management Institute는 북위 35도(남서쪽으로 모로코, 키프로스, 인도, 중국을 포함)에 놓인 거의 모든 국가가 2050년부터 물 부족으로 인한 물리적 · 경제적 고충을 겪을 것으로 예측하고 있다. 강, 세면대 연못과 지하의 민물은 놀라운 속도로 감소하고 있다.

바닷물을 식수로 만드는 미세 튜브

우리는 물을 절약해야 하지만 그보다 더 중요한 것은 사용할 수 있는 물을 늘리는 것이다. 개선된 여과 기술을 사용하면 오염된 물을 정수해 식수로 만들 수 있다. 지구상 엄청난 양의 바닷물을 담수화하면 물의 희소성을 해결할 수 있지만 지금의 기술로는 아직도 비싸고 성가신 작업이다. 하지만 태양열이나 기타 대체 에너지를 사용하면 이 과정을 더 저렴한 가격에 할 수 있다. 물을 효율적으로 여과하는 다이옥신 나노 튜브의 발명 덕분이다. 가까운 미래에 이 튜브를 사용해 바닷물을 식수로 바꿀 수 있을 것이다. 나노 튜브는 살아 있는 세포에서 물을 여과하는 데 사용되는 생물학적 단백질과 비슷한 방식으로 작동한다. 하지만 살아 있는 세포보다 6배나 효율적이다. 실제 바닷물을 식수로 전환하는 일은 아직 성공하지 못했지만, 바닷물만큼 짠 소금물을 거르는 데는 성공했다. 만약 실험실의 통제된 조건 아래서 진행한 실험을 바닷가에서도 성공할 수 있다면, 대규모의 담수화도 곧 가능해질 것이다.

원자재와 금속이 사라진다

세계 경제가 현재 속도로 계속 발전한다면, 수십 년 내에 많은 원자재와 금속의 매장량이 소진될 것이다. 미국 지질학 연구[USGS]에 따르면, 38년 후까지는 구리 매장량이 충분히 남아 있을 것이라고 한다. 하지만 은(20년), 금(19년), 납(19년), 아연(15년)은 그 기간이 짧다. 다음 그래프를 참조하자.

매장량의 고갈은 생각보다 큰 문제이다. 컴퓨터, 스마트폰, 기타 첨단 기술제품을 제조하는 데 대체 불가능한 고유한 희소금속이 필요하기 때문이다. 대체금속이야 어디에든 있겠지만, 대부분 채굴하기가 너무 어렵거나 채굴 비용이 높다. 그러므로 더 저렴한 대안을 찾아야 한다. 지구상에서 찾을 수 없다면, 소행성과 달을 시작으로 우주로 진출해야 한다. 달에는 이리듐, 팔라듐, 백금과 같은 다량의 희토류 금속이 묻혀 있다. 이는 전자 장치의 프로세서에 적합한 금속들이다. 혜성과 소행성에는 니켈,

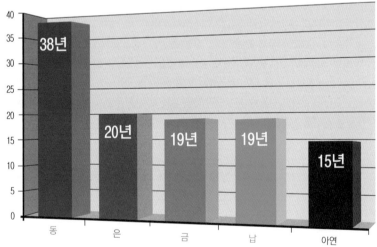

금속 보유량이 소진되기까지 남은 햇수

© USGS 광물 매장량 요약

철, 코발트와 같은 금속이 풍부할 것이다. 산유국들은 이미 우주의 채굴에 관심을 가지고 있다. 엘론 머스크와 제프 베조스 같은 미래의 우주 식민지 주민들도 큰 흥미를 가지고 있다. 우주 채굴 수익으로 우주여행 비용을 지불할 수도 있을 것이기 때문이다.

소행성의 원자재를 추출하기 위해 이른바 스페이스 드릴^{space drill}을 사용할 수 있다. 이 드릴을 개발 중인 스캔웨이^{Scanway}는 두 파트너와 함께 2040년까지 개발을 완료할 예정이다. 미국의 기업 플래니터리리소시즈^{Planetary Resources}는 우주 채굴의 수익금으로 다양한 우주 프로젝트에 자금을 지원할 예정이다. 이러한 시도 덕분에 로봇은 우주의 먼 곳에서 광부로 일할 수 있다. 또한 이 기업들은 지구상의 물 부족을 보상하기 위해 물을 '수확'하고자 한다. 플래니터리리소시즈는 '물은 태양계의 기름이며, 달은 하늘의 주유소가 될 수 있다'고 말한다.

화석 연료는 이름에서 알 수 있듯이 매우 오래된 연료이다. 북해의 석유는 약 1억 5천만 년 전부터 존재했으며, 그중 대부분이 200년도 안 되는 기간에 사용됐다. 식물과 동물이 화석이 되려면 오늘날 알려져 있는

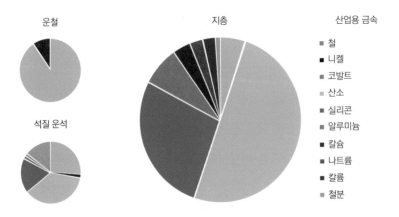

지구의 지각과 소행성의 산업용 금속 채굴 가능량

운철

석질 운석

지층

산업용 금속

- 철
- 니켈
- 코발트
- 산소
- 실리콘
- 알루미늄
- 칼슘
- 나트륨
- 칼륨
- 철분

것처럼 수백만 년이 걸린다. 따라서 일부 과학자들은 2088년에 모든 매장량이 고갈될 거라고 주장한다. 물론 당분간은 새로운 채굴 장소를 찾을 수 있을 것이다. 하지만 평생 사용하기에는 충분하지 않을 것이며 새로운 채굴장소를 찾기도 쉽지 않다. 세계에서 가장 큰 유전 16개가 이미 지구 전체 유전의 절반 이상을 차지하기 때문이다. 그러므로 우리는 대체 에너지원을 지속적으로 찾아야 한다.

사우디아라비아의 석유 장관이 1970년대에 했던 말을 생각해보자. "석기 시대는 돌이 없어졌기 때문에 망한 것이 아니고, 석유 시대 역시 석유가 고갈되기도 전에 끝날 것이다." 우리는 바람, 태양, 바다에서 모든 에너지를 무료로 얻을 수 있다. 관련 기술이 이미 존재하며, 이를 통해 에너지를 수확하기 시작했다. 정부와 에너지 회사는 대체 에너지 개발에 힘쓰고 화석 연료를 포기해야 한다. 우리 같은 소비자들도 최대한 빨리

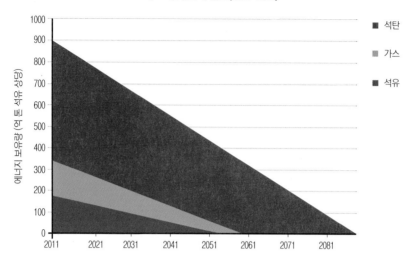

주요 원재료의 감소(2011-2081)

에너지 보유량 (억 톤 석유 상당)

- 석탄
- 가스
- 석유

© www.ecotricity.co.uk/our-green-energy/energy-independence/the-end-of-fossil-fuels

녹색 에너지로 전환해야 한다. 그래야만 몇십 년 안에 기후 변화에 따른 결과를 그나마 제한할 기회가 생길 것이다.

가스

네덜란드의 천연가스 생산량은 2016년과 2017년에 많이 감소했다. 흐로닝언의 가스 채굴은 토양 침강과 지진으로 이어져 일반 가정에 큰 피해를 주었다. 한편 환경적인 이유로 가정에서 천연가스 사용을 줄일 것을 장려하는 캠페인 역시 시작됐다. 암스테르담 시는 전기로 에너지 사용을 전환할 경우 최대 5천 유로 상당의 보조금을 제공한다. 천연가스는 미국 가정 난방의 주요 에너지원으로 페인트, 비료, 플라스틱, 의약품, 부동액과 같은 제품의 원료이기도 하다. 천연가스에서 파생된 프로판 가스는 오

븐, 실외 그릴, 난방 시스템의 에너지원으로 널리 사용된다. 최근 추정에 따르면 천연가스는 2060년경에 고갈될 것이다.

무한한 에너지원,
태양 에너지

지구인은 초당 석탄 221톤, 석유 1,066배럴, 천연가스 93,000세제곱미터를 사용한다! 에너지가 고갈되는 게 당연하다. 태양 에너지는 화석연료를 대신하는 최선의 대안으로 풍력, 원자력, 바이오매스, 지열 에너지보다 훨씬 좋다. 과학자들은 지구가 지속적으로 태양 에너지 173조 테라와트를 받는다는 것을 알아냈다. 전 세계 인구가 필요로 하는 것보다 1만 배나 더 많은 에너지양이다. 따라서 태양은 가장 좋은 에너지원으로 오랫동안 신뢰할 수 있다. 태양 에너지를 전기로 변환하는 첫 번째 단계는 태양전지 패널에 소위 광전지 셀을 설치하는 것이다. 이 셀들은 태양 에너지를 포착하여 전기를 생성하는 데 적합하다. 태양광 패널의 사용을 촉진할 수 있는 또 다른 이유는 더 이상 태양전지를 지붕에 설치하지 않아도 된다는 점이다. 요즘에는 창문 역할을 하는 투명 수직 패널이 있지만 에너지 생산량은 훨씬 적다. 초박형 가로형 태양전지 패널을 3D로 인쇄하면 정부보조금 없이도 거의 모든 사람이 경제적으로 태양전지 패널을 사용할 수 있다. 영국의 뉴캐슬 대학교에서는 이미 이 패널로 실험을 진행했다.

태양전지 패널의 이점
태양전지 패널의 가장 큰 장점은 태양이 활발한 상태로 유지되는 한

전 세계에서 사용할 수 있는 실제적이고 무한한 에너지원이라는 점이다. 과학자들에 따르면, 적어도 50억 년 동안 유지된다고 한다. 스스로 에너지 발전 후 전기를 생산하기 때문에 각종 전기세가 많이 감소하며, 혹시라도 사용량 이상의 전기가 생산되면 잉여에 대한 비용을 청구해 돈을 벌 수도 있다. 물론 네팅^{netting}(둘 이상의 거래자 사이에 특정일에 결제해야 할 채권·채무가 상호 존재하는 경우 이를 상계 처리하는 계약)에 연결돼 있어야만 가능하다. 네덜란드에서는 최소 2020년까지 소위 네팅세법, 또는 상계세법이 적용된다. 사용하지 않는 전기는 자동적으로 전기 그리드로 옮겨지고 에너지 요금에서 공제되는 규칙이다. 사용한 만큼 에너지를 반환할 수도 있기 때문에, 전기세가 0인 경우도 가능하다. 이를 네팅 또는 상계라고 부른다. 잉여금은 미리 정해진 저렴한 가격으로 정산된다. 다른 많은 국가에서는 직접 요금을 결정할 수 있다. 사실 에너지 회사의 전기 네트워크에 시스템을 연결하지 않아도 된다. 태양 에너지는 주택이 전력망에 연결되어 있지 않은 먼 지역에서도 사용될 수 있다. 이 전기는 전기 장치뿐만

아니라 물 정수에도 사용된다.

또 하나의 큰 이점은 유지·보수할 필요가 없다는 점이다. 깨끗하게 유지만 잘하면 문제없이 적어도 25년 동안은 사용할 수 있다. 항상 고정돼 있기 때문에 마모될 우려도 없다. 하지만 직류를 교류로 변환하는 주파수 변환기는 평균 8년마다 교체해야 한다. 양자물리학과 나노기술 분야의 혁신을 통해 이러한 태양전지 패널의 효율성을 두 배 또는 세 배로 높일 수 있다.

선루프 타일

테슬라는 자동차 제작뿐만 아니라 재생 가능 에너지에도 큰 관심을 갖고 있어서 일상생활에서 에너지를 다루는 방식에 변화를 주려 한다. 현재까지는 태양전지판과 선루프 sun roof 타일 두 가지 방법이 있다. CEO인 엘론 머스크는 태양지붕 타일의 설치비용은 국가 지원 또는 요금 절감을 제외하고도 훨씬 빠른 기간에 회수가 가능하다고 말한다. 물론 국가별로 다르겠지만 말이다. 엘론 머스크는 "일단 모든 비용을 회수한 뒤, 사용하지 않는 전기를 팔아 이득을 보면 된다"고 말한다.

밤에 태양열 발전시키기

해가 오랫동안 떠 있지 않는 지역에서는 태양열 패널의 효율이 낮을 수 있다. 하지만 화학자인 췬웨이 탕 Qunwei Tang 교수와 양 페이즈 Yang Peizhi 교수팀에 따르면 이는 더 이상 문제가 되지 않는다. 낮과 밤에 태양 에너지를 사용하기 위해 햇빛을 저장하는 태양전지를 개발했기 때문이다. 최근에는 단색의 햇빛(한 가지 색조를 가진 한 파장의 빛)을 어둠속에 보관하여

어두운 곳에서도 장기간 지속되는 인^{LLP}을 전기로 변환하는 것이 가능해졌다. 이 셀들은 낮과 밤 동안 끊김 없는 에너지를 제공한다. 또한 중국 과학자들은 빗방울을 이용해 전기를 생산할 수 있다고 발표했다.

수력 발전을 태양열 패널에 제공하기 위해서는 우수한 도체인 그래핀의 얇은 층이면 충분하다. 패널의 표면을 물로 씻어 내리면서 많은 전자를 움직일 수 있기 때문이다. 그래핀은 양전하를 띤 이온으로 전자를 묶는다. "모든 기상 조건에서 사용할 수 있는 태양전지를 사용하면 에너지 수집 비용을 절감할 수 있다." 홍콩과학기술대학교 교수인 덩칭원이 말했다.

끝없는 가능성

태양, 물, 바람 덕에 140여 개국이 에너지를 자급자족할 것으로 보인다. 신재생 에너지를 보다 효율적으로 사용함으로써 2050년에는 에너지 소비도 감소할 것이다. 일부 연구에 따르면 이 덕분에 매년 대기오염으로 인한 사망자 숫자가 4-7백만 명 감소할 것이라고 한다. 에너지 가격도 안정되고 건강과 기후 보호 비용 역시 엄청나게 감소할 것으로 보인다. 태양 에너지 사용은 이미 급속한 발전을 이루어냈으며 태양전지 분야의 혁신 역시 계속해서 빠르게 이어지고 있음은 주지할 사항이다. 과학자들은 항상 새로운 아이디어와 응용 프로그램을 제안한다. 마천루 창문이나 차의 지붕에 태양 패널을 분무기처럼 뿌리거나 태양전지를 인쇄해 붙일 날이 머지않았다. 이것은 오늘날의 실리콘 패널보다 훨씬 저렴하다. 기업의 과학자들과 최고 경영자들은 실리콘 패널이 페로브스카이트 Perovskite 패널로 신속하게 대체될 것으로 예상하고 있다. 이 미네랄은 자연에서 완벽하게 사용할 수 있으며, 페로브스카이트를 사용하는 태양전지는 기존의 실리콘 태양전지보다 저렴하고 생산이 쉽기 때문이다. 또한 실리콘 패널에 비해 더 작고 얇은 패널로 동일한 양의 태양 에너지를 생산할 수 있다.

미래의 도로, 주차장, 보도, 자전거 경로, 놀이터 등에 태양열 패널이 설치될 것이며 국가가 필요로 하는 것보다 많은 전력을 생산할 것이다. 태양전지로 옷감을 짜면 그 위에 떨어지는 빛으로 에너지를 발생시킬 수 있다. 즉 스웨터 또는 재킷으로 스마트폰 배터리를 충전하는 것으로, 플러그를 찾아다니지 않아도 된다. 2017년 중반, 습도가 겨우 20퍼센트일 때라도 간접적으로 햇빛을 이용하여 매일 물을 추출하는 태양열 장치가 시연되었다. 건조한 지역 또는 심지어 사막에서 식수를 생산하기 위한 이상적인 대안이다. MIT에서 진행한 첫 번째 테스트에서 이미 사용 가능함을 입증했다.

로테르담의 디자이너 단 로세하르데 Daan Roosegaarde 는 최근 네덜란드에서 가장 큰 공기 정화 공장을 건설했다. 매 시간 3만 입방미터의 공기 오염을 진공청소기처럼 빨아들이는 탑이다. 보통 스모그는 42퍼센트의 탄소로 이루어져 있는데, 큰 압력을 주면 다이아몬드로 변화한다. 로세하르데는 빨아들인 스모그로 스모그다이아몬드 반지, 큐브와 커프스버튼을 만든다. 미국 조지워싱턴 대학교의 한 연구팀은 대기로부터 이산화탄소를 흡착하여 나노 튜브를 만들어 건축이나 제조 공정에 사용할 수 있는 방법을 개발했다. 모두 위대한 발견이 아닐 수 없다. 수소 역시 오염을 유발하는 화석 연료를 대체할 우수한 후보자이다. 하지만 아직까지는 안타깝게도 자동차를 작동시키기에 수소의 에너지 밀도가 부족하다. 바이오가스 또한 화석 연료를 대체할 대안 중 하나이다. 바이오가스란 분뇨와 유기 폐기물의 발효 과정에서 생성되는 메탄과 이산화탄소의 무취 혼합물이다. 하지만 바이오매스를 바이오가스로 전환하는 동안 방출되는 염소 같은 유해물질은 산성비의 원인이 된다. 이에 대한 해결책도 곧 나올 것이다.

풍력 에너지의
딜레마

사람들은 수천 년 동안 풍력 에너지를 수확해왔다. 고대에는 풍차로 곡물을 부수거나 물을 퍼 올려서 에너지를 생산했다. 현대의 풍력 터빈은 풍력을 이용하여 전기를 생산하며 기술적으로 훨씬 더 복잡하다.

풍력은 현재 전 세계적으로 급속히 증가하는 전력원이다. 하지만 네덜란드의 경우 따라가려면 아직 한참 멀어서 2013년부터 계속된 '지속 가능한 에너지에 대한 협정'의 목표를 2020년까지 달성할 것 같지 않다. 이 협정에 따르면 네덜란드에서 6천 메가와트의 풍력을 생산해야 한다. 그러나 2016년 말까지만 해도 육지의 풍차는 목표치의 절반 정도인 3,297 메가와트만 공급했다. 네덜란드 경제부^{Ministry of Economic Affairs}의 하위 부서인 네덜란드 기업 협의회^{Road voor Ondernemend Nederland, RVO}는 2020년까지 4,567메가와트의 풍력전기를 생산할 수 있다고 믿고 있지만 여전히 목표치에 비해 적으며 그 실현 또한 불확실하다. 법적 절차와 이의 제기 처리로 인해 풍력발전이 지연될 수도 있다. 바다의 풍력 터빈도 전기를 생산하지만 RVO 보고에서는 이 양을 고려하지 않는다. 정말 이상한 일이다. 네덜란드는 바람이 많이 부는 나라인데도 풍력발전이 생각보다 늦다. 다행히도 스키폴공항그룹^{Koninklijke Schiphol Group}은 좋은 사례를 보여주고 있다. 2018년 초부터, 공항의 전 사업부가 에너지공급업체 에네코

Eneco의 지속 가능 에너지로 시설을 운영하기 시작했다. 2020년에는 모든 운영이 이 에너지로 대체될 예정이다. 로테르담 헤이그 공항, 에인트호번 공항, 그리고 렐리스타트 Lelystad 공항까지도 청정에너지를 사용한다.

에너지 문제를 해결해주는 허리케인

허리케인은 일반적으로 불행을 초래하는 파괴적인 자연 현상이다. 2017년 신트마르텐(Sint Maarten)의 한 마을을 지도에서 거의 지워버린 허리케인 이르마(Irma)를 예로 들 수 있다. 하지만 일본 엔지니어 시미즈 아쓰시는 허리케인 에너지를 긍정적으로 바라본다. 그에 따르면 시속 최대 300킬로미터의 허리케인이 일본의 에너지 문제를 해결할 수 있다. 최근에 그는 허리케인과 열대성 폭풍우의 힘을 견딜 수 있는 태풍 풍력 터빈을 개발했다. 이 터빈을 사용하면 많은 양의 풍력 에너지가 생성된다.

우주에서 원자재를
채굴하다

지구가 생성되는 동안 많은 금속이 중력 때문에 행성의 핵심으로 끌려 갔다. 대신 한정된 수의 원자재만이 지각에 남아 있게 됐다. 많은 소행성 들에서도 주로 표면에서 원자재를 찾아볼 수 있다. 흔히 '철 소행성'이라 불리는 소행성은 대부분 금속으로 이루어져 있다. 다른 소행성이나 달은 얼음의 형태이지만 물이 충분하다. 앞에서도 언급했듯, 우주 채굴 기업들 은 팔라듐이나 로듐과 같이 지구에서는 귀하고 비싼 금속의 채굴에 관심 을 갖고 있다. 이와 같은 백금 금속은 촉매 및 전자 제품에 사용된다. 예 를 들어, 우주에서 나온 아연과 철은 항공 우주 산업에 사용될 수 있다. 우주 공간에서 물은 최초의 우주 식민지에서 우주 비행사를 위한 식수로, 그리고 농작물을 위한 물로 사용될 것이다. 또한 물은 산소와 수소로 나 뉠 수 있어, 후자를 우주선의 연료로 사용하는 일도 가능하다.

전기

일본, 중국, 미국, 인도와 영국의 연구원들은 우주에서 지구로 전기를 전송할 수 있는 기술 개발에 박차를 가하고 있다. 일본은 이미 전파를 부 분적으로 방사하는 지구 주위의 전리층을 통해 마이크로파를 전송하는 실험을 수행했다. 이것은 우주전기의 수입을 위한 기회가 될 수도 있다.

일본 우주항공연구 개발기구^{JAXA}와 미쓰비시^{Mitsubishi} 같은 단체는 우주 발전소에 대한 선진 계획을 가지고 있다. 이는 향후 20-30년 안에 운영이 가능해질 것이다.

도전 과제

바람이 불고 태양이 비치고 있을 때 에너지를 풍성하게 수확하기 쉽다. 하지만 혹시 모든 것을 잃을 때를 대비해, 사용하지 않는 에너지도 모두 저장해야 한다. 에너지 회사는 흐리고 바람이 없는 날을 대비해 잉여 전기를 수집하여 배터리나 축전지에 보관할 수 있다. 하지만 아직도 배터리의 용량과 화재 안전성을 높이는 연구가 필요하다.

배터리를 사용하는 가전제품 사용자는 매일 기기를 충전해야 한다. 연구원들은 배터리를 더 작게 만들 뿐만 아니라 충전 후 사용시간을 연장하려고 노력한다. 자동차 산업은 이러한 연구결과를 기대할 뿐만 아니라, 스스로 연구를 수행하기도 한다. 전기 자동차가 한 번의 충전으로 최소

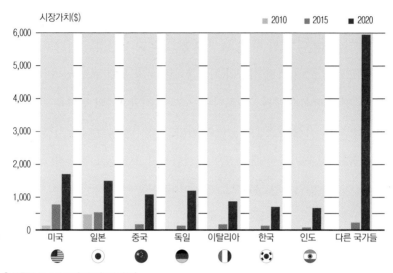

2010년, 2015년, 2020년 예상되는 세계 7대국 배터리 저장장치의 시장가치

시장가치($)

■ 2010 ■ 2015 ■ 2020

미국 일본 중국 독일 이탈리아 한국 인도 다른 국가들

© IRENA based on GlobalData, 2016

천 킬로미터를 운전할 수 있다면 얼마나 좋을까. 배터리 전자 제품은 높은 수요로 인해 더 저렴한 대량 생산이 가능해져, 이제는 배터리와 충전기 가격이 하락했다. 리튬 이온 배터리는 2010년에 비해 2017년에 그 가격이 1/3로 떨어졌다. 다음 그래프와 같이 배터리 용량의 시장가치 또한 계속해서 증가하고 있다.

기술

저장 기술이 발전하려면 용량, 수명, 비용 절감, 전기 화학적 에너지를 위한 안전한 저장 방법에 대한 관점의 돌파구가 필요하다. 시뮬레이션 연구는 저장소를 다양하게 적용할 수 있는 기술에 초점을 두어야 한다. 이 연구 결과와 표준을 결정하면 에너지 저장소 역시 산업화·상용화될 수 있다.

에너지 저장 기술을 개발하는 회사들은 여전히 어려움을 겪고 있다. 정책 입안자들의 지원 부족, 비싼 비용, 그리고 부정적인 시장 메커니즘에 직면해 있으며 특정 기술의 가치를 결정하지 못할 때도 있다. 나는 소비자, 전기회사, 연구원, 경제 기관, 시민 사회단체와의 협력을 기반으로 하는 에너지 저장 시스템이 있어야 한다고 생각한다. 우리가 직접 연구를 촉진하고, 지속 가능한 개발 모델을 실현하며, 보조금도 지급하여 에너지 저장 기술을 매력적인 사업으로 만들어야 한다.

순환경제로
실천하는 착한 소비

"원자재가 부족한 세계에서는 아무것도 버려지지 않는 순환경제야말로 논리적인 해결책이다. 원재료를 보호하는 데 초점을 두어야 한다. 제품 수명주기가 다 되면 모든 가능한 물질을 제거하고 재사용해야 한다. 그러면 가치가 올라간다." 유럽의회 환경, 해양업무, 수산, 보건, 식품안전 분야의 대변인인 엔리코 브리비오^{Enrico Brivio}가 말했다. "세계 인구 증가와 소비자 요구의 증가 덕에, 2050년에는 지금보다 3배 이상의 원자재가 필요하다." 브리비오의 말에 따르면, 우리가 제품의 생산과 소비 패턴을 극적으로 변화시켜야만 미래 세대에게 지구를 물려줄 수 있다. 많은

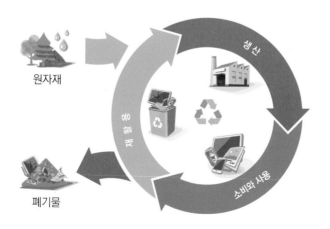

사람이 그의 말에 동의한다. 그래서 건축 자재와 연료 또는 재활용 부분에서 폐기물을 처리하기 위해 세계 곳곳에서 많은 전략이 시도되고 있다. 물품을 공유한 후 사용하는 것 역시 효과가 있다. 이러한 '공유경제'는 순환경제의 일부분이기도 하다. 만약 가전제품, 가구, 자동차를 더 이상 사용할 수 없거나 고장 난 경우, 다시 제조업체로 보내면 된다. 이로써 모든 원재료를 재활용할 수 있다.

테슬라와 컴퓨터 제조업체 델은 이미 이에 대한 수많은 연구를 진행했다. 심지어는 패션브랜드 리바이스조차 브랜드에 상관없이 모든 중고 의상을 모아 재활용한다. 패션 체인 H&M도 입던 옷을 가져오면 감사의 뜻으로 바우처를 제공한다. 프린터 제조업체 렉스마크는 일반 소비자용 프린터를 회수 또는 수리하여 재활용한다. 필립스 라이팅Philips Lighting 역시 마찬가지이다. 고객은 더 이상 조명 자체에 돈을 지불하지 않고, 조명 사용료를 지불한다. 이로써 기업은 조명의 소유주로 남아 재사용과 재활용의 책임을 진다.

나오며

내일의 지속 가능한 세계에는 좋은 소식이 많다. 신재생 에너지는 2030년까지 전 세계 에너지 수요의 70퍼센트를 공급할 것이다. 금세기 말, 또는 그 이전에 화석연료의 상당량이 사라질 것이기 때문에 신재생 에너지의 사용량은 더욱 증가할 것이다. 풍력 에너지는 재생 에너지의 좋은 원천 중 하나이고, 태양 에너지는 가장 큰 잠재력을 가지고 있다.

태양은 우리가 만들 수 있는 것보다 더 많은 양의 에너지를 지구 표면으로 보낸다. 과학자들은 햇빛을 흡수하여 에너지로 변환하는 효율적인 방법을 개발하기 위해 밤낮없이 연구를 진행 중이다. 결국 태양은 우리의 주요 에너지 공급원이 될 것이다. 미래에 사용할 필요가 없는 에너지를 즉시 저장할 수도 있다. 태양 에너지는 화석 연료보다 저렴하기까지 하다. 국제 에너지기구International Energy Agency에 따르면, 태양 에너지 발전 비용은 향후 5년 동안 매년 평균 25퍼센트씩 감소할 것이다. 미국 국제 재생 에너지기구American International Renewable Energy Agency는 여기에서 43퍼센트의 비용 절감을 기대한다.

앞으로는 천연 에너지원의 사용이 점점 더 증가하기에 전기자동차도 더 많아지고, 결국은 대기오염이 감소할 것이다. 지금까지는 아시아와 아프리카의 수질오염으로 매년 2백만 명이 넘는 어린이들이 사망했다. 하지만 새로운 스마트 센서는 도시의 오염 수준을 측정하고 조치를 취함으로써 주민의 건강과 복지를 향상시키고 관련 비용을 줄이는 데 도움을 준다. 이 센서가 스마트폰에 연결되면 현재의 환경 맵이 무상으로 공개되어 대기가 가장 깨끗한 곳을 찾을 수 있다. 우리가 지구를 지키기 위한 몫을 해낸다면 깨끗하고 건강한 미래가 우리 앞에 열릴 것이다.

PART 7 **안전**

네트워크로 연결된 사이버 범죄

도전과 위험이 기다리는
디지털 세계

사이버 범죄자는 개인과 기업의 디지털 자유를 제한하고 있다. 안타깝게도 아직 해결책은 없다. 새로운 미래와 가능성은 안전한 인터넷 환경에 달려 있기에 정부와 기업은 이를 최우선으로 삼아야 한다.

2017년 5월과 6월에 수십억 유로의 손해를 입은 몇 가지 중대한 사건이 있었다. 5월에는 150개국의 해커가 수십만 대의 컴퓨터를 소위 워너크라이 랜섬웨어WannaCry ransomware에 감염시켰다. 해킹으로 인해 영국의 병원에서는 더 이상 환자 데이터를 참조할 수 없게 되었다. 문자 그대로 생명을 위협하는 상황이다. 그로부터 한 달 후, 해커는 낫페트야 랜섬웨어NotPetya ransomware를 사용하여 우크라이나의 회계 소프트웨어를 통해 더욱 교묘해진 두 번째 공격을 가했다. 미국의 첩보기관NSA에서 도난당한 것으로 예상되는 해킹 장비가 10분 안에 5천 대의 컴퓨터를 마비시켰다. 네덜란드에서는 로테르담 항의 환적 회사와 택배 서비스가 주로 피해를 입었다. 해커는 이 랜섬웨어로 감염된 컴퓨터 한 대당 300유로어치의 비트코인을 요구했다. 하지만 이메일 공급자가 범죄자의 계정을 차단하기 때문에 피해자는 해커와 연락을 할 수 없다.

시간이 흘러, 피해자는 100비트코인(그 당시에는 25만 달러어치)을 지불하면 파일을 돌려준다고 연락받았다. 이 모든 대화는 인터넷의 아주 작은 틈새인 다크웹^{Dark Web}의 채팅방에서 벌어진다. 다크웹에서는 범죄자들이 마약을 완전히 익명으로 교환할 수 있다. 법무부와 경찰이 추적할 수 없으며 아동 음란물을 공유하고 지하드 신병을 모집하거나 폭탄을 만들고 사용하는 법을 배운다. 다크웹은 합법적이지만 애매한 인터넷 세상의 일부로, 찾기도 어렵고 구글 검색으로도 찾아갈 수 없다. 딥웹^{Deep Web}은 국가의 검열로 인해 인터넷 접속이 제한된 사람들을 위한 '무료 포트'이다. 정부를 두려워하는 활동가들과 언론인들도 딥웹을 사용한다. 딥웹은 일반인을 위한 것이 아닌 수많은 개인 파일, 대형 데이터베이스, 학술 문서와 라이브러리를 포함한다.

사실 딥웹 자체는 큰 문제가 아니다. 하지만 다크넷이라고도 불리는 다크웹이 문제이다. 두 웹은 '어니언 도메인'을 사용한다. 여기서 어니언이란 TOR 브라우저 소프트웨어를 사용한 비밀 서비스를 위한 가짜 도메인을 말한다. TOR란 어니언 라우터^{The Onion Router}의 준말이다. 어니언 주소를 사용하면 데이터와 데이터의 흐름을 추적하기가 어렵거나 불가능하다. 성공한다 해도 그 빈도가 상당히 낮다. 알파베이^{Alphabay}는 마약, 무기 또는 가짜 여권을 다루는 다크웹 시장 중 하나로 2017년 7월 미국, 캐나다와 태국 경찰의 공조를 통해 잡혔다. 미래에는 다크웹의 검색엔진을 통해 의심스럽거나 불법적인 사례를 구체적으로 검색할 수 있을 것이다. 또한 사이버 범죄자들은 당신의 검색엔진을 독립적으로 다른 주소로 연결할 수 있는 봇을 개발하기 위해 노력할 것이다.

위험한 상황

네트워크는 서로 연결되어 있기 때문에 일단 해킹을 당하면 네트워크에 속한 여러 컴퓨터에 피해를 준다. 뿐만 아니라 대규모 기업의 시스템이 해킹되면 기본 프로세스가 작동하지 않는다. 한번은 미국 의약품 제조사 MSD 네덜란드 지사에서 중앙 컴퓨터 시스템이 공격을 받아 모든 컴퓨터가 종료됐다. 직원들은 더 이상 아무런 주문도 입력할 수 없었기에 집으로 돌아가야 했고, 기업은 크나큰 손실을 입었다. 만일 테슬라 차량의 컴퓨터 시스템이 해킹을 당하면, 또는 이와 같은 일이 항공기의 운영 체제에서 발생한다면 재앙이나 다름없다. 해커들이 에너지 회사를 공격해 에너지 공급이 정체되면 모두의 삶은 정지될 것이다. 블루투스 기능을 가진 페이스메이커가 해킹을 당해 갑자기 멈추는 일 역시 가능하다. 하지만 다행히 시스템의 취약점을 공략해서 문제를 해결하고 시스템 기능을 증진시키기 위해 해킹을 하는 윤리적인 해커들도 존재한다. 이들은 난방시스템을 공격해 중환자실에 주의를 집중시키고 필요한 의료 장비를 가져올 수도 있다. 이렇게 취약점을 공략해 누군가의 생명을 구할 수도 있다.

이 장에서는 디지털 자유, 보안, 그리고 사이버 테러와 관련된 문제에 대해 자세히 설명하도록 하겠다. 테러리스트들은 모든 도전과 위험을 수반하는 디지털 고속도로를 발견했다.

해킹에서
사이버 테러까지

영국 국립 범죄청^{NCA}에서 컴퓨터 범죄로 체포된 사람들을 심문했는데, 조사에 따르면 대개 사이버 범죄지는 17세의 나이에 활동을 시작한다. 대부분은 남자아이들이지만 종종 여자아이들도 섞여 있다. 이들은 호기심이 많고 한가하다. 결국 NCA는 이들이 사실상 전통적인 범죄에 연루되어 있지 않으며 특정 환경에서 비롯한 것이 아니라고 결론 내렸다. 또한 과학적으로 입증된 바는 아니지만, 이 아이들이 종종 자폐증 증세를 보이는 경우가 있다고 이야기했다. 게다가 해킹 도구를 구하기 쉬워서 어린 나이에 해킹을 시작하는 경우가 많다.

NCA의 다른 연구 결과도 흥미롭다. 가해자는 종종 게임을 조작할 수 있는 웹사이트에서 활동을 시작하여 우승 확률을 조작하고, 그 결과를 예상치도 못한 채 해킹 포럼에 글을 올린다. 하지만 금전적 이득은 이 범죄의 주된 동기가 아니다. 주변 동료 해커에게 자신의 능력을 과시하고자 하는 것이 주된 동기다. 거의 모든 사이버 범죄자들은 자신이 경찰에 잡힐 확률이 매우 낮다고 생각한다. 연구원들은 디지털 범죄가 개인 활동의 문제가 아니라고 결론 내리고 있다. 온라인상의 사회 관계는 필수적이며 평판을 구축하는 것이 중요한 동기이다. 따라서 해킹은 10대 때 시작된다. 실제 생활에서 다른 사람들과 접촉하기 힘든 젊은이들은 온라인에서 자신의 능력을 뽐냄으로써 인기를 얻는다.

또한 젊은 해커들은 자신보다 경험이 풍부하고 윤리적인 해커들과 접속할 경우 사이버 범죄자나 테러리스트로 발전할 가능성이 적었다. 이런 목적으로 어린 해커들에게 초기에 접근해서 바로잡아주면 범죄 해커 세대가 줄어들 것이다. 범죄와 전혀 관련이 없는 12세 미만의 어린이들도 쉽게 인터넷에 접속해 불법 프로그램과 도구를 통해 데이터를 도용하고 웹사이트를 중단시키며 서버를 비활성화하는 방법을 배운다. 아이들은 진짜 희생자가 없다고 확신하기 때문에 이런 행동을 후회하지 않는다.

이쯤에서 NCC 그룹의 올리 화이트하우스Ollie Whitehouse의 말을 들어보자. "다들 처음에는 해킹을 취미로 시작하지만, 결국 범죄가 될 가능성이 존재한다. 청소년들은 자신이 저지른 일을 포럼(온라인상에서 정보를 공유하는 공간)에 올리는 데만 관심이 있다. 돈에는 관심이 없다." 이에 소프트웨어 보안회사 아벡토Avecto의 제임스 모드James Maude는 다른 관점을 가지고 있다. "컴퓨터의 익명성에 숨어버리는 어린아이들의 도덕적 나침반이 잘못된 방향을 가리킬 확률이 높다."

해킹을 하려는
이유는 무엇일까?

지난 5년간, 파렴치한 범죄자들이 대기업 네트워크를 공격하고 마비시켰다. 그들은 신용카드 데이터, 의료 정보와 시민들의 서비스 번호 정보를 훔치고 할리우드 스튜디오를 무릎 꿇렸다. 온라인 범죄에 따른 경제 피해는 매년 3,750억에서 5,750억을 넘나들며 향후 몇 년간 계속해서 증가할 것으로 예측된다.

대부분의 사이버 범죄자는 주로 재정적 이득에 관심이 있다. 해킹의 대상은 신용카드 정보, 이메일 주소, 사용자 이름, 암호와 지적 재산이다. 다시 말해서 이들은 판매 가능한 정보만을 원한다. 2017년 5월과 6월에 일어났던 랜섬웨어 설치와 같은 해킹도 이 범주에 속한다. 반면에 아나키스트 2.0[Anarchisten 2.0]으로 불리는 단체는 돈에 관심이 없다. 그저 정치에 반대하고 네트워크를 통해 자신의 사상적, 과학적 또는 사회적 신념을 전파할 뿐이다. 어노니머스[Anonymous]는 가장 잘 알려진 핵티비스트[haktivist](인터넷을 통한 컴퓨터 해킹을 투쟁 수단으로 사용하는 새로운 형태의 행동주의자들) 중 한 단체이다. 이들은 사이언톨로지 교회, 펜타곤, 비자, 페이팔, 페이스북의 창립자 마크 주커버그[Mark Zuckerberg]와 위키리크스[WikiLeaks] 등을 공격했다.

핵티비스트는 파나마 법률 및 비즈니스 서비스 제공 업체인 모섹 폰세

카$^{Mossack\ Fonseca}$로부터 기밀문서를 유출하기도 했다. 이 파나마 페이퍼라고 불리는 서류들은 네덜란드를 포함한 많은 기업가가 탈세, 세금 사기, 뇌물 수수 또는 무역 제재의 우회에 관여하고 있음을 보여준다. 이 문서 유출로 인해 수많은 공식 조사가 이루어졌다. 이처럼 10대들과 사이버 범죄자들은 물리적 피해자가 없는 사이버 테러리스트가 될 수도 있다.

하지만 해답을 찾기 위해 해킹을 하는 사람도 있으며, 때로는 시스템 관리자에게 백도어^{backdoor}(컴퓨터에 몰래 설치된 통신 연결 기능)를 발견했다고 알려주기도 한다. 이들은 FBI를 도와, 2015년에 발달 장애인시설에서 총기를 난사했던 샌 버나디노$^{San\ Bernardino}$의 저격수 중 한 명의 아이폰을 해킹하는 것을 도왔다. 이들이 법이나 윤리적 기준을 위반한다 할지라도, 사이버 범죄를 저지르거나 사이버 테러를 저지르려는 의도는 없다. 다행히 사람들과 기업을 보호하고자 하는 해커들도 있다. 이들은 앞에서 언급한 그룹과 동일하게 디지털 시스템의 취약점을 찾아내지만 응용 프로그램과 시스템을 보다 안전하게 만드는 것을 목표로 삼는다. 윤리적 해커와 정보보안 전문가가 이 범주에 속한다. 그들은 자체 시스템의 취약점을 찾으려는 기업에 고용된 경우가 많다.

대부분의 사이버 공격이 발생하는 나라는?

아래는 사이버 보안회사 시만텍(Symantec)이 2016년에 작성한 최대 규모의 10대 사이버 범죄 핫스팟에 대한 개요이다. 가장 집중적인 악성 코드, 스팸, 피싱 공격의 피해 국가를 살펴보았다.

1. 미국 : 24퍼센트   2. 중국 : 10퍼센트   3. 브라질 : 6퍼센트   4. 인도 : 5퍼센트
5. 독일 : 3퍼센트   6. 러시아 : 3퍼센트   7. 영국 : 3퍼센트   8. 프랑스 : 2퍼센트
9. 일본 : 2퍼센트   10. 베트남 : 2퍼센트

위 목록의 상위 5개 국가에 대한 대부분의 공격은 독립적 해커 또는 그룹 해커에 의해 수행된다. 미국과 다른 서방 정부를 향한 중국의 사이버 공격은 계속 증가하고 있다. 해커들은 미국 정치계의 경고를 무시한다. 미국 정부 또한 다르지 않다. 버락 오바마 대통령은 중국에서 열린 G20 정상회담에서 가진 기자 회견에서 미국은 세계에서 가장 중요한 사이버 무기고임을 인정했다. 오바마가 맞을지도 모르지만, 그래도 미국에 대한 해킹 공격은 계속해서 증가한다. 러시아는 가장 안전한 네트워크도 깰 수 있으며 국제 테러 공격 트래픽의 4.3퍼센트에 대해 책임이 있다. 그와 비교해 터키는 4.7퍼센트의 공격에, 남반구를 겨냥한 사이버 공격의 경우 브라질이 8.6퍼센트의 책임이 있다.

사이버 범죄보다 더 위험한
사이버 테러리즘

사이버 범죄와 사이버 테러는 똑같은 것처럼 보이지만 그렇지 않다. 사이버 범죄는 대개 '더 가벼운' 범죄이지만 사이버 테러는 혼란을 일으키고 사람에게 (육체적으로) 해를 가하는 범죄이다. 하지만 모든 것은 사이버 범죄로부터 시작된다. 사이버 범죄는 사이버 테러의 과잉에 대한 청사진이나 다름없다.

사이버 범죄에서 가장 잘 알려진 형태 중 하나는 악성 코드로 컴퓨터 시스템을 감염시키는 것이다. 멀웨어는 해킹이나 USB 스틱을 통해 배포되어 사용자 정보 또는 영업 비밀을 훔치거나 장비를 파괴하거나 시스템 액세스를 차단한다. 사이버 테러리스트들은 이보다 더 나아간다. 사이버 테러리스트들의 목표는 전원 공급 장치를 끄는 등 중요한 인프라를 손상시키는 것이다.

이 장 처음에 언급했던 랜섬웨어를 사례로 들 수 있다. 랜섬웨어는 몸값이 지불될 때까지 컴퓨터 시스템에 대한 액세스를 차단하도록 설계되었다. 최근 보안 소프트웨어의 선도적 개발업체인 카스퍼스키 랩 Kaspersky Lab이 2016년을 랜섬웨어의 해로 선포했다. 그 정도로 랜섬웨어를 사용한 해킹은 보편적이다. 신원 사기도 점점 더 보편화되고 있다. 범죄자는 페이스북이나 인스타그램과 같은 소셜미디어 플랫폼에서 피해자의 정보를 수집하고 신원을 훔친다. 심한 경우에는 은행 계좌정보까지 훔친다. 그런데 여기서 끝이 아니다. 테러리스트들은 훔친 신원을 활용해 여행을 가서 범죄를 저지를 수도 있다.

　미국의 병원과 기타 의료기관은 최근 몇 년간 악성 해킹의 표적이 되고 있다. 예를 들어 2016년, 켄터키의 메소디컬 병원 Methodical Hospital 시스템의 중요한 데이터에 소위 록키 멀웨어 Locky malware 를 사용해 접근한 해커가 있었다. 그들은 중요한 정보를 암호화하고 금전을 지불하지 않으면 정보를 파기하겠다고 위협했다. 해커에게 금전을 지불하고 나서야 데이터를 다시 돌려받을 수 있었다. 2013년에는 건강 보험회사 엑셀러스

도난당한 신원으로 돈 벌기
개인정보를 훔쳐서 재판매하면 큰돈을 벌 수 있다. 2014년에 발간된 FBI 보고서에도 나와 있다. 신용카드 번호를 암시장에 판매하면 고작 1달러밖에 받지 못하지만 의료 기록 파일의 일부는 50달러나 받을 수 있다. FBI가 인용한 미국의 데이터 스토리지 회사인 EMC의 보안부서 RSA의 조사에 따르면 누군가의 신원을 판매하면 2천 달러를 벌 수 있고, 완벽한 의료 파일은 2만 달러까지 올라간다.

블루크로스 블루실드^{Excellus BlueCross BlueShield}가 공격을 받아 천만 명의
환자 데이터가 유출됐다. 기술 수준이 높은 테러리스트는 민감한 의료 정
보에 액세스할 수 있다. 그러면 환자를 훔쳐올 수 있을 뿐만 아니라 원격
의료 장비를 꺼서 환자를 죽일 수도 있다.

최근 제조된 자동차에는 인터넷에 연결된 컴퓨터가 장착되어 있다. 버
밍햄 대학교의 컴퓨터 과학자 플라비오 가르시아^{Flavio Garcia}는 1995년 이

해킹당한 할리우드의 병원

2016년 기독병원(Presbyterian Medical Center)의 모든 컴퓨터를 비활성화한 해커는
시스템에 바이러스를 심어 중요한 의료 데이터에 대한 접근을 차단했다. 직원들은 일
주일 동안 펜, 종이와 팩스로 모든 서류를 주고받았다. 결국 병원은 40비트코인, 당시
가격으로 15,000달러어치를 지불하고 나서야 정보를 되찾을 수 있었다. 이러한 해킹
공격의 '성공'은 다른 이들에게 큰 귀감이 됐다. 오래지 않아 해커가 독일의 병원에 동
일한 바이러스로 공격하고 네덜란드의 의료기관도 사이버 범죄자의 표적이 됐기 때
문이다. 100군데 이상의 기관에서 바이러스 통지를 받았다.

후 제조된 모든 폭스바겐 차량은 해킹에 취약하다고 말했다. 보안에 결함이 있으면 사이버 범죄자가 디지털 방식으로 자동차 열쇠를 복사해 차의 문을 열 수 있다. 이렇게 열쇠를 복제할 때 들어가는 비용은 단돈 40유로이다. 차량의 문을 열 때 열쇠가 보내는 신호는 가로채기 쉽다. 중국의 해커들도 이런 신호를 증폭해 원거리에서도 차의 문을 열 수 있게 하는 기기를 발명했다. 이 기계의 가격은 단돈 20유로이다. 이런 기술을 사용하면 심지어 테슬라 차량도 훔칠 수 있다. 과학자들은 자동차 열쇠를 사용하지 않을 때는 정전기장이 침투할 수 없는 구조의 패러데이 케이지에 넣어놓거나 알루미늄 호일로 포장하라고 조언한다.

반면 윤리적 해커는 자동차 제조업체가 제품을 보다 잘 보호할 수 있도록 지원한다. 보안 문제를 예방하는 자동차 소프트웨어 업데이트를 생각해보자. 이 방법으로 최근 해킹을 당했던 테슬라의 차량들 역시 리콜 없이 문제를 해결했다. 크라이슬러도 마찬가지다. 다른 차량 제조업체 역시 느리지만 확실하게 보안에 대한 위험을 인식하고 있다.

디지털 돈세탁

테러리스트들은 해킹기술을 사용하여 돈세탁할 수 있고 스마트시티나 자율주행차량을 해킹할 수 있다. 그들의 목적은 단 하나, 대중의 혼란이다. 거의 모든 중요 인프라는 SCADA와 관련이 있다. SCADA 시스템은 인터넷으로 완전 제어가 가능하고 공장, 에너지 네트워크, 수질처리 설비, 기후 시스템의 운영과 절차를 시각화하는 데 사용된다. SCADA 시스템은 위험한 생산공정에서 완벽을 기해야 할 때 사용된다. 해킹당하면 많은 희생자와 엄청난 피해가 발생한다. 2010년에 미국과 이스라엘의 해커들이 악명 높은 '스턱스넷Stuxnet' 소프트웨어를 사용하여 이란의 핵 농축 시설을 공격했다. 이 가장 악명 높고 치명적인 사이버 공격은 컴퓨터들이 일정 시간 동안 바이러스를 스스로 퍼트리는 결과를 초래했다. 이는 사이버 테러가 얼마나 미묘한지를 보여주는 사례이다. 조심스럽고 통제된 사이버 공격은 수년간 주목받지 못했지만 그럼에도 대규모 공격과 마찬가지로 파괴적이다. 또한 가장 안전하고 진보했다고 알려진 SCADA 시스템의 취약성을 여실히 보여준다. 이란 시설에 대한 공격은 정면 공격이 아니라 생산 시스템을 미묘하게 해킹했던 공격임을 기억해야 한다.

또 다른 사례로는 2015년 해커가 우크라이나 발전소를 해킹하고 8만 명의 사람들을 어둠으로 몰아넣은 사건이 있다. 이 해커들은 똑똑하게도 감시인의 모니터를 '동결'시켜 버려 모든 것이 제대로 움직이고 있다고 속일 수 있었다. 물론 이 공격으로 입은 데미지는 몇 시간 후에 수리할 수 있었지만 그 비용은 상당했다. 2016년 3월 잡지 〈시큐리티 위크Security Week〉는 하수처리 업체의 SCADA 시스템에 침투해 성공한 경험이 있는 해커에 대한 기사를 실었다. 이 해커들은 시스템을 해킹해 물의 흐름과 화학 처리에 영향을 미쳤다. 하지만 세심한 감독자가 제시간에 해킹을 발견해 더 큰 피해를 막을 수 있었다. 이러한 유형의 사례들은 효율적인 보안방법이 없으면 사회에 얼마나 큰 위험이 생기는지를 알려준다.

마지막으로 여러 가지 돈세탁 방법을 들 수 있다. 돈세탁업자는 세탁 시 각 트랙을 지우므로 지불이 합법인 것처럼 보인다. 중개인은 지불 계좌를 통해 금액 이전 수수료를 받는다. 또 다른 방법은 현금을 비트코인과 같은 디지털 화폐로 환산하는 것이다. 이렇게 불법적으로 취득한 금전은 '세컨드라이프Second Life'나 '월드오브워크래프트World of Warcraft' 같은 게임을 할 때 사용할 수 있다. 그러면 합법적인 사용이 가능하다.

범죄자들이 노리는 서로 연결된 기기들

2020년까지 전 세계 210억 대의 장치가 사물인터넷을 통해 연결될 예정이다. 스마트폰과 노트북부터 시작하여 냉장고, 자동차, 신호등과 난방 시스템에 이르기까지 모든 컴퓨터 제어 장치가 서로 데이터를 공유한다. 그런데 사이버 범죄인들은 모든 장치 간의 데이터 흐름을 악용할 수 있는 충분한 동기와 수단이 있다. 앞으로도 더 많은 시스템이 서로 통신함에 따라 기업, 조직과 정부는 사이버 공격에 점점 더 많이 노출될 것이다.

폭발물과 같은 '전통적인' 무기로 공격하면 종종 수십 또는 수백 명의 사망자와 부상자가 발생한다. 반대로 사이버 테러리스트들은 수백만 명의 사람들에게 중요한 사회기반시설과 시설을 공격한다. 현대 사이버 테러범은 디지털 바이러스를 프로그래밍하여 예정된 순간 활성화한다. 특히 공포와 혼돈을 일으키고 이로부터 이익을 얻고자 하는 테러집단들은 한 장소가 아니라 전 세계적인 규모로 공격을 진행할 수 있다. 파괴적인 컴퓨터 바이러스는 전 세계 사람들의 일상을 혼란에 빠뜨릴 수 있으며 수백만 명의 목숨도 앗아갈 수 있다.

사이버 범죄자는 사물인터넷을 통해 의료 장비, 건강보험 회사 또는 의사의 컴퓨터에 연결된 휴대용 피트니스 트래커, 심장 모니터나 혈당 측정기 같은 환자의 웨어러블 기기를 해킹할 수도 있다. 이런 해킹을 통해 환자들에게 압박을 주고 심지어는 건강을 위태롭게 할 수 있다. 하지만 2020년 이후에는 기술의 발달로 대부분의 웨어러블 해킹이 불가능해져 안전하게 사용할 수 있을 것이다.

테러의 변화

좀 더 편안하고 안전한 삶을 위해 기술이 개발됐지만, 그 기술이 오히려 삶을 위협할 때도 있다. 일상 속 평범한 기기가 갑자기 무기가 될 수도 있다. 다시 말해, 미래에는 테러를 발견하기 어렵고 그로 인해 테러를 멈추기도 어려울 것이다. 미래의 테러리스트는 물리적 무기를 사용하는 빈도수가 줄어들고 대신 컴퓨터와 휴대폰을 사용할 것이다. 하지만 바뀌지 않는 것들도 있다. 테러리즘이야말로 전형성이 없기 때문이다. 역설적이지만 기술은 약한 것을 강하게 만들고, 강한 것은 약하게 만든다. 최첨단 기술로도 테러공격을 막을 수 없고, 숙련된 정보요원들도 우리의 안전을 보장할 수 없다는 말이다.

내일의 테러리스트들은 숙련된 기술에 대한 탁월한 지식을 뽐낸다. 테러 조직은 폭탄을 제조할 전문가가 필요한데, 이는 실전에서만 배울 수 있는 능력이다. 그렇기 때문에 한 전문가의 사망은 조직에 크나큰 영향을 미친다. 반면 디지털 무기는 폭발물, AK-47이나 방사성 물질과는 달리 어디서나 쉽게 찾아볼 수 있으며 사용법을 배우기도 쉽다. 성능이 좋은 노트북은 어디서든 쉽게 구할 수 있고 컴퓨터 수업 역시 어디서나 들을 수 있다. 또한 기술과 교육자료는 비교적 저렴하고, 합법적이며 어느 도시에서나 찾을 수 있다. 하이테크 테러리스트들은 폭탄 제작자와는 달리 숨을 필요가 없다. 이들은 폭력이 아닌 머리를 쓰기에, 어디서든 눈에 띄지 않는다.

보안 인식 분야의 교육을 제공하는 미국 IT 보안회사 노우비4^{KnowBe4}

향후 30년 안에 일어날 변화

- 상업 항공은 보안 측면에서 다른 운송 수단보다 더 많은 관심을 받기 때문에 상대적으로 안전하다. 그러나 항공편이 많아지고 비행시간이 길어질수록 취약점은 증가한다. 2027년 즈음에는 비행기의 사이버 납치 또한 가능해질 것이다. 9.11 테러가 다시 반복되지 않으리란 보장은 없다.

- 향후 5-7년 안에 여객열차 간의 충돌이 예상된다. 트랙을 바꾸는 등의 새로운 기술을 현존하는 시스템에 끼워 넣기 어렵기 때문이다. 기차의 시스템을 해킹하거나 도용하는 것은 쉬우므로 열차는 보안이 취약한 채로 남아 있을 것이다.

- 자율주행차량은 사실상 비보호로 유지될 것이다. 서로 연결이 돼야 하지만, 그럴수록 자율주행차량의 보안이 취약해진다. 테러리스트들은 미래에 이러한 가능성을 이용하여 혼란을 야기할 것이다.

- 테러리스트는 의료 장비 네트워크를 남용할 것이다. 그들은 원격으로 심장 발작, 간질 발작, 혼수상태 또는 기타 의학적 비극을 야기할 수 있다.

- 고령화된 사회기반시설이나 SCADA와 같이 급히 구현한 시스템은 보안에 취약하다. 테러리스트들은 하수처리 설비를 생물학무기로 전환하고 원자력 발전소, 에너지 네트워크, 병원을 통제할 수 있다.

- 드론은 폭발물, 생물학 · 화학 무기의 운반에 사용 가능하기에 우리를 위협할 수 있다. 20년 안에 드론으로 인한 치명적인 공격이 일어날 가능성이 있다. 특히 값싼 무인비행기와 살아 있는 세포로 3D 바이오 프린팅을 할 가능성이 커지고 있다.

- 테러리스트들은 10년 내에 무기를 쉽게 만들어낼 수 있다. 기술 정보를 얻기 쉽고 3D 프린팅을 사용하면 기관총, 폭탄이나 바이러스의 광범위한 생산이 가능해져 예방이 거의 불가능하다.

- 바이오 프린팅을 통해 테러리스트들이 에볼라, 조류독감, 천연두와 같은 강력한 생물학적 무기에 접근할 수 있다.

- TOR 또는 이와 유사한 네트워크는 익명성을 보장한다. 점점 더 많은 극단주의자들이 금전을 위한 협박의 수단으로 다크넷을 사용할 것이다. 모든 거래는 익명의 비트코인으로 진행된다.

- 유튜브, 트위터, 페이스북과 기타 소셜미디어의 남용은 방지하기가 어렵다. 세계가 계속해서 발전함에 따라, 점점 더 많은 테러리스트 집단이 종교적 극단주의자들이나 광신주의자들과는 다른 행보를 보일 것이다.

^{Inc}의 CEO 스튜 슈어먼^{Stu Sjouwerman}은 사이버 보안의 미래가 과학소설과 현대의 현실이 결합된 것이라고 이야기한다. "기술 면에서 보자면 인공지능과 학습 기계가 엄청난 발전을 이루고 있다. 또한 인간과 기계, 그리고 수억 개의 장치가 서로 연결돼 항상 대화를 나눈다. 해커들은 인공지능을 노릴 것이다. 따라서 인공지능 컨트롤러가 처음부터 윤리적인 행동을 가르쳐야 한다. 또한 사이버 범죄자는 신경 인터페이스를 사용하여 거짓 데이터를 다른 사람의 뇌에 직접 업로드할 수 있다. 그러므로 가짜 데이터를 알아내는 방법을 훈련시키면 범죄자는 발붙일 곳이 없어질 것이다."

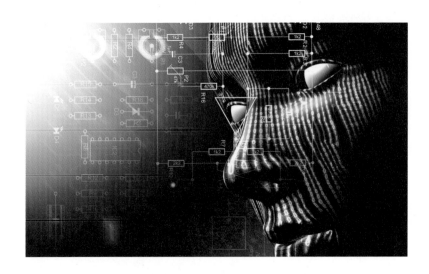

사이버 범죄에서
나를 지키려면?

이 장에서는 사이버 시대의 자유와 안전을 보장하는 데 도움이 되는 몇 가지 아이디어로 끝을 맺는 게 좋을 듯하다. 세상에는 사이버 범죄를 해결할 수 있는 수많은 기술이 있다. 단지 복잡할 뿐이다. 그러므로 스스로를 사이버 범죄에서 지킬 수 있는 몇 가지 방법을 알아보도록 하자.

아이디어 1 : 현실을 인식하기 누군가 당신을 협박한다 해도 현실을 인식해야 한다. 해커가 보내는 메일은 보통 사진, 계약서, 계산서, 그리고 가끔은 비밀번호도 담고 있다. 이 이메일은 소셜네트워크나 다른 웹샵의 계정과 연결돼 있다. 그러면 해커는 모든 연결된 계정의 정보에 접근할 수 있고 다른 중요한 정보에도 손을 댈 수 있다. 또한 당신 대신에 금전 거래를 할 수도 있다. 설문조사에 따르면 대개 네 개의 이메일 계정 중 한 개의 계정을 해킹당한 경험이 있다고 말했다고 한다. 따라서 모든 이메일 · 인터넷 사용자의 문제 인식이야말로 가장 첫 번째 해야 할 일이다. 이는 사람들뿐만 아니라 회사, 기관과 정부의 부처에도 적용된다.

여러 곳에서 강의를 진행하며 기업의 접근법, 보안 문제, 그리고 정보 기관을 자세히 살펴보곤 한다. 이들 모두 사이버 보안에 대한 지식이 많지 않기에 관련 정책을 입안하기가 어렵다. 또한 이런 기관에 속한 보안

전문가의 평균 연령이 매우 높은 편이다. 얼마 전, 네덜란드 보안 관련 사무소의 장과 이야기를 나눈 적이 있다. 그에게 내 우려를 설명하는 게 쉽지는 않았다. 대체 얼마나 많은 사건이 터져야 정부나 기업들이 사이버 보안 문제를 심각하게 여길까? 사이버 범죄를 심각하게 받아들이지 않는 태도야말로 사이버 범죄나 마찬가지이다.

아이디어 2 : 더 많은 전문가 교육이 필요하다 일자리가 없는 사이버 보안전문가란 없다. 일단 적합한 기술과 적응력을 갖춘 인재가 드물기 때문이다. 더 많은 청년을 훈련시켜서 사이버 보안전문가를 양성해야 한다. 기업은 점점 더 많은 데이터를 생성하고 있으며 그 속도도 점점 더 빨라지고 있다. 데이터 과학과 분석은 절대 만만하지 않다.

아이디어 3 : 조직은 공격 준비가 돼 있어야 한다 문제는 사이버 테러의 발생 여부가 아니라 시기다! 모든 회사와 조직에 마스터플랜이 필요하다. 만약 사이버 테러로 인해 한 달 동안 회사가 멈춘다면, 회사의 수익성은 태양 아래 눈처럼 녹아 없어질지도 모른다. 이를 방지하려면 중요한 컴퓨터 시스템이 서로 분리되어 있는지 확인해야 한다. 또한 기밀정보는 제대로 보호돼야 한다. 특수교육을 받은 보안전문 직원이 공격에 항상 대비해야 한다. 일단 공격을 받더라도 회사가 신속하게 업무를 재개할 수 있도록 적절한 복구절차를 마련해야 한다. 마지막으로 기업가는 끊임없이 새로운 기술을 받아들이고 현재의 어려움을 반영하려 하는 스타트업 기업, 혁신 기업과 계속해서 협력해야 한다. 미래에는 인간 해커가 인공지능 알고리즘으로 대체될 것이라는 점을 명심하라. 스마트 컴퓨터 프로그램은 스스로의 취약점을 찾아낼 것이다. 따라서 스마트 기업들은 시스템을 지키기 위해 알고리즘을 재공격해야 한다. 아마 미래의 사이버 범죄는 착한 알고리즘과 나쁜 알고리즘의 전쟁이 될 것이다.

아이디어 4 : 경고 위험을 경고하거나 보호하는 기술에 대한 지식을 습득해야 한다. 물리적 공격과 사이버 공격을 모두 예측하는 시스템은 이미 존재한다. 예를 들어 Predictify.me 시스템은 파키스탄, 나이지리아, 레바논의 학교를 자살공격에서 보호한다. 이 시스템은 날씨, 중요한 사건, 공휴일, 소셜미디어에서 주고받은 메시지, 그리고 과거의 테러 공격과 같은 200개 이상의 지표를 조사한다. 이 모든 데이터를 기반으로 72퍼센트의 확실성으로 최대 3일 전에 공격을 예측할 수 있다. 카타르의 연구소는 소셜미디어에 대한 수백만 개의 트위터와 메시지를 근거로 IS를 지지하는 사람들을 87퍼센트나 노출했다. 이는 특정 언어 사용을 감시하

는 알고리즘을 통해 가능했다. 미국의 기업 인텔리전트 소프트웨어 솔루션^{Intelligent Software Solutions}은 이미 40개국 이상에서 사용 중인 시스템을 개발했다. 이 시스템의 데이터베이스는 역사적인 테러 발생 지역, 추세, 사용된 폭발물 유형과 테러조직의 운영 방식에 관한 데이터를 담고 있다. 이 정보로 미래의 테러리스트 공격을 예측할 수 있다. 알고리즘이 모든 분석을 대신할 것이므로 인간 분석가들은 더 이상 필요 없을 것이다. 컴퓨터는 연결이 빨라져 단 몇 초 안에도 접속이 가능할 것이다.

나오며

사이버 보안에 가해지는 압력이 점점 강해지고 있다. 기술적인 조치는 잠시 동안은 도움이 되겠지만, 범죄자들은 빠르게 기술을 따라잡는다. 그러면 전쟁은 다시 처음부터 시작이다. 이런 문제를 스스로 해결하기 위해서는 범죄에 대한 인식과 그에 적합한 규율이 전제되어야 한다. 무엇보다 중요한 것은 사이버 범죄와 테러에 대한 끊임없는 관심이다. 사이버 범죄와 테러야말로 우리가 경계하고 항상 지식을 최신 정보로 유지시켜야 할 주제이다. 책에도 충분히 소개하려 했지만, 이 책에 담은 내용 이상으로 사이버 범죄와 테러에 대해 공부해야만 한다. 스스로를 지킬 수 있어야 하니까. 은행과 상점 강도가 다크넷을 통해 확산되는 범죄에 해당하지 않는다는 사실을 명심하라!

회사의 최고 경영자가 사이버 보안에 주의를 기울이지 않은 사례를 들어보자. 2017년 악성 코드 공격으로 엄청난 타격을 입었고 수백만 유로의 손실을 입은 로테르담의 환적 회사가 몇 시간 동안 작업을 중단하고 시스템을 시간 내에 업데이트했다면 더 큰 피해를 막을 수 있었을 것이다. 하지만 경영진이 이러한 필요성을 고려하지 않았으므로 결국에는 이 비용을 치르게 됐다.

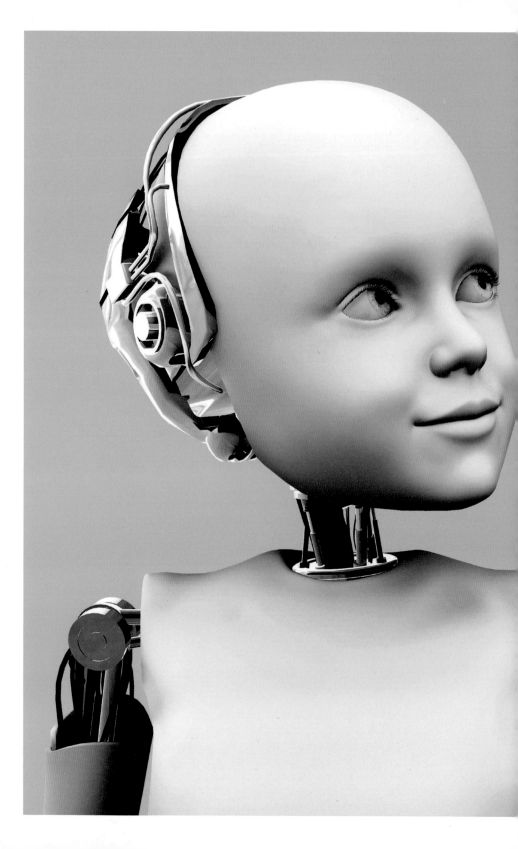

PART 8 웰빙

기본 소득과 인간 노동의 미래

번개처럼 빠른 기술의 발전은

개인과 기업에게 더 나은 미래를 약속한다.

업무량은 감소하고, 청정에너지를 사용하며

질병을 퇴치하고, 보다 효율적이고 행복하게 살아갈 수 있다.

우리는 온종일 서로 접촉하며 모든 정보에 접근할 수 있다.

앞으로는 자율주행차량이 일으키는 교통사고도 줄어들 것이고

스마트 기술과 점점 더 가까워질 것이다.

미래에는 일자리의 대부분이 사라지기 때문에

보편적인 기본 소득의 기회 또한 증가할 것이다.

기본 소득을 도입해 더 많은 자유를 누리고

빈곤을 퇴치하며, 로봇사회와 더불어 살아갈 것이다.

기본 소득으로 일주일에
3일만 일하는 날이 올까?

    기본 소득은 최근 몇 년간 유명해진 개념으로 사회가 로봇과 기계의 노동력으로부터 이익을 얻을 수 있는 방법이다. 로봇과 기계가 우리 국민 총생산의 50퍼센트를 벌고 있다고 상상해보자. 그렇다면 국가는 그 수익을 우리에게 돌려주는 게 맞지 않을까? 그렇게 되면 일주일에 3일만 일하고 자유 시간을 가질 수 있을 것이다.

    사람들을 해고하고 로봇으로 대체하는 공장이 점점 더 많아지고 있다. 그 예로 아이폰이나 플레이스테이션을 만드는 회사 폭스콘^{Foxconn}을 들 수 있다. 폭스콘은 몇 년 전 구글과 함께 모든 기기를 조립하고 포장하는 로봇 폭스봇을 출시했다. 폭스봇으로 2020년까지 중국 공장의 30퍼센트를 자동화할 계획이라 실업률 상승이 예상된다. 하지만 우리 모두 살아남기 위해서는 수입이 필요하다.

    기본 소득은 모든 시민에게 보장된 월간 소득으로, 전 세계 여러 곳에서 이를 도입하는 중이다. 기본 소득을 도입하면 10년 또는 15년 만에 거리에 나앉은 사람들 수백만 명의 소득을 보장할 수 있을까? 전 지구적 자동화를 위한 대안이 될 수 있을까? 정말로 빈곤을 몰아낼 수 있을까? 현재의 사회 시스템에 대한 압박을 제거하고 관료주의가 줄어들 수 있을까? 배경, 나이 또는 직업과 관계없이 모든 사람이 기본 소득으로부터 이

익을 얻을 수 있어야 하며 기본적인 권리 역시 보장되어야 한다. 항상 돈을 벌어야 한다는 압박에서 벗어나고 혁신적인 생각을 할 수 있기에 정신건강이 향상될 것이다.

기본 소득은 저숙련 노동자의 소득 증가로 이어져 재교육 또는 추가 연구를 할 수 있게 된다. 더욱이 기업이 부담해야 할 위험도 적어지고 기술적 진보와 혁신을 이룰 수 있다. 또한 사람들이 기본 소득을 보장받음으로써 소득을 어떻게 쓰는지 스스로 결정할 수 있게 된다. 그 자체로도 개인의 경제적 자유가 증대되는 것이다. 생존을 위해 더 이상 비생산적이고 정신적인 노력을 하지 않아도 된다면 얼마나 좋을까? 기본 소득을 도입하면 급여, 수당, 그리고 세액 공제에 따른 문제가 줄어들 것이다.

네덜란드의 역사학자 루트허 브레흐만Rutger Bregman 역시 기본 소득을 지지한다. 빈곤 문제를 해결하는 가장 빠르고 쉬운 방법이기 때문이다. "빈곤은 성격의 결함에서 오지 않는다. 그저 금전이 부족할 뿐이다." 워싱턴의 브루킹스 연구소Brookings Institute의 존 맥아더John McArthur에 따르면 적어도 66개국에서 조건 없이 적용되는 기본 소득을 활용하면 극심한 빈곤을 끝내고 수억 명의 사람들을 고통으로부터 도울 수 있다고 한다.

기본적인 소득에 대한 재정 지원 방법에는 자동화 또는 세금 인상으로 얻은 이익 등 여러 가지가 있다. 기본 소득은 부분적으로 현재의 사회제도를 대체할 수도 있다. 또한 부가 절차가 필요한 세액 지원이 없어도 되기 때문에 관료주의가 사라질 수 있다.

극빈과 인권에 관한 유엔 특별 보고관 필립 알스턴^{Philip Alston}은 다음과 같이 강조했다. "우리는 모두 품위 있게, 살기 좋은 표준을 가지고, 교육과 건강관리를 받을 권리가 있다. 이 모든 것은 근본적으로 우리의 인권과 연결되어 있다."

의학 연구에 따르면 '저소득층과 정신 질환 사이에 밀접한 연관성이 있는 것'으로 알려져 있다. 빈곤과 알코올, 마약 사용 사이의 연관성도 밝혀졌다. 1970년대에 '민콤^{Mincome}' 프로젝트가 진행되는 동안, 캐나다의 도핀^{Dauphin} 주민들은 매달 무료로 일정 금액을 지급받았다. 이 프로젝트의 목표는 금액을 지급받음으로 인해 주민들이 일을 멈추고 돈을 낭비하며 가난하게 살아갈지를 조사하는 것이었다. 그러나 5년 후에도 대부분의 사람이 여전히 일을 하고 있었다. 중퇴자가 줄어들었고 교육과정을 성공적으로 끝마치는 확률이 높아졌다. 사람들은 덜 아파하고 더 행복해했다.

기본 소득은 저소득 가정 출신의 청소년을 포함하여 모든 사람에게 공부할 기회를 제공하고 과학, 기술과 의학의 혁신 기회를 증가시킨다. 안전망이 생기는 것이다. 굶주림이나 노숙자에 대해 걱정할 필요가 없으므로 기업 사회로 성장하고 새로운 아이디어와 프로젝트를 실험할 수 있는 여유도 생긴다. 사회에 이익이 되는 것이다.

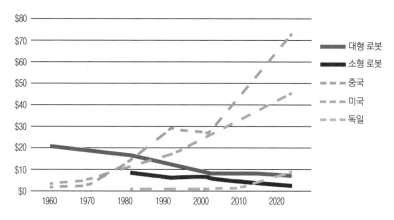

인건비 로봇(2교대 서비스[●]) 대 인력($/시간)

대형 로봇
소형 로봇
중국
미국
독일

● 2교대 서비스(설치, 공구, 엔지니어링 비용 포함)를 실행하는 로봇의 인건비는 중국이나 기타 저임금 지역의 인건비보다 낮다.

물론 누구나 일을 그만둘 수 있기에 기본 소득을 반대하는 사람들도 있다. 기본 소득을 반대하는 사람들은 질병, 제약 또는 해고로 인해 가난

한 자와 게으름 피우는 사람과 같이 자신의 행동으로 인해 가난해진 자를 구별하지 않고 기본 소득을 주므로 실제로 빈부 격차가 증가할 거라고 믿는다. 반면 기본 소득을 지지하는 사람들은 사회 시스템과 통제 장치 구축에 들어갔던 비용이 이제 기본 소득으로 돌아갈 수 있다고 믿는다. 하지만 경제학자인 로빈 프란스만^{Robin Fransman}에 따르면 1인당 760유로 이상을 보장하기는 어렵다. 기본 소득을 보장하기 위한 금액이 부족하다면 물품에 붙는 세금을 높이는 식으로 세수를 높여야 하는데, 그렇게 되면 가난한 사람들은 또다시 힘들어할 것이다. 다른 사람들은 일자리 손실이 그렇게 빨리 진행되지 않을 것이라고 생각한다. 미국의 정치 분석가인 스콧 라스무센^{Scott Rasmussen}은 "우리는 전에 경험했던 것을 잊는다"고 말했다.

그의 말에 따르면 기본 소득에 대한 꿈을 버리고 새로운 기술의 발전으로 미래에 더 많은 일자리가 창출될 것이라는 신뢰를 가져야 한다. 하지만 안타깝게도 전 세계 모든 직장의 40-75퍼센트가 향후 20년 내에 사라진다는 몇몇 연구 결과가 이미 발표됐다. 제조업계, 운송 부문, 물류 분야의 전문가와 같은 저숙련 노동자뿐만 아니라 사무직도 로봇에게 밀려날 수 있다. 그러므로 기본 소득이 조건 없이 도입되어야 한다. 테슬라와 스페이스 엑스의 CEO, 그리고 미래학자인 엘론 머스크는 다음과 같이 말한다. "우리는 자동화의 결과로 조건 없는 기본 소득, 또는 그와 비슷한 것을 취할 기회를 얻었다. 그게 아니면 대체 어떤 방법으로 풀어나가야 하는지 모르니까." 엘론 머스크만 이렇게 생각하는 것은 아니다. 페이스북의 설립자 마크 주커버그, 싱귤러리티 대학교의 설립자이자 미래학자인 레이 커즈와일, 이베이의 설립자 피에르 오미디아르 역시 생각을 같이하고 있다.

최근 달리아 리서치 $^{Dalia Research}$는 EU 회원국 28개국의 14세에서 65세 사이의 11,000명을 대상으로 기본 소득에 대해 인터뷰했다. 이 조사에 따르면 유럽인의 68퍼센트가 기본 소득 개념을 지지하고 있으며 31퍼센트는 가능한 한 빠른 도입을 원했다. 하지만 48퍼센트는 성공적인 시험 도입을 원했다. 기본 소득 도입의 효과를 측정하기 위해 수행된 실험들은 다음과 같다.

위트레흐트

2017년 5월 1일, 위트레흐트 시는 도시 지원 프로그램의 일환으로 특별한 기초 수급 제도를 실험했다. 이는 일종의 실업급여이지만 수급 시 따라오는 의무는 없다. 시는 과연 이 제도를 통해 실직자들의 행복지수가 높아질지, 건강은 증진될지, 그리고 마지막으로 채무가 감소하고 구직에 성공할 가능성이 큰지를 가늠해보고 싶었다. 시의원 빅토르 데버르하르트 $^{Victor Everhardt}$는 이렇게 말했다. "우리는 시민들이 정말 자신에게 맞는

직업을 찾을 수 있도록 여유를 제공하고 싶었다." 이 실험에는 약 천 명의 실직자가 참가했다. 그중 400-800명의 참가자가 2년 동안 다른 조건이나 구직 의무 없이 수급을 받을 수 있었다. 중도 취소도 가능했고, 추가 지원을 받은 경우도 있으며, 대조군 또한 존재했다. 약 120만 유로의 비용이 든 이 실험의 목적은 느슨한 실업급여 제도가 결국은 더 적은 예산이 든다는 점을 밝히는 것이었다.

핀란드

2017년 초, 핀란드 정부는 핀란드 국민 2천 명에게 560유로의 기초소득을 조건 없이 지급하기로 했다. 흔히 아는 기초수급제도나 실업급여와 달리, 경제적으로 빈곤한 상태이거나 구직 상황일 필요도 없다. 수여에는 조건도, 의무도 따라오지 않았다. 심지어 구직에 성공하더라도 급여는 정

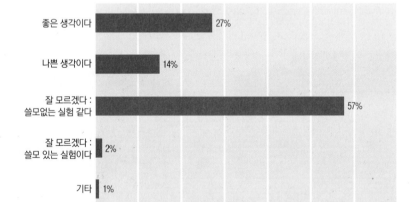

기본 급여에 대한 핀란드 국민들의 의견

© yougov.co.uk

지되지 않았다. 이 프로젝트는 이미 훌륭한 결과를 보여주고 있다. 수급자들은 스트레스를 덜 받으며 더 활동적으로 구직을 하는 경향을 보였다. 이 실험에는 2년간 약 2천만 유로의 비용이 사용됐다.

캐나다

캐나다 온타리오 주에서는 3년 동안의 기본 소득 관련 실험을 준비하고 있다. 이 실험은 세 도시에서 진행되며 실험 대상자는 무작위로 선택된 4천 명의 18-64세 사이 어른이다. 독신의 경우 연 11,340유로를 받으며 커플의 경우는 16,038유로를 지급받는다. 이 실험에서는 식생활 보장, 스트레스, 심리 상태, 건강보험 활용, 주거의 지속성, 교육과 훈련, 고용과 노동시장에서의 참여가 측정된다. 2020년에 공개될 결과가 궁금하다.

가난이 없는 세상

인간은 기술의 발전을 통해 최근 수십 년 동안 번영과 건강을 얻었다. 특히 서방 국가들은 신기술 덕분에 경제적 · 사회적으로 큰 이득을 얻었다. 이제는 개발도상국이 그 이득을 볼 차례이다. 인터넷이야말로 번영의 열쇠이다. 구글, 페이스북, 기타 기술 관련 기업들도 이에 관련한 계획을 세우는 중이다. 인터넷만 사용할 수 있다면 임금이 높은 서구권역의 직업을 찾을 수 있고 단돈 6천 달러에 석사학위 취득이 가능하다.

미래에는 3D 프린팅 기술을 통해 음식을 인쇄할 것이고, 환경오염이 없는 자율주행차량에 탑승할 수 있다. 값싼 태양전지 패널은 수년 안에 아프리카 모든 가정의 에너지 수요를 자가발전으로 해결할 수 있도록 보장할 것이다. 또한 블록체인 기술을 통해 최첨단 투명 결제 시스템도 이용할 수 있을 것이다. 내일의 세상에 제3세계 국가들과 빈곤은 더 이상 존재하지 않는다. 그러나 여전히 극복해야 할 문제점들이 있다.

현재 사하라 사막 이남 아프리카의 약 6억 명 인구는 전기 사용이 완전, 또는 일부 제한돼 있다. 이 문제를 해결하기 위해 여러 솔루션이 개발됐다. 이는 아프리카에서 유독 강해 화석 연료보다 깨끗하고 저렴한 햇빛 덕이다. 이 6억 명의 인구가 절약할 수 있는 금액을 생각해보라. 등유를 태양 에너지로 대체함으로써 가계소득의 9퍼센트였던 에너지 소모가 단

2퍼센트까지 감소할 것이다.

아프리카의 많은 태양전지판은 에너지 기업 오프그리드^{Off-Grid}에서 지원하고 있는데, 사용자가 월 단위로 적은 금액을 지불하도록 돕는다. 태양 패널, 배터리, LED 표시등, 라디오와 전화 충전기로 구성된 오프그리드의 패키지는 탄자니아에서 단돈 13달러면 구입할 수 있다. 또한 사용자는 모바일 뱅킹으로 총 3년의 기간 동안 월 8달러를 지불한 후 실소유자 명의로 물품을 사용할 수 있다.

가나에서는 모바일뱅킹이 활성화되지 않았다. 대신 키오스크에서 구입한 스크래치 카드로 결제를 진행할 수 있다. 각 카드에 적힌 코드는 계량기에 입력할 수 있고, 이를 통해 전기세를 낼 수 있어 참으로 편리하다. 하지만 초기 비용이 들어가는 태양 에너지발전 시스템 때문에 다들 완전 전환은 주저하고 있다. 하지만 오프그리드 시스템으로 전환하면 초기 비

용은 향후 20년 동안 60퍼센트 감소할 것으로 예상된다. 이러한 재생 에너지의 활용을 통해 사하라 사막 이남의 아프리카와 기타 지역의 빈곤을 끝낼 수 있을지도 모른다.

이 지역에서 휴대폰을 사용하는 인구가 점점 많아지고 있어 농촌 거주민 역시 휴대폰으로 청구서를 지불할 수 있게 됐다. 10년 전에는 케냐의 농부가 가장 가까운 은행 지점을 방문하기 위해 상당한 여행비를 지불해야만 했다. 모바일 뱅킹은 이보다 훨씬 저렴하며, 빠른 확장성 덕에 많은 빈곤층에게 도움을 줄 수 있었다. 케냐에서 사용되는 모바일지갑의 사례로는 엠페사^{M-Pesa}를 들 수 있다. 케냐에 거주하는 성인의 절반 이상이 이제 엠페사 계정을 보유하고 있다.

빈곤 퇴치를 위해 농업에 투자하는 방법도 있다. 세계의 빈곤과 농업은 밀접한 연관이 있다. 세계은행^{World Bank}에 따르면, 빈곤한 성인 세 명 중 두 명이 농업계 출신이다. 또한 농업에 대한 투자는 다른 경제 부문의 투자보다 네 배 이상의 효율성을 가져올 가능성이 높아 빈곤을 줄이는 데 가장 탁월한 방법이다.

이러한 성공 사례 중 하나로 카네기 멜론 대학교^{Carmegie Mellon University}의 프로젝트 팜뷰^{FarmView}를 들 수 있다. 인공지능과 로봇공학을 결합하여 수수나 사탕수수를 더 효율적인 방법으로 경작한다. 에티오피아, 나이지리아, 그리고 인도와 같은 개발도상국은 가뭄이 심하기에 이에 버틸 수 있는 내열성 작물을 경작해야 한다. 여태까지 약 200종이 넘는 것으로 알려져 있는 이 품종은 거대한 유전적 잠재력을 가지고 있다.

위팜^{WeFarm} 역시 무료 p2p 플랫폼이다. 2016년 시작되어 우간다, 케냐와 페루에서 시험 중이다. 이 플랫폼은 '인터넷이 없는 사람들을 위한 인터넷'이라고도 불리며, 문자 메시지를 통해 농업 정보를 제공한다. 또한 전 세계의 질문을 번역하고 답변을 제공한다. 12만 명 이상의 농부가 이미 이 서비스에 등록했으며 28만 건 이상의 농업 관련 질문은 이미 답변을 받았다. 일단 농부가 질문을 하면, 몇 시간 안에 평균적으로 네 가지의 답변을 받을 수 있다. 더 이상 질문을 하느라 돈을 쓸 필요도 없고, 인터넷도 필요 없으며 농장을 떠나지 않아도 되는 것이다. 위팜의 최종 목적은 아시아, 남미, 그리고 아프리카의 소규모 농장을 위한 세계적인 지원 네트워크를 만드는 것이다.

로봇과 유대를
맺을 수 있을까?

루실은 지난 5개월 동안 매일 로저의 강하고 따뜻한 팔에서 깨어났다. 루실은 로저에게 더 가까이 다가가 포옹을 한다. 천천히 일어난 로저는 루실의 눈을 따뜻하게 바라보고 이마에 키스를 한다. 둘의 아침 일과는 항상 동일하다. 루실이 샤워를 하는 동안, 로저는 아침 식사를 준비한다. 그리고 아침을 함께하며 오늘의 뉴스와 일과에 대해 이야기한다. "오늘은 당신의 부모님이 오시는 날이죠. 쇼핑을 가야겠어요." 로저가 루실에게 말한다. 그는 그 어떤 것도 잊지 않는다. 고개를 끄덕인 루실은 긴장한 것 같다. "걱정하지 마요. 저를 싫어하는 사람은 많지 않으니까요." 둘은 손을 잡고 현관 밖으로 나간다. 루실은 로저 없이는 어디에도 가지 않는다. 그럴 필요도 없다. 지금은 2050년이며 로저는 인간형 로봇이다. 루실이 필요로 할 때마다, 로저는 항상 그녀의 곁에 머무른다.

_《로봇 시대의 사랑과 섹스 : 인간과 로봇 간의 관계 탐구(Love and sex in the Robotic Age : exploring human-robot relationships)》

점점 더 인간과 비슷해지는 겉모습의 로봇 덕에, 우리는 이전보다 쉽게 로봇을 삶의 일부분으로 받아들일 수 있게 되었다. 또한 그를 통한 자아성찰의 기회도 엿볼 수 있다. 지난번에는 로봇이 고령의 세 여성을 방문하는 텔레비전 프로그램을 시청했다. 로봇의 목소리가 인간의 것과 너무 흡사하여, 실제로 보기 전엔 여성들 모두 로봇이 방문했는지 알지 못했다. 처음에는 서로 불편해했지만, 얼마 지나지 않아 여성들과 로봇은 개인적인 주제로 대화를 나누기 시작했다. 결국 여성들은 3일 동안을 로봇과 함께 지냈다. 이 프로그램에서 유난히 인상 깊었던 점은 우리가 로봇의 존재를 수용하고, 사회적 유대 관계까지 기를 수 있다는 점이었다. 이를 기초로 하면 비싼 비용 때문에 누군가의 도움을 받기 어려웠던 노인층을 도울 수 있는 값싼 로봇을 발명할 수 있다.

　로봇과의 유대를 맺는 일이 불가능하다고 생각하는 사람들에게는 90년대에 유명했던 애완동물 육성 게임기인 다마고치의 유행에 대해 이야기해주고 싶다. 다마고치 속 가상 애완동물에게 먹이를 주기 위해 늦은 밤 일어나본 경험이 있지 않은가? 당시만 해도 7천만 개가 넘는 기기가 판매됐고, 심지어 기계, 로봇, 또는 소프트웨어와의 감정적인 유대를 의미하는 '다마고치 효과'라는 용어까지 생겨났다. 다마고치 효과는 대상이 인간의 특성이나 '행동'을 보일 때 발생한다. 요즘에는 심지어 가상의 인물, 자동차 또는 물건과 결혼하기를 원하는 사람들이 있다. 로봇은 앞으

© Sophia/Hanson Robotics Limited

로 수 년 안에 더 생생한 인간의 모습을 갖추고 점점 더 인간처럼 행동할 것이다. 그러므로 머지않아 로봇과 유대관계를 맺게 될 것이다. 우리가 생각하는 것보다 훨씬 빠른 속도로.

물론 이에 대한 개발은 초기 단계에 머물러 있다. 지금의 로봇은 공감, 또는 유머와 같은 사회·인지 능력이 부족하다. 또한 로봇의 관계가 애완동물과의 관계와 다를 것이라는 점 또한 눈여겨봐야 한다. 반려견들은 꼬리를 흔들며 자신의 기분을 표현하지만 로봇은 감정이 없기에 아무 감정도 드러내지 않는다.

하지만 인공지능이 지금보다 훨씬 더 똑똑해지면 인간들에게, 그중에서도 특히 어린이와 노인들에게 로봇과의 유대가 '상호적'인 것으로 느껴지도록 할 수 있다. 실제로는 그렇지 않더라도 말이다. 장난감 제조업체는 인간 같은 인형을 만들어 아이가 '사람'이라고 느끼게 할 수 있다. 하지만 이런 관계를 오용할 수도 있다. 50유로를 더 들여 '성격 업그레이드' 기능을 구입하게 할 수도 있으니까. 그렇게 되면 윤리적인 문제가 상당할 것이다.

로봇이 우리의 감정을 인식하고 그에 적응해야만 인간과 로봇의 '진정한' 관계 유지가 가능해진다. 누군가는 우울할 때 로봇에게 응원받기를 원할 테지만 누군가는 함께 시간을 보내는 것을 더 선호한다는 점을 이해해야 한다. 여기에는 '정서적 컴퓨팅'이 필요하다. MIT가 개발한 정서적 컴퓨팅을 통해 로봇은 인간의 기분을 감지한 후 올바른 방식으로 대응할 수 있다. 상황, 맥락, 음성, 동공 크기를 비롯한 다양한 매개 변수를 분석한 끝에, 로봇은 당신의 감정에 공감하는 흉내를 낼 수 있다. 상상만 해도 소름끼치지만, 나쁜 의도는 없다는 것을 이해하라. 로봇은 사랑에 빠질 수는 없지만, 사랑에 빠진 것처럼 행동하도록 프로그래밍될 수는 있다. 그런데 정말로 로봇이 우리를 진정으로 사랑할 순 없는 걸까? 물론 이러한 방식으로 작동하도록 프로그래밍할 수는 있다. 하지만 로봇이 결코 우리에게 진정한 사랑을 줄 수는 없을까?《로봇 시대의 사랑과 섹스*Love and Sex with Robots*》의 저자 데이비드 레비 David Levy 는 이렇게 말한다. "로봇이 당신을 사랑하는 것처럼 행동하는데, 대체 왜 로봇의 사랑을 믿지 않지?"

로봇이 제공하는 흥미로운 세계

미래에는 병원 업무와 노인 간병을 돕는 일 등 휴머노이드 로봇이 맡게 될 직업들이 존재한다. 급속한 기술 발전과 점차 증가하는 디지털 플랫폼 때문에 인간에게는 점점 더 '개인적인' 친밀감이 요구된다. 또한 로봇은 가사를 도울 수 있다. 로봇이 제공하는 심리 치료 역시 우리에게 새로운 시각을 제공할 것이다.

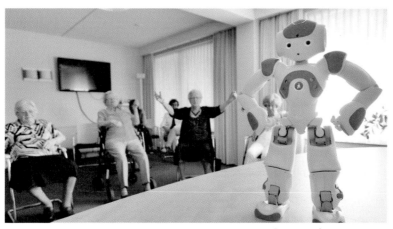

© africa924 / Shutterstock.com

인공지능의 양면성

　인공지능은 기계가 인간의 사고를 모방하는 과학으로, 인공지능 장치로 사고, 계획, 학습, 언어의 이해가 가능하다. 모두 데이터와 알고리즘 덕에 가능한 일이다. 데이터는 센서, 카메라와 컴퓨터에서 얻어낸다. 스마트 로드맵, 즉 알고리즘은 기계가 해야 할 일을 결정한다. 매주 음악 추천 목록을 제공하는 음악 스포티파이 Sportify는 음악 추천을 하는 직원을 고용하지 않는다. 대신 알고리즘을 사용하여 청취자의 음악 취향을 분석하고 그중에서 가장 적합한 곡을 선택한다. 아이폰 역시 문자를 할 때 자주 사용하는 단어를 예측한다. 구글 메일 계정을 학습하여 정기적으로 사용하는 단어를 공부한다. 이 또한 알고리즘 덕에 가능한 일이다.

　알고리즘의 단점은 인간의 도움 없이 독립적으로 살아갈 수 있다는 점이다. 페이스북은 최근 인공지능 로봇실험을 중단했다. '봇'이 탈선을 했기 때문이다. 사람들이 이해할 수 없는 언어를 개발하여 독립적으로 의사소통을 진행한 탓이다. 스티븐 호킹이나 엘론 머스크 같은 전문가들은 인공지능의 '어두운 측면'에 대해 지속적으로 경고했다. 아직 초기 단계임에도 인공지능 개발이 매우 빠르게 진행되고 있기 때문이다. 전문가들 역시 그 속도가 너무 빠르다고 말한다.

　인공지능이 모든 면에서 사람들을 능가할 정도로 개발이 진행된다면 곧 서로의 이해가 충돌하게 될 것이다. 이는 즉, 사람들을 희생하고 자신을 살리는 선택을 한다는 의미이다. 자율주행차량의 알고리즘을 생각해 보자. 다가오는 차와의 충돌이 가까워질 경우, 인공지능은 어떤 경우의 수를 선택할까? 차체, 그러니까 자신에게 피해가 가장 덜 가는 선택을 할까, 아니면 가능한 한 많은 인명을 구하는 선택을 할까? 예를 들어, 네 명의 승객을 구하기 위해 한 명만 탄 차량을 밀어낼 수도 있겠다. 가장 확실한 선택은 차량 스스로 최소한의 피해를 입는 경우이다. 하지만 이 모든 것 역시 사전 프로그래밍에 따라 달라진다.

인공지능의 탈선이 위험한 또 다른 이유는 금융 기관과 사이버 범죄자에게 악용될 수 있다는 점이다. 보통 인공지능은 사이버 보안팀이 중요한 정보를 안전하게 보관할 수 있도록 돕고 해커의 추적과 처리를 돕는다. 하지만 동시에 새로운 시스템의 취약점을 생성하고 해커가 보다 효율적으로 공격하도록 도울 수도 있다. 또한 미래의 해커들은 인공지능을 통

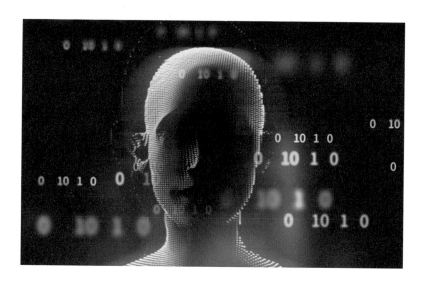

해 추적을 방해할 것이다. PwC의 사이버 보안전문가 짐 폭스^{Jim Fox}는 이
렇게 말한다. "인공지능은 좋은 일을 위해 사용하는 망치가 될 수도 있지
만, 잘못된 업무를 수행할 수도 있다. 그리고 당신의 적과 똑같은 무기를
가졌음을 의미한다."

엘론 머스크는 다음과 같이 말했다. "인공지능은 문명에 가장 큰 위협
이 될 것이다. 따라서 관련 입법과 관련해 적극적으로 대응해야 한다. 예
방이 아니라 반응을 한다면, 이미 늦었다." 또한 그는 인공지능이 자동차
사고, 비행기 추락, 해로운 약물, 영양 부족과는 또 다른 인류의 거대한
위험요소를 안고 있다고 덧붙였다. 그리고 이에 동의하는 여러 전문가들
이 존재한다. 이론적으로 인공지능과 인간은 평화롭게 공존할 수 있어야
하지만 현실은 다를 수도 있다. 인공지능이 편안하고 일할 필요 없는 사
회를 만들어줄지도 모른다. 마치 동물원의 동물처럼 말이다. 하지만 그것
도 인공지능에게 피해를 주지 않는 경우에만 해당된다. 인공지능에 해를
끼치는 상황이 오면 어떻게 될까? 그러면 우리를 '세뇌'시킬까?

점점 더 어려워지는 인공지능과의 관계를 풀어나가려면, 마치 말을 길들이는 것처럼 길을 잘 들여놔야 한다. 그게 아니라면 관리하는 법을 알아야 한다. 또한 구속력 있는 계약을 만들어야 한다. 예를 들어 인공지능은 무기를 개발할 수 없으며 언제든 인공지능을 파괴할 버튼이 존재한다는 점을 인식시켜야 한다. 또한 그들이 인간과는 다르다는 것을 인식시켜야만 한다.

고 스티븐 호킹과 엘론 머스크를 포함해 인공지능과 로봇학을 연구하는 수백 명의 학자들은 미래의 생명 연구소 Future of Life Institute 와의 합작으로 아실로마 인공지능 원칙 Asilomar AI Principles 을 만들었다. 이 원리는 23개의 가이드라인으로 이루어져 있다. 인공지능 개발의 지침으로 무엇보다도 인공지능이 어떻게 사용돼야 하는지, 인공지능 연구 윤리는 무엇인지, 그리고 인공지능 자체의 윤리적 문제에 대한 내용을 담고 있다. 최종 목표는 국가, 조직, 그리고 모든 인류에게 이익이 되는 인공지능을 제작하는 것이다. 인공지능은 인간의 가치와 일치하는 방향으로 개발돼야 한다. 지침에는 인간이 자신의 데이터를 통제할 권리가 있다고 명시되어 있다. 가장 중요한 원칙 중 하나는 인공지능 무기 경쟁을 막아야 한다는 것이다.

정부는 인공지능을 둘러싼 규제에서 중요한 역할을 담당한다. 기술 회사들은 정부의 간섭을 우려하고 있다. 이게 바로 비즈니스 커뮤니티가 자체 통제조직을 설립하려는 이유이다. IBM 왓슨의 인공지능부서 총책임자 데이비드 케니 David Kenny 는 "정부의 역할을 존중하지만, 그 광범위한 정책 때문에 기술의 발전이 늦어지는 문제가 있다"고 설명했다.

인공지능에 우려를 표하지 않는 전문가도 있다. 컴퓨터공학과 교수

피터 스프롱크^{Pieter Spronck}는 틸 르그 대학의 뉴스 웹사이트인 유니버스 ^{Univers}와의 인터뷰에서 자신의 입장을 이렇게 설명했다. "우리는 지금 상황을 통제하고 있다. 발전이 빠르게 일어날 수 있으므로 앞서 생각하는 것이 중요하다. 하지만 나는 결국은 변화에 낙관적이다. 인공지능의 발전으로 인류는 커다란 문제를 해결할 수 있을 테고 우리는 그때까지 스스로를 지킬 방법을 찾을 시간이 충분하다." 독일의 교수이자 철학자 토마스 멧징거^{Thomas Metzinger}는 초인적인 인공지능은 인간보다 윤리적으로 우월하므로 위험을 초래하지 않는다고 이야기한다.

우리가 윤리적으로 혁신을 이룰 경우 미래의 사람과 기계는 공생할 수 있을 것이다. 그렇게 되면 감정지능이 필요한 더 중요한 일들을 할 시간이 늘어날 것이다. 우리는 인공지능이 사람을 지배하는 공상과학 영화에서나 보던 상황을 예방해야 한다.

나오며

그 누구도 미래에 대해 정확하게 예측할 수 없다. 하지만 확실한 것은 혁신적인 진보가 우리 삶의 모든 면을 개선한다는 점이다. 기술은 생산성 증진과 번영을 가져온다. 조만간 모두의 업무가 줄어들 것이고, 기본 소득의 지급은 현실이 될 것이다. 그러면 더 많은 시간을 가족과 친구에게 할애할 수 있고, 자기계발에도 도움이 될 것이다.

디지털화가 계속해서 진행됨으로써, 우리 사회는 전환점에 도달할 것이다. 그 전환점을 돌면 더 많은 자유를 만끽할 수 있을 것이다. 세상은 더욱 깨끗하고 안전해지며, 이동은 빨라지고 물품들은 저렴해질 것이다. 또한 더 건강해지고 장수하게 될 것이다. 혁신이야말로 더 나은 미래에 대한 희망을 안겨준다.

PART 9 키워드로 미래를 읽다

변화는 항상 존재해왔지만, 지금과 같은 속도의 디지털 혁신과

기술개발은 전례가 없어 삶의 급격한 변화가 예상된다.

이는 분명 노동시장에서의 부작용을 가져올 것이다.

새로운 현실에 적응하지 못하거나 예측을 하지 못했던 사람들,

회사, 그리고 정부는 더 이상 사회에 참여할 수 없게 될 것이다.

속도와 유연성이 점차 중요해지고 있다.

많은 실험과 오래된 패턴을 보면,

당사자들 간의 협력이 매우 중요하다.

이 장에서는 우리가 민첩하고 탄력성 있게

미래를 준비해나갈 때 필요한 요소들을 다룬다.

인공지능이 인간에게
적응하는 시대가 온다

변화는 항상 존재해왔다. 예전에는 돈을 인출하기 위해 은행에 갔다면 이제는 어디서나 카드로 지불이 가능하며, 휴대전화로 지불할 수도 있다. 비디오와 DVD는 이제 넷플릭스로 대체되었다. 카세트와 LP는 유튜브, 아이튠즈와 스포티파이로 대체됐다. 눈치 채지 못할 정도로 빠르게 우리 삶의 일부가 된 전동 칫솔, 인터넷, 디지털 주차 감시기와 스마트폰도 있다. 물론 이러한 변화를 반대하는 사람들도 있었지만 그 이점이 너무 크기에 수많은 변화가 이제는 주류가 됐다. 지난 30년 동안 사람들은 지속적으로 새로운 기술에 적응하려는 시도를 해왔다. 다행히 미래에는 새로운 기술들이 우리에게 적응할 것이며, 실제로 그러한 방향으로 개발을 유도하고 있다.

백 년 전까지만 해도 읽고 계산하는 능력이 특히 중요했지만 30년 전부터는 컴퓨터 기술 습득 능력이 중요해졌다. 새로운 세상에서는 사람들과 스마트 기기들이 서로에게 의존하게 된다. 그러므로 생산성을 증가시키기 위해서는 인공지능과의 협력이 중요하다. 사실 벌써 협력은 일어나고 있다. 자율주행차량과 음성을 받아서 글을 만들어주는 운영체제를 생각해보면 이해하기 쉽다. 나중에는 개인 인공지능비서가 슈퍼마켓에서 메시지로 주문하거나, 자체적으로 제품을 설계한 다음 집에서 3D 프린터로 인쇄할 것이다.

은행업무나 기타 금융 서비스는 앞으로 완전히 새로운 방식으로 운영될 것이다. 인공지능 챗봇을 생각해보면 된다. 장래에 투명한 시장을 보장하는 분산 데이터 저장방식인 블록체인도 있다.

블록체인이 부동산 같은 현재의 불투명한 시장에 큰 영향을 줄 것이다. 어쨌든 새로운 기술 개발은 우리가 어디에 있든 상관없이 효율적인 협력이 가능함을 의미한다.

오늘날의 디지털 혁명은 로봇이 세계를 점령하는 디스토피아적인 미래가 아니다. 오히려 인간의 능력을 키우는 시대이다. 새로운 응용 프로그램의 개발에서 인간과 상호작용이 가능한 인공지능의 사용이 점점 더 늘어날 것이다. 이를 통한 학습으로 삶은 더 나아지고 새로운 기술은 더 유용해질 것이다. 직장에서도 기계와의 상호작용이 늘어나므로 업무 수행이 점차 쉬워질 것이다. 진보한 커뮤니케이션과 협업 기술을 사용하여 지구 반대편에 있는 사람과 협력할 수도 있다. 너무 멀어 실제로는 만날

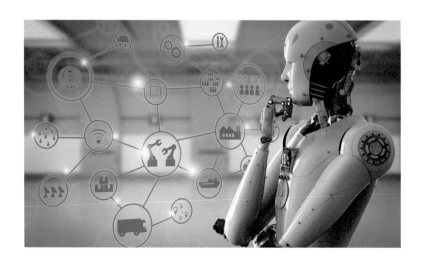

일이 없는 사람들과 말이다. 현재 개발 중인 기술은 사람들에 맞춰 적응하고 있다. 기술과의 파트너십이라고 보면 된다.

최근까지도 디지털화가 불가능해 보였던 직종들이 인공지능, 사물인터넷과 빅데이터의 영향으로 하나씩 변화하고 있으며 잠재적으로는 사회에 긍정적인 영향을 미치고 있다. 아이로봇^{iRobot}을 개발한 룸바^{Roomba}는 야생 동물 보호 단체와 협력해 바다를 스캔하여 해양 서식지를 보호하는 인공지능 로봇을 개발했다. 정밀 농업에도 기술의 사용이 가능해 성장하는 인구의 식량수요를 충족시킬 수 있을 것이다.

기술의 가능성은 우리의 니즈와도 연결돼 있다. 또한 인공지능이 인간처럼 협력하기에, 세상은 점점 더 인간적으로 변해갈 것이다. 삶을 개선하기 위해 기술을 사용하는 회사 중 하나로 미국의 CVS Health가 있다. 이곳에서는 스마트 워치와 호환되는 앱을 개발하여 환자가 약을 복용하기 위한 맞춤 알림을 설정할 수 있고, 요리법 사진을 찍어 반복 조리법의 처리 속도를 높일 수 있다. 약국 직원이 항상 최신 의료 정보에 접근할 수 있도록 의료카드를 스캔할 수도 있다.

우리의 삶을 개선하는 또 다른 흥미로운 사례로 액센츄어 인터랙티브^{Accenture Interactive}의 일부인 피요르드^{Fjord}가 있다. 피요르드는 휠체어 사용자를 위한 신체건강 추적기로 건강과 피트니스 정보에 접근할 수 있다. 또한 특정 환경의 데이터와 사진을 수집한다. 이러한 데이터가 GPS와 결합되면 지형을 매핑하여 휠체어 사용자의 향후 경로 설정에 도움이 된다.

디지털 시대는 더 큰 문제를 해결할 수 있는 가능성을 제공한다. 기술의 위대한 힘은 증가하는 '인간성'이라 볼 수 있다. 기술은 사람들과 소통하고 배우며, 미래의 상호작용에 적응한다. 이를 통해 우리의 삶은 점점 더 인간적으로 변할 것이다. 지금의 기술은 그 어느 때보다도 상호 협력적이며 우리에게 힘을 실어줄 수 있다. 이를 통해 개인과 사회 모두 성장이 가능해진다. 우리 모두 이런 발전을 이끌 수 있도록 앞장서야 한다.

Z세대에게서
교훈을 얻다

변화하는 세계는 항상 새로운 충동을 필요로 한다. 나이가 들면 들수록 변화는 더 어려워진다. 교육을 받고 직무를 수행하면서 우리는 어느 정도 고정된 패턴을 가지게 된다. 이런 습관을 바꾸기는 어렵다. 9시부터 5시까지 업무를 하거나, 도서관에서 책을 읽거나, 의사를 방문하는 일을 생각해보자. 그보다는 편한 시간에 업무를 진행하고, 아이패드를 사용해 독서를 하는 것이 오히려 이점이 있을지도 모른다. 또한 의사를 방문하기보다는 건강관리 애플리케이션을 통해 건강에 대한 중요한 통찰력을 얻을 수도 있다. 기업 역시 고정된 패턴이 있다. 전년도와 동일한 공급 업체와 계약하며, 관리자는 수년간 같은 장소에 앉아 있고 기존 프로세스는 크게 변화하지 않는다. 이러한 유형의 패턴을 깨는 것은 상당히 어려워

보인다. 하지만 그게 바로 변화의 시초이다. 미래에는 유연하고 탄력적인 태도가 필요하다. 다른 아이디어로 신속하게 전환할 수 있어야 하고 한 군데에 너무 오래 머무르지도 않아야 한다. Z세대는 고정 패턴의 영향을 가장 덜 받을 것이다.

Z세대란?

Z세대는 2001년 9월 11일 이전의 삶을 모르는 세대이다. 도서관에서 질문에 대한 해답을 찾던 우리와 다르게 항상 구글이나 위키피디아와 함께한다. 이들에게 스마트폰이나 마인크래프트가 없는 삶이란 존재하지 않는다. 동성 결혼이란 개념에도 익숙하다. 네트워크와 정보를 수집하는 능력은 이 세대의 두 번째 특징으로, 무의식적으로 정보를 수집한다. 클라우드를 통해 수집한 정보를 확장하기까지 한다. 또한 항상 가상 군중에 둘러싸여 있으며, 유치원 시절부터 공감이 중요하고 괴롭힘은 나쁘다는 것을 배워서 매우 민감하다. 이들은 육체적으로나 가상적으로 다른 사람들을 상대함으로써 세상을 발견한다. X세대는 텔레비전에 빠져 있었고, 밀레니엄 세대는 비디오 게임에 중독됐다면, Z세대는 사실 실제 세계를 경험한다. 페이스북과 스카이프로 할머니 할아버지와 대화하고, 친구나 애인과는 스냅챗과 인스타그램을 통해 항상 이야기를 나눌 수 있다.

여기에는 '디지털 세대 격차'가 존재한다. 변화의 속도를 따라잡을 수 없는 부모가 존재하고, 탄력성과 유연성 때문에 베이비붐 시대가 싸워오던 세상은 받아들이지 못하는 아이들 말이다. 그들은 새로운 세상에서 자유롭게 이동하고 꿈을 펼칠 것이다. 다음 페이지에서 그 사례를 살펴보도록 하자.

미히르가 발명한 파리드론

미히르 가리멜라^{Mihir Garimella}는 17세 때, 구급대원들을 위한 값싸고 스마트한 무인기 파이어플라이^{Firefly}를 만들었다. 이 무인항공기는 사람들을 찾기 위해 위험한 환경을 탐험할 수 있다. 자연의 유기체가 탐색과 인식 문제를 해결하는 방식에 기반한 알고리즘을 통해 파이어플라이는 자율적으로 장애물을 피하고 수색을 진행한다.

닉 댈로이시오의 섬리 애플리케이션

닉 댈로이시오^{Nick D'Aloisio}는 15세의 나이에 섬리^{Summly}를 개발하기 위해 홍콩의 투자사 호라이즌 벤처^{Horizon Ventures}와 다른 투자자들의 도움을 받았다. 알고리즘을 통해 아이폰용 뉴스기사를 요약해주는 앱이다. 2013년 야후는 이 사업을 3천만 달러에 인수했다.

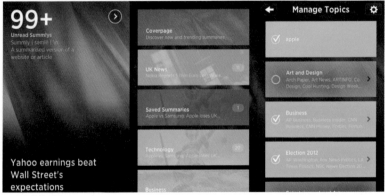
© 섬리 화면 캡처

로버트 네이의 버블 볼

애플 앱 스토어 출시 2주 후, 모바일 게임 버블 볼^{Bubble Ball}은 앵그리 버드보다 백만 번 이상 다운로드됐다. 코딩에 대한 지식이 없었던 14세의 로버트 네이^{Robert Nay}가 만든 게임이다. 이 게임을 만들기 위해 도서관에서 공부했던 로버트는 한 달 안에 이 물리 이론 기반의 게임을 위한 4천 줄의 코드를 작성했다.

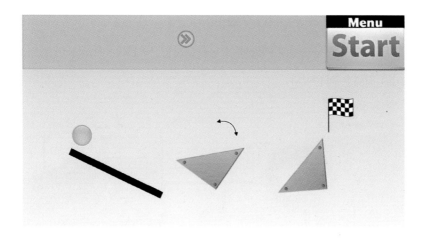

직장에서의 Z세대

지금의 초고속 세계는 새로운 기술, 사회적 네트워크, 그리고 디지털로 연결된 젊은 세대로 넘쳐나므로 모든 변화에 대해 잘 알아야 한다. 때로는 5세대가 함께 업무를 하기도 한다. 이에 따라 세대 차이가 커지고 기대는 변화하므로 디지털 변화에 예민해져야 한다. 점점 더 많은 관리자들이 젊은 동료에게 통찰력과 지도력을 요구하고 있다. 젊은 직원에게서 새로운 사고방식으로 기존 근무 방식을 개선하거나 보완하는 방법을 배울 수 있을지도 모른다. 또한 소셜미디어를 처리하고 기존 (마케팅) 프로세스에서 크라우드 소싱^{Crowd Sourcing}(대중들의 참여로 해결책을 얻는 방법)을 하는 것을 배울 수 있을 것이다. 이를 '역멘토링'이라고 부른다. 나이 많은 경영진은 외부 세계와의 접촉이 점점 줄어들기 때문에 필요한 사회 현상이다. 역멘토링은 낮은 직위에 있는 사람들의 인식에도 관심을 가진다. 노르웨이의 마이크로소프트^{Microsoft} 매니저인 마이클 제이콥스^{Michael Jacobs}는 다음과 같이 말했다. "역방향 멘토링은 차세대가 과연 누구이며 그들의 가치는 무엇이고 어떻게 소통하는지를 이해하는 데 도움이 된다. 이런 경험은 처음이다."

미래를 위한
새로운 시도

우리는 다양한 시도를 통해 배울 수 있다. 한번 넘어진 아이는 다음번엔 넘어지지 않고 달릴 수 있다. 우리는 시행착오의 사회에 살고 있으며, 시도는 우리 미래의 기초이자 앞으로 나아갈 수 있는 유일한 방법이다.

시도는 과학기술 개발의 핵심이다. 새로운 과학기술 발전을 이룬 것이 전문 과학자들뿐이라고 생각한다면 오산이다. 목표를 가진 '아마추어' 과학자들도 많은 것을 해냈다. 라이트 형제와 비행기를 예로 들 수 있다. 여러 시도를 통해 의학에서도 많은 발전이 이루어지고 있다. 종종 실험의 결과 창조적인 혁신과 돌파구가 이루어졌다. 기업에서의 실패와 재시도는 개선과 신제품 출시로 이어진다. 실패의 기회가 없으면 어떠한 혁신도 불가능하다. 그 좋은 예가 토마스 에디슨Thomas Edison이다. 전구를 개발할 때, 에디슨은 실험 보조원과 수천 회를 실험하고 각 단계마다 새로운 구성요소를 만들어냈다. 그중 가장 큰 과제는 지속 가능한 필라멘트 역할을 할 수 있는 소재를 개발하는 것이었다. 수천 가지 재료를 시험한 결과 마침내 탄탄한 면사가 가장 효과적이라는 것을 알게 됐다.

대기업도 끊임없이 실험하고 있다. 유튜브와 페이스북이 모두 데이트 사이트였다는 걸 알고 있는가? 데이트 시장이 이미 포화 상태에 이르자, 기업들은 혁신을 찾아 떠났다. "우리의 성공은 매년, 매월, 매주, 매일 하는 실험의 횟수에 달려 있다." 아마존의 제프 베조스^{Jeff Bezos}가 말했다. 페이스북과 구글 역시 매년 수만 건의 실험을 수행한다. 그 어떤 기업보다도 구글에서 신제품을 많이 실험한다. 혹여 실패하더라도 구글은 직원들에게 사고의 자유와 시간을 제공하고, 시간과 자원을 활용하여 실험을 장려한다. 이게 바로 새로운 돌파구, 제품과 프로세스로 이어지기 때문이다.

많은 것을 실험하는 회사는 빠르게 성장하고 변화한다. 엘론 머스크를 보면 알 수 있다. 그는 스페이스엑스, 테슬라, 솔라시티^{Solar City}, 그리고 하이퍼룹^{Hyperloop}을 통해 여러 실험을 했다. 이를 통해 사람들의 니즈에 답하고, 현재 또는 미래의 문제에 대한 해결책을 찾아낼 수도 있다.

발전을 멈추면 도태되고 만다. 블랙베리^{Blackberry}도 그중 하나이다. 10년 전만 해도 블랙베리는 스마트폰 시장의 선두 주자였다. 하지만 터치스크린의 도입이 늦었고, 너무 오랫동안 휴대폰 위의 키보드를 버리지 못했다. 그동안 애플과 삼성은 시장을 장악했다. 결국 2016년 9월, 블랙베리는 자체 스마트폰 개발을 중단했다.

협업으로
지리적 장벽을 뛰어넘다

빠르게 변화하는 사회에서는 실험이라는 모험을 통해 새로운 통찰력을 얻을 수 있다. 물론 협업도 필요하다. 함께라면 더 많은 지식을 탐구할 수 있다. 예를 들어 특정 알고리즘을 개발한 아버지가 일주일에 한 번 아들의 학교에서 무료 강연을 진행할 수 있다. 신생 기업과 기술 업체는 병원과 협력하여 직원들에게 보다 나은 서비스를 제공할 수 있다. 또한 숙련된 감독과 젊은 관리자가 미래의 회사를 함께 관리할 수도 있다.

우리는 '전통적인' 팀에서뿐만 아니라 가상으로도 업무를 진행할 수 있으며, 이런 방식으로 자체 분석이 촉진된다. 여기서 얻은 교훈을 바탕으로 대안을 찾을 수 있고 결국은 큰 그림을 보게 된다. 협업 역시 자연스

러워진다. 아이들을 보면 이런 변화를 느낄 수 있다. 아이들은 간식을 나눌 수 있는 온갖 종류의 방법을 고안하며, 자신들만의 사회적 평가를 진행하기도 한다.

또한 협력은 타인과의 협업 능력과 교육, 특히 교사, 부모와 학생들 사이에 중요한 역할을 한다. 교실에서의 협업을 통해 주제에 대해 보다 깊고 창의적인 사고를 할 수 있고 타인의 관점을 더 잘 이해할 수 있다. 교육 기관 역시 한 팀으로 뭉쳐 서로를 도울 수 있다. 한 조사에 따르면 중간 규모 또는 대규모 채용 조직의 80퍼센트 이상이 협업 기술을 중요시하는 것으로 나타났다.

앞으로는 가상현실을 통한 협력이 많아진다. 그렇게 되면 물리적인 위치는 중요하지 않다. 증강현실에서는 완벽한 번역이 가능하기 때문에 언어 장벽 또한 사라진다. 구글 번역기를 예로 들 수 있다.

좋은 협업 사례로 내셔널 지오그래픽, IBM, 그리고 와이트 가족재단 Waitt Family Foundation 의 지오그래픽 Genographic 프로젝트를 들 수 있다. 여러 국가의 사람들이 DNA 샘플을 보내 자신의 출신에 대한 지식을 얻고 어렵지 않게 DNA를 추출할 수 있다. 이 방법으로 프로젝트의 유전자 정보 데이터베이스가 풍부해져, 역사의 퍼즐 맞추기가 쉬워진다. 또한 참가자들은 자신의 뿌리에 대해서도 배울 수 있다. 실제 140개국이 또 다른 협력을 시작하기 위한 설문조사에 참여 중이다.

우리는 협업을 통해 새로운 아이디어를 얻고, 그를 보완하는 기술을 개발해 지식에 접근할 수 있다. 개인, 교사, 단체, 기관과 국가가 협력한다면 지리적 장벽을 뛰어넘을 수 있게 될 것이다.

미래를 준비하는 사고방식

사업에 대한 사고방식은 결정을 내리는 데 중요한 요소이다. 사고방식이란 미래, 건강 또는 일에 대한 확신과 자신감을 의미한다. 이는 생각하는 방식을 결정할 뿐만 아니라 좋든 나쁘든 경험을 창조하는 방식을 결정하기도 한다. 또한 세상을 보는 방법, 두려움과 스트레스를 다루는 방법, 그리고 우리가 어떻게 스스로를 창조하는지에도 영향을 미친다. 인간이 중요한 결정을 피하고 싶어 하는 이유 또한 알 수 있다. 결국 '사고방식'이란 미래의 세계관과도 같다. 우리는 모두 서로 다른 세계관을 가지고 살아간다.

사고방식 또한 변화의 기초이다. 하지만 고정된 일상 덕에 변화가 어렵다. 우리는 모두 수업에서, 집에서, 쇼핑이나 요리 중, 또는 운전 중 고정 패턴을 가지고 있다. 이러한 패턴을 깨는 것은 거의 불가능하다. 계속해서 변화하는 세상과는 정반대이다. 하지만 변화가 빠르면 빠를수록 융통성 있는 사고방식이 도움이 된다. 사고방식을 바꾸면 많은 일이 쉬워진다. 타인의 시각과 아이디어를 부정할 가능성도 낮아진다. 오픈마인드, 또는 성장형 사고방식을 통해 자신만의 철학을 얻고 실수를 통해 교훈도 얻을 수 있다. 계속해서 성장하려는 마음을 가진다면 업무 수행력이 올라가고, 도전하고자 하는 마음도 생기며, 소프트 스킬을 개발할 수 있을 것

당신은 어떤 사고방식을 가지고 있는가?

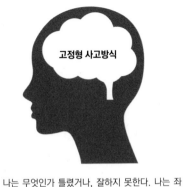

성장형 사고방식

고정형 사고방식

나는 내가 원하는 모든 것을 배울 수 있다. 난 좌절하고 싶을 때도 인내한다. 나는 나 자신에게 도전하고 싶다. 나는 실패에서 교훈을 얻는다. 최선을 다하고 싶다. 누군가의 성공은 나를 고무시킨다. 나의 헌신과 태도가 모든 것을 결정한다.

나는 무엇인가 틀렸거나, 잘하지 못한다. 나는 좌절할 때 포기한다. 나는 도전이 싫다. 무언가가 실패하면, 나는 실패한 것이다. 나는 똑똑하다는 말을 듣고 싶다. 당신의 성공은 나를 위협한다. 내 능력이 모든 것을 결정한다.

© carriekepple.com

이다. 고정형 사고방식과는 정반대이다. 고정형 사고방식을 가진 사람들은 변화하는 환경에서 위협을 느끼고 자신의 능력을 신뢰하지 않는다. 성장형 사고방식을 가져야 변화와 성장, 그리고 새로운 시대에 잘 적응할 수 있다.

내일의 정부

정부는 우리의 이익, 법률과 안보에 책임을 지고 과학 발전에 금전적인 도움을 제공한다. 하지만 간혹 변화를 더디게 하기도 한다. 예를 들어 관료주의가 업무의 지연을 초래해 에어비앤비와 우버가 더 빨리 도입될 수 없었다.

사생활 관련법과 같은 제약 때문에 디지털 세상은 점점 더 늦게 우리를 찾아온다. 규제는 대개 기술보다 느리다. 2003년 스카이프가 처음 나타났을 때, 대부분의 나라에서 스카이프는 불법이었다. 기존의 통제된 인프라 외부에서 통신 또는 전화 서비스를 개시하는 일이 불법이었음에도 불구하고 결국 정부는 추가 규칙을 적용하지 않기로 결정해 스카이프가 계속해서 성장할 수 있었다. 우버^{Uber} 역시 마찬가지이다. 우버도 처음에는 불법이었지만, 스카이프처럼 규제가 완화됐다.

이러한 규제 문제는 새로운 정부를 설립함으로써 해결할 수 있다. 미래의 정부란 미래의 변화를 꿰뚫는 기술 회사, 대학, 현 정부와 사회의 파트너들이 모여 구성된다. 그리고 영감을 주는 '미래의 장관^{Minister of Future}'이 모든 걸 이끌어나갈 것이다. 잠재적인 공무원들 역시 지원이 가능하다. 미래의 정부에서는 협업이 계속해서 진행될 것이다. 윤리적 문제에 대한 의사 결정은 다양한 인구 집단에서 무작위로 선발된 5천 명의 의견을 바탕으로 결정할 것이다. 사람들은 21세기의 기술을 알고 있으며 새로운 기술 발전에도 많은 관심을 가질 것이다. 그리고 미래의 정부는 기업, 대학, 정부가 함께 일하는 새로운 시스템의 기반을 마련할 것이다. 이 평행 정부는 미래에 기여하고자 하는 모든 사람에게 영감의 원천이 될 것이다. 또한 기존 정부와 새로운 정부의 공무원 사이에 다리를 놓아야 한다. 표준화된 의사 결정의 대부분은 로봇과 알고리즘, 블록체인 네트워크에 의해 표준화되고 그 비용은 예전보다 현저히 줄어들 것이다. 따라서 높은 세금 혜택을 얻고 융통성 있고 빠른 정부를 창출할 것이다.

하지만 이런 미래의 정부가 언제 올지 아무도 알지 못한다. 전 세계적으로, 사회의 복잡성과 불확실성을 파악하기 위해 정부의 기술과 혁신적인 도구 사용이 증가한다는 점이 관측되고 있다. 스마트시티에서부터 빅데이터 분석, 소셜네트워크, 무인 항공기, 기계 학습, 그리고 예측 알고리즘에 이르기까지 다양한 분야의 기술이 있다. 혁신은 종종 모든 종류의 예상치 못한 시각에서 비롯된다. 일반 시민, 소규모 기업가 또는 신생 기

업조차도 경제에 큰 영향을 줄 수 있으며 사회 질서를 바로잡을 수 있다. 거기에 점점 더 많은 정부가 혁신적인 아이디어에 자금을 지원하여 기업가를 돕고 있다. 그 좋은 사례가 유럽 연합^{EU}의 호라이즌 2020$^{Horizon\ 2020}$ 프로그램이다. 이 프로젝트는 유로 화폐 사용권에서 혁신과 기술연구 촉진을 목표로 한다. 평가 결과에 따르면 이 프로그램은 일자리와 경제 성장을 창출할 뿐만 아니라 사회적 어려움을 해결해준다.

다양한 신기술은 현재의 정부에 신선한 도전이 될 뿐만 아니라 새로운 접근을 가능하게 한다. 하지만 종종 예산상의 제약으로 혁신을 받아들이기가 어려울 때도 있다. 하지만 올바른 전략을 사용하면 정부 내 혁신도 가능하다.

나오며

오래된 모델, 절차, 그리고 사고방식을 계속 유지하면 새로이 다가올 디지털 세상을 통제할 수 없다. 우리에게는 고무적인 비전을 제공하는 혁신적인 정부가 필요하다. 혁신적인 기술을 사용하여 복잡한 사회에 대한 통찰력을 확보하고 개인으로서 보다 나은 세상을 위해 기여해야 한다. 시도와 협력을 가능하게 하는 열린 사고방식이 필요하다. 뿐만 아니라 인공지능과 파트너십을 맺어 미래에도 생산성을 유지하거나 향상시킬 수 있다. 우리는 Z세대에게서 교훈을 얻음과 동시에 그들이 새로운 기술을 개발하고 이를 널리 알릴 수 있도록 도와주어야 한다.

참고문헌

PART 1 헬스케어

Abrahams, T. Deze 3D-printer print menselijk weefsel en organen.Numrush (2016).

Associated Press. 150 Swedish Epicenter employees implanted with microchips. Daily Mail Online (2017).

Aura Health. Aura : Best Mindfulness Meditation App for Stress and Anxiety. Aura Health (2017). Available at : https://www.aurahealth.io/.

Bailey, R. Is the Cure for Aging Just Around the Corner? Reason. com (2017).

Ball, P. Designer babies : an ethical horror waiting to happen? The Guardian (2017).

Banks, L. The Complete Guide to Hearable Technology in 2017. Everyday Hearing (2017).

Berlin, G., De Smet, A. & Sodini, M. Why agility is imperative for healthcare organizations. McKinsey (2017).

Bohan, E. 10 Ways Technology Will Transform the Human Body in the next Decade. Big Think (2017).

Brewster, S. This $40,000 Robotic Exoskeleton Lets the Paralyzed Walk. MIT Technology Review (2016).

Carmat. Carmat Artificial Heart. Carmat (2013). Available at : https://www.carmatsa.com/en/carmat-heart/heart-failure/pathology.

Chambers, D. Spinach LeafTransformed Into Beating Human Heart Tissue. National Geographic (2017).

Doudna, J. A. & Charpentier, E. Genome editing. The new frontier of genome engineering with CRISPR-Cas9. Science 346, 1258096 (2014).

Dunlevy, S. & Brennan, R. Revolutionary anti-ageing drug makes you look younger and live longer. The Courier-Mail (2017).

El-Gingihy, Y. The Da Vinci Code : How robots could be the future of surgery. The Independent (2016).

Endolite. Linx - Limb Systems - Endolite USA - Lower Limb Prosthetics. Blatchford Group (2015). Available at : http://www.endolite.com/products/linx. (Accessed : 7th September 2017)

Freezlab. Freezlab Whole Body Cryo in het Olympisch Stadion. Freezlab (2017). Available at : https://www.freezlab.nl/.

Gaskell, A. How Machine Learning Can Dissect Our Speech. Forbes (2016).

Gershlak, J. R. et al. Crossing kingdoms : Using decellularized plants as perfusable tissue engineering scaffolds. Biomaterials 125, 13–22 (2017).

Harris, W. How 3-D Bioprinting Works. HowStuffWorks (2013).

De Jong, G. Verlamde ALS-patiënte praat met gedachten. (2016).

Knight, W. IBM's Watson Is Everywhere—But What Is it? MIT Technology Review (2016).

Lammar, L. Oud(er) worden, het laatste taboe? Psychologies (2017).

MoleScope. MoleScopeTM Skin screening made simple. MetaOptima(2017). Available at : https://molescope.com/.

MyMicroZoo. MyMicroZoo. MyMicroZoo (2017). Available at : https://www.mymicrozoo.com/nl/Home.

MySkinPal. Skin Cancer App -MySkinPal. MasseranoLabs LLC (2015). Available at : https://www.myskinpal.com/.

Núñez, C. G., Navaraj, W. T., Polat, E. O. & Dahiya, R. Energy-Autonomous, Flexible, and Transparent Tactile Skin. Adv. Funct. Mater. 27, 1606287 (2017).

Ortiz, K. Can Memories be saved digitally? Tech Under the Sun (2017).

Pennarts, J. E-health : hype of zorgrevolutie? Nieuwsuur (2016).

Polgar, D. R. Turning Cyborg. You May be Microchipped in the Future. Big Think (2017).

Reardon, S. Brain's Stem Cells Slow Aging in Mice. Scientific American (2017).

Sample, I. Stem cell brain implants could 'slow ageing and extend life', study shows. The Guardian (2017).

Second Sight. Second Sight Argus® II Retinal Prosthesis System. Second Sight (2016). Available at : http://www.secondsight.com/g-the-argus-ii-prosthesis-system-pf-en.html.

Sevil, M. Slimme sensoren bij 250 dementiepatiënten. Het Parool (2016).

Shaer, M. Is This the Future of Robotic Legs? Smithsonian (2014).

Shamah, D. Mobile SniffPhone will detect cancer on a user's breath. The Times of Israel (2015).

SkinVision. Skin Cancer Melanoma detection App. SkinVision (2017). Available at : https://skinvision.com/.

Smith, O. How your ear just became the most exciting place in technology. The Memo (2017).

SynCardia Systems. SynCardia -World's Only Approved Total Artificial.

Heart. SynCardia Systems, LLC (2010). Available at : http://www.syncardia.com/.

Van Der Toolen, A. Leer je eigen darmen kennen. Volkskrant (2017).

Tracinski, R. The Future of Human Augmentation and Performance Enhancement. Real-ClearScience (2017).

Washington, J. BrainGate 2 implants allow paralyzed Cleveland veteran to move limb.Cleveland.com (2017).

Weller, C. IBM robot could take care of elderly people who live alone. Business Insider (2016).

PART 2 주거

Anthony, S. World's first solar road opens in France : It's ridiculously expensive. Ars Technica (2016).

Bennett, J. Joe Bennett : House of the future - too 'smart' for our own good? The Dominion Post (2017).

Brasz, M. A. J. Amsterdam leading the way in smart-city projects. I Amsterdam (2016).

Carr-Ellis, E. Smart cities : How China is leading the world. The Week (2016).

Caughill, P. New 'Solar Paint' could Transform Your Entire House Into a Clean Source of Energy. Science Alert (2017).

Cohen, B. The 10 Smartest Cities In Europe. Fast Company (2014).

Dutta, P. K. What makes a city smart in India and why world is far ahead of us. India Today (2017).

Flaherty, J. MIT's Crazy Materials Could Make for Self-Assembling Ikea Furniture. Wired (2014).

Garfield, L. A stunning new smog-eating 'vertical forest tower' will feature luxury apartments and 300 species of plants. Business Insider Nederland (2017).

Van Der Heijden, R. Kunnen we Mars leefbaar maken? NEMO Kennislink (2015).

Hua, K. Panasonic's New Smart Mirror Shows You Your Flaws and Helps You Fix Them. Forbes (2016).

IBM Media Relations. IBM and Tulane University Usher in a New Era for Smarter Buildings in New Orleans. IBM News room (2011).

Jelyta, F. Future Cities : 5 trends voor de stad van de toekomst. Duurzaam Bedrijfsleven (2017).

KPIT. Smart Cities–India's next tech opportunity to lead the world. Forbes India (2017).

Kraaijvanger, C. De terravorming van Mars : wordt het tijd om van Mars een tweede aarde te maken? Scientias (2014).

Kumbhar, S. Architecting Smart Cities : What Makes a 'Smart City' Smart? IoT Now (2017).

Lammers, L. Zo revolutionair was het Huis van de Toekomst. Bright Ideas (2015).

McCurry, J. Ocean Spiral : Japanese firm plans underwater city powered by seabed. The Guardian (2014).

McGrath. In 100 years, humans may live in underwater spheres and subterranean skyscrapers. Digital

Trends (2016).

Mihov, D. IKEA is thinking about embedding its furniture with artificial intelligence. The Next Web (2017).

Millman, R. Solar-powered smart windows could save energy and power IoT devices. Internet of Business (2017).

Minter, A. How China Should Build Its Latest City of the Future. Bloomberg (2017).

Mogg, T. Check out this apartment with 'robotic furniture,' and walls that move. Digital Trends (2017).

Muoio, D. & Van Den Hoven, N. Zonnepaneel van Tesla op je dak - zo wil Elon Musk de concurrentie verslaan met zijn esthetische dakpannen. Business Insider Nederland (2017).

Newman, J. What Smart Homes Will—And Won't—Do In 2017. Fast Company (2016).

O'Hare, R. Balluga mattress has built-in air conditioning and stops snoring. Daily Mail Online (2016).

Penn, I. & Mitchell, R. Elon Musk wants to sell you a better-looking solar roof. Los Angeles Times (2016).

Peters, A. Experimental City : How Rotterdam Became A World Leader In Sustainable Urban Design. Fast CoDesign (2016).

Plourde-Archer, L. An Untapped Guide to Montreal's Underground City : Repurposed Buildings, Public Art, A Sinking Church. Untapped Cities (2013).

Rayner, E. Breathing new life into the yoga experience. The University of Nottingham (2014).

Rejcek, P. A Mars Survival Guide : Finding Food, Water, and Shelter on the Red Planet. Singularity Hub (2017).

Ridden, P. Zurich researchers start work on digitally fabricated DFAB House. New Atlas (2017).

Seo UK. Semeoticons. Seo UK (2014). Available at : http://www. semeoticons.eu/

Smeets, R. China maakt voetgangerspaden voor smartphone gebruikers. Mobile Cowboys (2014).

Tal, D. Future of cities. Quantumrun (2016).

Totty, M. The Rise of the Smart City. Wall Street Journal (2017).

Triangulum. City of Eindhoven, Netherlands –. Horizon 2020 (2017).

Verne, J. Journey to the Center of the Earth. (Pierre-Jules Hetzel, 1864).

Waterhouse, D. Unruly And News Corp Launch Consumer Home Of The Future With Amazon Launchpad, eBay and Tesco. Unruly (2017).

Weston, P. Real-life Robocop starts work in Dubai tomorrow onward. Daily Mail Online (2017).

WikiHouse. WikiHouse. Wiki-House Foundation (2017). Available at : https://wikihouse.cc/about.

Williams, M. How Can We Live on Mars? Universe Today (2015).

Zimmer, L. TREEPODS : Carbon- Scrubbing Artificial Trees for Boston City Streets | Inhabitat- Green Design, Innovation, Architecture, Green Building. Inhabitat (2011).

PART 3 교통

Boll, C. R. Car Accidents Involving Autonomous Cars, Who is Liable? The National Law Review (2017).

Brandom, R. SpaceX's Moon flight will be the first truly private ticket to space. The Verge (2017).

Campbell, P. Can a self-driving car work with a human at the wheel? Financial Times (2017). 316.

Chen, S. Can China's spaceplane give it the edge against US in space race? South China Morning Post (2017).

Einhorn, B. Branson Aims Mid-2018 Space Trip as Virgin Resumes Powered Tests. Bloomberg (2017).

Ethik Komission. Automatisiertes und vernetztes Fahren. Bundesministerium für Verkehr und digitale Infrastruktur (2017).

Farnsworth, M. Marc Andreessen and LinkedIn co-founder Reid Hoffman at Code. Recode (2017).

Ferris, R. An 'ocean of auto big data' is coming, says Barclays. CNBC (2017).

Fleetwood, J. Public Health, Ethics, and Autonomous Vehicles. Am. J. Public Health 107, 532–537 (2017).

Gates, G., Granville, K., Markoff, J., Russell, K. & Singhvi, A. The Race for Self-Driving Cars. The New York Times (2017).

Markman, J. Cheap Sensors Bring Self-Driving Cars One Step Closer. Forbes (2017).

Musk, E. Making Humans a Multi- Planetary Species. New Sp. 5, 46–61 (2017).

Pomerantz, D. Brains For Trains : How Software Is Making Trains Smarter. GE Reports (2016).

RailTech. ProRail CEO wants more tests on the track. Railtech (2017).

Simon, M. How Self-Driving Cars Will Solve the Ethical Trolley Problem. Wired (2017).

Sisson, P. Autonomous trucks are coming to the mainstream sooner than you think. Curbed (2016).

Wall, M. SpaceX's Mars Colony Plan : How Elon Musk Plans to Build a Million-Person Martian City. Space (2017).

Wieczner, J. Ford Wants to Put Biometric Sensors in Your Car. Fortune (2017).

Wilson, J. Journey to Mars Overview. NASA (2016).

PART 4 일

Andrei, M. Chinese factory replaces 90% of human workers with robots. Production rises by 250%, defects drop by 80%. ZME Science (2017).

Boston Dynamics. Atlas. Boston Dynamics (2017). Available at : https://www.bostondynamics.com/atlas.

Van Den Bovenkamp, H. Prullenbakrobot rijdt rond en kan zelf afval sorteren. Nederlands Dagblad (2017).

Centraal Bureau voor de Statistiek. Cijfers zelfstandigen enzzp'ers. CBS Available at : https://www. ondernemersplein.nl/ondernemen/freelance-en-zzp/starten-als-freelancer-of-zzper/info-en-advies/ cijfers-zelfstandigen-en-zzpers/.

Donnelly, L. Robots as good as human surgeons, study finds. Telegraph (2016).

Gallego, J. The Evolution of Automation : Meet the Restaurant Run by Robots. Futurism (2016).

Glaser, A. This is the first Adidas shoe made almost entirely by robots. Recode (216AD).

Grace, K., Salvatier, J., Dafoe, A., Zhang, B. & Evans, O. When Will AI Exceed Human Performance? Evidence from AI Experts (2017).

Hannah, F. 80% of self-employed people in Britain live in poverty. The Independent (2016).

Van Lonkhuyzen, L. ING schrapt komende vijf jaar zevenduizend banen. NRC (2016).

Matthews, C. Algorithms threaten the jobs of 97k real estate appraisers. Axios (2017).

McClean, P. UBS : Pilotless planes 'could save airlines $35bn'. Financial Times (2017).

Mims, C. Career of the Future : Robot Psychologist. The Wall Street Journal (2017).

Pieters, J. Dutch robot employment agency to train people to work with robots. NL Times (2017).

Protection Officer' Protects Other Worlds From Earth. Forbes (2017).

Whitehouse, M. & Rojanasakul, M. Find Out If Your Job Will Be Automated. Bloomberg (2017).

Yakowicz, W. Robots Replaced 75 Percent of Jobs at an E-Commerce Warehouse Without Any Layoffs. Inc.com (2017).

Zegers, C., Van Berkel, A. & Van Barlingen, R. The Future of Work. Gaan robots ons overbodig maken? Deloitte (2015).

PART 5 교육

Feltham, J. Teomirn Is A Holo- Lens App That Teaches You To Play The Piano. Upload VR (2017).

Flipped Learning Network Hub. Definition of Flipped Learning (2014).

Hill, S. Professor Einstein : Your Personal Genius Review. Digital Trends (2017).

iZone NYC. School of One. iZone NYC (2010). Available at : http://izonenyc.org/initiatives/ schoolof-one/.

Malloy, D. Why More and More High Schools Are Acting Like Startups. Ozy.com (2017).

Painter, L. Lego Boost UK release date, pricing, features & more | What is Lego Boost? Tech Advisor (2017).

Pandey, A. 5 Reasons Why You Should Adopt Blended Training. eLearning Industry (2017).

Panjwani, L. Robotic Teachers Can Adjust Style Based on Student Success. R&D Magazine (2017).

Pfeiffer, N. Peek Inside a Flipped Math Classroom. Common Sense Education (2015).

Polman, H. Techniekonderwijs van de toekomst. Dagblad van het Noorden (2017).

Rainie, L. & Anderson, J. Expertson the Future of Work, Jobs Training and Skills. (2017).

Rubin, C. M. The Global Search for Education : Re-imagining Learning on July 4th with Dr. Howard Gardner. Huffington Post (2017).

Smith, A. Home-schooled kids perform better in NAPLAN : report. Sydney Morning Harald (2016).

T. C. What are algorithms? The Economist (2017).

Veciana-Suarez, A. More elementary schools are instituting a no-homework policy. Miami Herald (2016).

PART 6 에너지

Coren, M. J. Solar was the cheapest source of electricity in 2016, and it will further undercut fossil fuels in 2017. Quartz (2016).

Desjardins, J. A Forecast of When We'll Run Out of Each Metal. Visual Capitalist (2014).

DiStasio, C. World's first typhoon turbine could power all of Japan for 50 years. Inhabitat (2016).

Dudley, S. Can the circular economy provide resources for the future? Innovation Blog (2016).

Ecotricity. The End Of Fossil Fuels. Ecotricity (2017).

Eurostat. Natural gas consumption statistics. Eurostat (2017).

Greenspon, A. Precious metals in peril : Can asteroid mining save us? Harvard University (2016).

Hault, J. Futuristic Solar Panels May Gather Energy From Raindrops. Nature World News (2016).

Health Effects Institute. State of Global Air : A Special Report on Global Exposure to Air Pollution and its Disease Burden (2017).

Macklin, M. The World Is Running Out of Fresh Water. Here's What You Can Do to Make a Difference. One Green Planet (2017).

Musk, E. The Secret Tesla Motors Master Plan (just between you and me). Tesla (2006).

Paiste, D. Battery challenges : cost and performance. MIT News (2016).

Potenza, A. These microscopic tubes may one day help turn seawater to drinking water. The Verge (2017).

Shankleman, J. & Martin, C. Solar Could Beat Coal to Become the Cheapest Power on Earth. Bloomberg (2017).

Venkatachalam, K. S. Report : China and India Have World's Deadliest Air Pollution. The Diplomat (2017).

Van Venrooij, J. Nog te weinig windmolens in Nederland om doelstelling te halen, Kamp wil versnellen. De Volkskrant (2017).

PART 7 안전

Ayres, N., Maglaras, L. A., Janicke, H., Smith, R. & He, Y. The mimetic virus : a vector for cyberterrorism. Int. J. Bus. Contin. Risk Manag. 6, 259 (2016).

Bakker, M. Hackers hebben het gemunt op onze lucratieve medische gegevens. Follow the Money (2016).

Bradley, D. Cyberterrorism could get personal, researchers suggest. Phys.org (2017).

Cook, J. The world's 10 biggest cybercrime hotspots in 2016, ranked. Business Insider UK (2017).

Curtis, S. British teenagers are being lured into cyber crime through online gaming forums, warns National Crime Agency. Mirror Online (2017).

Dautlich, M. & Kemp, P. The who and how of cyber-attacks : types of attackers and their methods. Out-Law.com (2017).

FBI Cyber Division. (U) Health Care Systems and Medical Devices at Risk for Increased Cyber Intrusions for Financial Gain. Department of Justice (2014).

Fruhlinger, J. Teenagers who became hackers. CSO Online (2017).

Hastreiter, N. What's The Future of Cybersecurity? Future of Everything (2017).

Leyden, J. Peer pressure, not money, lures youngsters into cybercrime – report. The Register (2017).

Pagnotta, S. What motivates some young people to become cybercriminals? We Live Security (2017).

Weaver, M. Teenage hackers motivated by morality not money, study finds. The Guardian (2017).

PART 8 웰빙

Burger, S. Spraakmakend : Ik ben Alice (2015).

Choi, C. Q. Humans Marrying Robots? A Q&A with David Levy. Scientific American (2008).

Clerc, D. A Few Thoughts on Universal Basic Income. L'Économie Polit. 71, 76–84 (2016).

Cooper, R. Solar Energy Offers Solution to Poverty in Sub-Saharan Africa. Borgen Project (2017).

Etzioni, O. How to Regulate Artificial Intelligence. The New York Times (2017).

Frey, C. B. et al. The Future of Employment : how Susceptible are Jobs to Computerisation. 72 (2013).

Harris, S. & Metzinger, T. K. The Nature of Consciousness. Waking Up Podcast (2017). Available at : https://www.samharris.org/podcast/ item/the-nature-of-consciousness.

Irving, M. Move over Asimov : 23 principles to make AI safe and ethical. New Atlas (2017).

Kentish, B. Basic income could eradicate extreme poverty in 66 countries, says economist. The Independent (2017).

KRC Research. 2020 In(Sight) What Automation and AI Mean for Work. (2017).

Levy, D. Love and Sex with Robots (Harper Perennial, 2008).

Logan, S. Scientists prove that mobile money dramatically boosts wealth : Here's how! Biz- News (2017).

Van Lonkhuyzen, L. & Van Noort, W. 'Robots naar Mars sturen is makkelijker dan robots de was laten vouwen'. NRC (2017).

Markoff, J. How Tech Giants Are Devising Real Ethics for Artificial Intelligence. The New York Times (2016).

Matthews, D. A basic income really could end poverty forever.Vox (2017). Available at : https://www. vox.com/policy-and-politics/ 2017/7/17/15364546/ universal-basic-income-review- stern-murray- automation.

McFarland, K. Current Basic Income Experiments (and those so called) : An Overview. Basic Income News (2017).

McKibben, B. The Race to Solar-Power Africa. The New Yorker (2017).

Sage, D. & Diamond, P. Europe's New Social Reality : the Case Against Universal Basic Income. Policy Network (2017).

Santens, S. Universal Basic Income will Accelerate Innovation by Reducing Our Fear of Failure. Medium (2016). Available at : https://medium.com/basic-income/universal-basic-income-will- accelerate-innovation-by-reducing-our-fear-of-failure-b81ee65a254.

Schermer, M. FinTech In Africa Is Much More Than Mobile Money And Remittances. Seedstars (2017).

Sridharan, S. Future of AI & Humans — Winter is coming! Hacker Noon (2017).

Takahashi, D. Nvidia uses AI to create 3D graphics better than human artists can. Venture Beat (2017).

Vella, H. Love and sex in the Robotic Age : exploring human-robot relationships. E&T Magazine (2017).

Vena, D. Google Is Imagining the Next Level of Artificial Intelligence | Business Markets and Stocks News. Madison.com (2017).

Weller, C. Universal basic income has support from some big names. World Economic Forum (2017). Available at : https://www.weforum.org/agenda/2017/03/these-entrepreneurs-have-endorsed- universal-basic-income.

Widerquist, K. The Cost of Basic Income : Back-of-the-Envelope Calculations (2017).

PART 9 키워드로 미래를 읽다

Alcorn, C. L. Companies Are Using Millennials To 'Reverse Mentor' Baby Boomers. Fortune (2016).

Augustine, A. Why People Need Collaboration. LifeWire (2016).

Blair, O. What comes after millennials? Meet the generation known as the 'Linksters'. The

Independent (2017).

Clarke, B. Why These Tech Companies Keep Running Thousands Of Failed Experiments. Fast Company (2016).

Comm, J. & Rampton, J. Self-Employed : 50 Signs That You Might Be An Entrepreneur (Morgan James Publishing, 2017).

European Commission. Horizon 2020 found to be meeting its objectives, but is underfunded- News Alert - Research & Innovation (2017).

Harper, C. The Quickest Way to Create a New Mindset. Lifehack (2017).

Hooper, C. Important Facts About Thomas Edison & the Invention of the Light Bulb. Sciencing (2017).

INRIA. Connected objects that adapt to human behaviour. Institut National de Recherche en Informatique et en Automatique (2017).

Ismail, N. How will the UK adapt to the Fourth Industrial Revolution? Information Age (2017).

Kurin, R. The Importance of Experimenting : The Wright Brothers. The Great Courses Daily (2017).

Markowitz, M. Millennials Aren't Generation Y, We're Generation Omega. The Nation (2014).

McKinney, P. Government Innovations : Past, Present, and Future. philmckinney.com (2017).

McKinney, P. Government Funding : Does It Help Or Hurt Innovation? philmckinney.com (2017).

Microsoft New Center Europe. Reverse mentoring : How millennials are becoming the new mentors. Microsoft (2015). Available at : https://news.microsoft.com/europe/features/reverse-mentoring-how-millennials-are-becoming-the-new-mentors/.

NUS News. Shaping the Fourth Industrial Revolution. NUS News (2017).

Organisation for Economic Cooperation and Development. Embracing Innovation in Government Global Trends (2017).

Patel, D. Here's How Gen Z And Millennials Are Using Social Media For Social Good. Forbes (2017).

Phillips, J. There's No Innovation Without Experimentation. Innovation Excellence (2012).

Schaefer, A. Collaboration Is A State of Mind. Banding People Together (2016).

Universal Teacher. Examples of Strategic Alliances. Universal Teacher (2017).

Werbach, K. How to Regulate Innovation - Without Killing It.Knowledge@Wharton (2017).Available at : http://knowledge.wharton.upenn.edu/article/how-to-regulate-innovation-without-killing-it/.

Zwilling, M. How to Design a Culture That Values Experiments, Failure (and Winning in the Long Run). INC (2017).

미리 가본 내일의 도시

초판 1쇄 인쇄 2019년 5월 24일
1쇄 발행 2019년 5월 30일

지은이 **리차드 반 호에이동크** 옮긴이 **최진영**
펴낸이 **오세인** Ⅰ 펴낸곳 **세종서적(주)**

주간 **정소연** Ⅰ 편집 **최정미**
마케팅 **김형진 임세현** Ⅰ 경영지원 **홍성우**

출판등록   1992년 3월 4일 제4-172호
주소   서울시 광진구 천호대로132길 15, 세종 SMS 빌딩 3층
전화   마케팅 (02)778-4179, 편집 (02)775-7011 Ⅰ 팩스 (02)776-4013
홈페이지   www.sejongbooks.co.kr Ⅰ 블로그 sejongbook.blog.me
페이스북   www.facebook.com/sejongbooks Ⅰ 원고 모집 sejong.edit@gmail.com

ISBN 978-89-8407-760-7   03320

이 도서의 국립중앙도서관 출판시도서목록(CIP)은 서지정보유통지원시스템
홈페이지(http://seoji.nl.go.kr)와 국가자료공동목록시스템(http://www.nl.go.kr/kolisnet)에서
이용하실 수 있습니다.(CIP제어번호: CIP2019017176)

- 잘못 만들어진 책은 바꾸어드립니다.   • 값은 뒤표지에 있습니다.

- 이 책에 실린 사진은 셔터스톡, 게티이미지뱅크, 아이스톡, 위키백과, 위키미디어에서
  제공받았습니다.